Christoph Born

Die Lutherverschwörung

Historischer Roman

BRUNNEN
Verlag GmbH · Giessen

MIX
Papier aus verantwortungsvollen Quellen
FSC® C083411

1. Taschenbuchausgabe 2017

www.brunnen-verlag.de
Lektorat: Eva-Maria Busch
Umschlagmotiv: Trevillion
Umschlaggestaltung: Daniela Sprenger
Satz: Die Feder GmbH, Wetzlar
Druck: CPI – Ebner & Spiegel, Ulm
ISBN Buch 978-3-7655-4311-1
ISBN ebook 978-3-7655-7097-1

Christoph Born

Die Lutherverschwörung

Prolog

Rom, im Mai 1510

Wulf schaute über die Dächer Roms, legte die Armbrust an und wartete auf sein Opfer.

Vor dem Pantheon spielten Kinder. Sie verfolgten einander, versteckten sich hinter den mächtigen Säulen des Portikus, riefen sich Worte zu, deren Sinn er nicht verstand, erfüllten die Luft mit ihrem Geschrei, balgten sich und bildeten Knäuel, dann stoben sie wieder auseinander. Flatternde, flüchtige Wesen, Mädchen in bunten Röcken und Jungen in kurzen Hosen mit blutigen Knien. Von irgendwoher wehte aus einem offenen Fenster der fremdartige, verlockende Geruch einer mediterranen Mahlzeit.

Wulf dachte zurück an den gestrigen Abend, als ihm die Schwarze Jungfrau im Traum erschienen war und die Stimmen in seinem Kopf sich verwirrt hatten. Von diesem Moment an wusste er, dass es an der Zeit war, seinen Auftrag auszuführen.

Eines der Mädchen breitete nun seine schmalen, zerbrechlichen Arme aus und drehte sich im Kreis – so schnell, dass die Schöße seines roten Rockes durch die Luft wirbelten.

Wulf war ein exzellenter Schütze, aber er hatte noch nie einen Menschen getötet. Brangenberg und seine Pilgergruppe würden bald erscheinen. Höchste Zeit, dass die Kinder sich endlich davonmachten! Allein der Gedanke, versehentlich eines von ihnen zu treffen, ließ ihn schaudern.

Die Kuppel des Pantheons, hinter der sich zartes Abendrot abzeichnete, überragte die umliegenden Gebäude und warf einen Schatten auf die Fassaden. Mauersegler kreischten über dem Gewölbe; Haken und Bogen schlagend, verfolgten sie sich durch die engen Gassen. Auf dem Vorplatz herrschte am Brunnen noch reger Betrieb, Frauen schöpften Wasser in Krüge, und Wasserträger füllten ihre Eimer.

Wulfs Geduld wurde strapaziert. Der Himmel färbte sich schon tiefrot, und die Menschen auf dem Vorplatz zerstreuten sich, bis nur noch einige wenige zurückblieben; auch die Kinder verschwanden endlich. Längst hatte er die Armbrust gegen die Wand gelehnt – aus Angst vor Entdeckung. Dass er die kleine Kammer im fünften Stock eines Wohnhauses gegenüber dem Pantheon mieten konnte, war ein Glücksfall gewesen. Ebenso der Hinterausgang des Gebäudes, der ihm gute Fluchtmöglichkeiten bot. Gleich nach dem Schuss würde er die Läden schließen, und man würde rätseln, woher der tödliche Pfeil gekommen war. Bis die Verwirrung sich legt, dachte er, bin ich längst über alle Berge.

Was aber, wenn die Pilgergruppe ihre Pläne geändert hatte und Brangenberg nicht erschien? Ach was, er musste auf Gott vertrauen; manche Dinge ließen sich einfach nicht planen. Stand er nicht auf der Seite der Gerechten? Der Tod dieses Ketzers musste doch ein Werk sein, das Gott gefiel – und folglich durfte er auf seine Unterstützung rechnen.

Brangenberg lästerte über die Heiligen. Er zog deren Taten und die für die Gläubigen gesammelten guten Werke ebenso in den Schmutz wie die kirchlichen Sakramente! Hatte nicht Brangenbergs eigener Sohn von schrecklichen Ketzereien berichtet? Der musste es schließlich wissen! Geld allein hätte Wulf nie bewogen, den Auftrag anzunehmen (obwohl es sich zugegebenermaßen um einen schönen Batzen handelte, mit dem er eine Werkstatt gründen wollte). Nein, letztlich hatte sein Entsetzen über die Verwerflichkeit dieses Mannes den Ausschlag gegeben. Sie spottete jeder Beschreibung.

Bis nach Italien hatte Wulf die Pilgergruppe verfolgt, weil sein Auftraggeber darauf bestand, die Tat so fern wie möglich der Heimat auszuführen. Immerhin waren Italien und besonders Rom dafür berüchtigt, dass es dort von Plünderern und Wegelagerern nur so wimmelte! Der junge Brangenberg würde sich zur Tatzeit im Norden aufhalten und sich, was den Tod seines Vaters betraf, die Hände in Unschuld waschen. Der Armbrustschütze aber würde für immer von einem Geheimnis umgeben bleiben, und das war Wulf recht. Bei dem Gedanken fühlte er sich mächtig und stark.

Eine abenteuerliche und zugleich wunderbare Reise lag hinter Wulf. Die Alpen waren ihm wie ein Wunder erschienen, und der Anblick des Meeres überwältigte ihn dann so sehr, dass er fast weinen musste. Einmal, bei einer Pilgerherberge in den Bergen, war er nur knapp mit dem Leben davongekommen. Zwei Männer hatten ihm aufgelauert, wohl in der Hoffnung, sein großer Reisesack enthalte Kostbarkeiten – dabei war es nur die Armbrust gewesen, die ihn so prall gefüllt aussehen ließ.

Er dachte an die weite, fruchtbare Po-Ebene, den Fluss, in dessen Wellen die Sonne glitzerte, an die ockerfarbenen Hügel der Toskana, von der tief stehenden, dunkle Schatten werfenden Sonne weich modelliert – und an das erhabene Gefühl, als Rom, die Ewige Stadt, endlich in der Ferne auftauchte.

Er streifte durch die Gassen und erkundete den Palatin, zu dessen Füßen das Forum Romanum lag; den Kapitolinischen Hügel mit Blick über das Zentrum der Stadt; den nicht weit vom Kolosseum gelegenen Esquilin. Jenseits des Tibers besuchte er St. Peter, eine Kirche von unvorstellbaren Ausmaßen, an der immer noch gebaut wurde. Der Lärm machte jegliche Andacht unmöglich. In dem von Handwerkern und Arbeitern bewohnten Trastevere konnte er sich an den goldenen Fresken von Santa Maria gar nicht sattsehen. Die Pracht der römischen Kirchen, ob es sich um die Lateransbasilika handelte, um Santa Maria Maggiore oder San Pietro in Vincoli – sie sprengte sein Vorstellungsvermögen und öffnete ihm die Augen dafür, wozu der Mensch mit Gottes Hilfe fähig war. Zwei Tage lang vergaß er seinen Auftrag und suchte all die heiligen Stätten auf, warf sich der Länge nach auf den Boden und legte die letzten Meter bis zum Portal oder bis zum Altar im Staub zurück. Erst dann durchforstete er die Pilgerherbergen. Er wurde auch bald fündig, denn er hatte gehört, dass die Deutschen meistens eine Herberge bevorzugten, die nahe bei der für deutsche Pilger bestimmten Kirche lag. Und wirklich: Dort saßen Brangenberg und seine Begleiter an einer langen Tafel, in lebhafte Gespräche verwickelt mit Augustinermönchen, die als Pilger nach Rom kamen. Bierkrüge standen auf den Tischen; der Wirt brachte Brot.

Wulf setzte sich in die Ecke, an einen winzigen freien Tisch. Während er seine dünne Suppe schlürfte und von dem warmen, dampfenden Brot aß, das so wunderbar schmeckte, hörte er einfach nur zu. Die Sonne war bereits untergegangen, und der größte Teil des Raums lag im Dunkeln. Nur auf zwei Tischen und bei der Theke brannten armselige Öllampen, deren Kraft kaum ausreichte, die Gesichter aus der Finsternis hervorzuheben. Die Wangen der Gäste waren mit Bartstoppeln übersät, die Augen wirkten matt und trüb. Alle hatten eine lange Reise und einen anstrengenden Tag hinter sich.

Von Zeit zu Zeit hob Wulf den Kopf und beobachtete die Augustiner, ehe sein Blick weiter nach links wanderte, wo Brangenberg und seine Begleiter saßen. Er war seinem Opfer so nah wie nie zuvor. Allerdings ahnte Brangenberg nichts von der Gefahr, und so scherzte er mit einem Mönch, der gerade in einem Buch las. Der Mann neben Brangenberg war von Beruf Söldner und zusammen mit drei Kameraden – das wusste Wulf – für dessen Sicherheit verantwortlich.

Eine junge Frau mit schweren Decken auf den Armen durchquerte den Raum. Ihr Gesicht erinnerte Wulf an seine verstorbene Mutter. Er bemerkte, dass fast alle Männer der Wirtstochter nachschauten – auch die Augustinermönche. Sie blieb einige Zeit im Nebenraum, wo der Schlafsaal lag, und als sie zurückkam, ging sie nahe an Brangenbergs Tisch vorbei. Einer der Söldner, ein Mann mit wuchtigem Schädel und grobem Körperbau, griff ihr an den Hintern; sie schrie vor Schreck auf und alle lachten – auch die Augustiner. Nur der Mönch mit dem Buch blieb ernst und schmunzelte nicht einmal.

Die Wirtstochter – dunkelhaarig und temperamentvoll wie die meisten Frauen in diesem Land – erholte sich rasch von ihrem Schreck. Sie packte den Krug, der vor dem Söldner stand, holte aus und schüttete ihm mit einem Ruck das Bier ins Gesicht. Wie eine dunkle Welle mit weißer Gischt schlug dem Söldner das Gebräu in den Bart. Er versuchte noch auszuweichen, was ihm aber nicht gelang; fast wäre er in seiner Rückwärtsbewegung von der Bank gekippt. Alle brüllten vor Lachen, und selbst der lesende Mönch schaute kurz hoch und konnte sich ein Lächeln nicht verkneifen. Wulfs nussbraune, tief liegende Augen wanderten hellwach und unruhig hin und her. Der Söldner sprang auf. Nun, da man über ihn lachte, fand er die Situation nicht länger lustig. Er holte aus und spreizte die Finger der rechten Hand, während ihn die Wirtstochter mit ängstlich geweiteten Augen anstarrte.

In diesem Moment packte der Söldner neben ihm, den sie vorhin Jost genannt hatten und der nach Wulfs Eindruck der Hauptmann sein musste, den Raufbold am Kragen. Er riss ihn auf die Bank zurück und flüsterte ihm einige Worte ins Ohr, so leise, dass Wulf sie nicht verstand. Die Worte zeigten Wirkung, denn der Mann nahm sich nun zusammen, fuhr sich mehrmals mit dem Ärmel über sein Gesicht – und blieb sitzen. Die junge Frau nutzte die Gelegenheit, um schleunigst zu verschwinden, und die Gespräche kamen wieder in Gang.

»Bruder Martin, steck das Buch weg und trink«, sagte Brangenberg zu dem lesenden Mönch. »Du verdirbst dir noch die Augen.«

Der Angesprochene klappte das Buch zu. »Manchmal fällt es mir schwer, das alles zu glauben.«

»Was zu glauben? Was hast du gelesen?«

»Eine Heiligenvita.«

»Lieber Bruder, muss ich fürchten, dass du zum Ketzer wirst?« Der Mönch mit dem Buch lächelte, dann wanderte sein Blick ins Leere.

Brangenberg und seine Begleiter sprachen nun über das Programm für den nächsten Tag. Währenddessen merkte sich Wulf genau die Namen der Kirchen und heiligen Stätten, die sie aufsuchen wollten. Eine Wallfahrt zum Kolosseum war für den Nachmittag geplant, im Andenken an die Märtyrer, die dort für ihren Glauben starben; dann, vor Einbruch der Dunkelheit, würden sie zum Pantheon pilgern – der alte Tempel diente heute als Kirche und demonstrierte den Sieg des Christentums über die römischen Götter.

Als Wulf kurz davor stand, seinen Platz am Fenster zu verlassen und aufzugeben (die Stimmen in seinem Kopf wollten nicht schweigen, er glaubte die Jungfrau Maria zu hören), erschienen die Pilger doch noch. Vorneweg schritt der alte Brangenberg.

Er hatte nie zuvor einen Menschen getötet. Plötzlich kamen ihm Zweifel, ob er überhaupt dazu fähig wäre. Er rief sich ins Gedächtnis, dass niemand ein Ziel mit der Armbrust so sicher traf wie er ... dass er stets alle Wettbewerbe im Schützenverein gewann. Nach seinem Geheimrezept gefragt, lächelte er immer nur, denn er wusste die Antwort selbst nicht! Wie soll man eine Gabe erklären? Man hat sie, oder man hat sie nicht. Sie war da, wie ein Geschenk, er musste sie nur trainieren und vervollkommnen. Bestimmt hatte es damit zu tun, dass Wulf die Waffen selbst herstellte. Es gab einige Kniffe, die seine Geräte präziser machten als die der anderen. Jeder Arbeitsschritt erforderte Konzentration und Hingabe. Sein Lehrer war selbst kein guter Schütze gewesen, aber durch hartnäckiges Üben hatte Wulf erreicht, dass er auch auf diesem Gebiet der Beste war.

Nun nahm er die Armbrust und legte sie auf das Fensterbrett. Brangenbergs Gruppe und die Augustinermönche hatten sich zusammengeschlossen; jener Mönch, der gestern in einem Buch gelesen hatte, lief neben dem Adligen, und die beiden unterhielten sich. Wulf wollte noch ein wenig warten, bis Brangenberg näher herankam, sodass er ihn nicht seitlich, sondern frontal vor sich hatte. Seine Hände waren nun ganz ruhig.

Er konnte hier oben sogar verstehen, worüber die beiden sprachen. Der Mönch sagte: »Die Beziehung zwischen Vater und Sohn ist oft schwierig und von Missverständnissen geprägt.«

»Das weiß ich«, erwiderte Brangenberg, »aber wovon ich spreche, das geht über die normalen Reibereien zwischen den Generationen hinaus.«

»Inwiefern?«, fragte der Mönch.

»Josef ist ein missratener Sohn. Ich habe ihm die beste Ausbildung zukommen lassen, und mit ein wenig Geduld könnte er es weit bringen. Glaubt mir, Bruder Martin, ich habe mich ein Leben lang gequält, um meiner Familie den Wohlstand zu erarbeiten, den wir heute besitzen. Aber er denkt, ihm müsse alles in den Schoß fallen …«

Jetzt gleich, dachte Wulf.

Hinter Brangenberg folgten einige Mönche und die Söldner. Er musste jetzt so genau treffen wie bei den Wettbewerben, allerdings zielte er nicht auf eine ruhende Scheibe, sondern auf ein Ziel, das sich bewegte. Ein *lebendes* Ziel.

»Mein Sohn will Bischof werden«, fuhr der alte Brangenberg fort, »und er will sich das Amt erkaufen.«

»Das ist nicht ungewöhnlich«, sagte der Mönch. »Das Bischofsamt wird fast immer von reichen Adelsfamilien erkauft … nicht, dass ich das gutheiße!«

»Ich wäre auch bereit, ihn zu gegebener Zeit zu unterstützen, aber er ist noch jung. Er muss warten lernen, und ich weiß nicht, wie ich ihm das klarmachen kann. Manchmal glaube ich, er hasst mich.«

Plötzlich spürte Wulf wieder das Zittern in seinen Händen. Es war wie eine Attacke, diese plötzliche Angst so kurz vor dem Ziel. Ein Schweißtropfen lief ihm über die Stirn und kitzelte unangenehm im Augenwinkel, aber er konnte ihn nicht wegwischen – gleich hatte er die Chance verpasst. Er ist ein Ketzer, redete er sich ein, er leugnet die Heiligen und damit auch die Schwarze Jungfrau, die mir nachts im Traum erscheint ... Er muss sterben, damit das Böse aus der Welt verschwindet ...

Er brachte seinen Körper wieder unter Kontrolle und zielte. Der Pfeil löste sich. Wulf schloss die Augen. Als er sie wieder öffnete, steckte der Pfeil in Brangenbergs Hals. Er hatte ihn in die Brust treffen wollen. Der Mönch drehte sich erschrocken zu Brangenberg um, doch ehe er ihn stützten konnte, war der alte Mann schon zu Boden gestürzt.

Schnell! Er musste das Fenster schließen, ehe ihn jemand entdeckte! Aber Wulf konnte sich von dem Anblick nicht losreißen, es war wie ein Zwang. Er starrte auf den am Boden liegenden Brangenberg, hörte die entsetzten Schreie der Umstehenden. Er genoss den Augenblick, denn er hatte sein Werk vollbracht; genoss ihn ein wenig zu lang, denn als er endlich eilig die Läden zuklappte, schien es ihm, als ob jener Söldner, den sie Jost nannten, den Kopf hob und zu ihm hochschaute.

Es mochte nur Einbildung gewesen sein, aber Wulf wusste, dass er nun keine Zeit mehr verlieren durfte. Er rannte los – ohne seine Armbrust –, rannte um sein Leben die Treppe hinunter, polterte und lärmte, aber das war unwichtig. Er nahm mehrere steile Stufen auf einmal und fürchtete schon, sich den Hals zu brechen. Endlich kam das Erdgeschoss.

Den Fluchtweg hatte er zuvor genau geplant. Dort war die Tür, die zum Innenhof führte, durch die er das Haus auf der Rückseite verlassen wollte. Diese Tür besaß nicht nur einen Riegel von innen, sondern auch einen von der Hofseite her – ein ideales Mittel, um mögliche Verfolger abzuschütteln. In dem Moment, als er den Türknauf ergriff, öffnete sich jedoch die

Haupttür des Hauses. Dort erschien – wie eine Figur aus einem Alptraum – der Söldner. Wulf hatte sich also nicht getäuscht! Jener vermaledeite Jost hatte ihn tatsächlich gesehen, während er den Laden schloss.

Einen Moment lang erstarrten beide, erschrocken und überrascht, dem andern so nahe zu sein; aber dann erwachten sie fast zeitgleich aus ihrer Reglosigkeit. Während Jost sein Schwert zog, um auf Wulf loszugehen, hatte dieser schon die Tür zum Hof geöffnet, schlüpfte hindurch und verriegelte sie von außen. Der Söldner bekam nur noch den Türknauf zu fassen, an dem er vergebens rüttelte.

Wulf lachte, während er durch den Hof rannte, vorbei an zwei Mädchen, die dort Seilhüpfen spielten und ängstlich vor ihm zurückwichen. Während er durch einen schmalen Torbogen lief und um die Ecke in eine Gasse bog, hörte er hinter sich Holz bersten und lautes Fluchen. Selbst wenn Jost ihm auf den Fersen blieb, besaß er einen entscheidenden Vorteil, denn der Söldner hatte nicht sehen können, in welche Richtung er floh.

Wulf kannte die Stadt zwar kaum, doch er war geschickt darin, sich in fremden Orten zurechtzufinden. Sicherheitshalber wechselte er mehrmals die Richtung. Die Schöße seines alten Pilgermantels, an dem eine Jakobsmuschel klebte, wehten hinter ihm her, während er atemlos durch die Gassen hastete. Passanten blickten sich verständnislos nach ihm um, doch er bemerkte sie kaum, die Frauen hinter offenen Fenstern, die in ihren Küchen hantierten, die Handwerker und Kaufleute in den kleinen Läden, die Alten, die sich mit einem Würfelspiel die Zeit vertrieben. Mehrmals schaute er sich um, ob der Söldner ihm folgte, und einmal glaubte er ihn auch zu entdecken – aber da konnte er sich auch getäuscht haben.

Endlich entkam er dem Gewirr der engen Gassen und lief zwischen den Säulen und Trümmern des ehemaligen Forum Romanum entlang, wo Schafe und Ziegen weideten. So schnell vergeht Glanz und Ruhm, hatte er noch vorgestern gedacht, als er hierher gepilgert war. In der Ferne tauchten die Mauern des Kolosseums auf – jetzt, in der anbrechenden Dunkelheit, noch beeindruckender als bei Tag. Ein Ungeheuer, das sich aus der Erde emporhob, wuchtig und von einer Größe, die er sich vor einem Jahr nicht hätte erträumen können. Dort hatte er in einem Gebüsch sein Pferd versteckt.

Seine Schritte wurden langsamer, die Beine drohten ihm den Dienst zu versagen – da sah er hinter sich, dass der Söldner ihn immer noch verfolgte. Wie war es Jost bloß gelungen, seiner Spur zu folgen – trotz aller Haken, die er geschlagen hatte? Der Mann war viel größer als er selbst, vielleicht lag es daran ... Wulf verfluchte wieder einmal seinen kleinen Wuchs. So sehr er sich auch danach sehnte, stehen zu bleiben und aufzugeben: Eine rettende innere Stimme forderte ihn stets auf, noch ein Stück weiter zu laufen. Und noch ein Stück, und noch eins ...

Endlich erreichte er das Tier, band mit zittrigen Fingern die Zügel los, schwang sich in den Sattel und trat dem Pferd in die Flanken. Als er lospreschte, warf er einen letzten Blick über die Schulter und erkannte den Söldner, nur wenige Schritte entfernt. Jost stand da, nach Atem ringend, die Faust geballt. Der Abstand zwischen ihnen vergrößerte sich rasch.

Wulf war zu aufgewühlt, um seinen Triumph zu genießen. Noch war er nicht in Sicherheit, das wusste er, aber das nächste Stadttor lag nicht weit weg. Von dort kannte er den Weg nach Ostia, sodass er die Nacht durchreiten konnte. Am nächsten Morgen würde er, mit ein wenig Glück, in der Hafenstadt ein Schiff finden, das ihn ein Stück Richtung Norden mitnahm.

Erster Teil

Kapitel 1

Wittenberg, im Februar 1521

Als Anna vom Tod ihres Mannes Berthold erfuhr, war sie zuerst wie betäubt gewesen. Sie hatte eine Starre verspürt, die sich in Schmerz verwandelte, in Trauer – und schließlich in Wut. Wenn sie nachts wach lag, wenn die Erinnerungen sie quälten, die Bilder sie nicht losließen, dann haderte sie mit Gott und ihrem Schicksal.

Wie sollte es mit ihr und der kleinen Martha jetzt weitergehen? Ihre Tochter war erst sieben Jahre alt. Wovon sollten sie beide leben? Mussten sie nun betteln gehen? Würden sie aus dem Cranachhof fortgeschickt werden? Anna hatte diesen Gedanken immer wieder beiseitegeschoben. Aber auch eine gut situierte Familie wie die Cranachs konnte auf Dauer sicher nicht zwei Menschen beherbergen, die Kosten verursachten und nichts einbrachten.

Und jetzt hatte der Meister sie rufen lassen, um mit ihr das Gespräch zu führen, vor dem sie sich seit Tagen ängstigte. Ein Gespräch, dessen Ausgang sie schon zu kennen glaubte. Dabei galt Lucas Cranach in Wittenberg als reicher Mann, auch wenn er sich selbst nie so bezeichnen würde. Er sagte manchmal schmunzelnd, er sei »derzeit nicht vom Hunger bedroht«. Manche hielten solche Aussagen für eine Form von Hochmut – aber er meinte es ernst.

Cranachs Lebensgeschichte hatte Anna oft genug von ihm selbst gehört. Er war vor mehr als fünfzehn Jahren vom sächsischen Kurfürsten Friedrich zum Hofmaler ernannt worden, doch sein Ruf hatte sich weit über die Grenzen der kleinen

Residenzstadt hinaus verbreitet. Es entsprach seinem Rang und seinem Ansehen, dass er, sieben Jahre im Amt, die Tochter eines Bürgermeisters heiratete: Seine Frau Barbara, eine geborene Brengebier, stammte aus Gotha. Vor kurzem hatte Lucas für sich, seine Frau und seine Kinder einen großen, nahe beim Wittenberger Schloss gelegenen Hof erworben, in dem sich auch die Malerwerkstatt befand. Die Zahl seiner Gesellen schwankte. Wenn er gerade viele Aufträge hatte, waren es neun, in mageren Zeiten beschäftigte er nur drei.

Zu Cranachs weitläufigem Hof gehörten auch eine Apotheke und eine Druckerei. Er war als Künstler und Geschäftsmann gleichermaßen erfolgreich. Die Gesellen und ihre Familien wohnten mit im Hof; und so hatten sich auch Berthold, Anna und Martha eine Kammer geteilt.

Es war ein kalter Februarvormittag. Der Rauch aus den Wittenberger Schornsteinen wurde vom schräg einfallenden Wind durch die Gassen getrieben; in der Ferne durchbrachen schrille, lachende Kinderstimmen die Stille. Anna fröstelte, als sie die Werkstatt betrat, aus der ihr der vertraute Geruch von Ölfarbe entgegenschlug. Die Hälfte des Raums lag im Dunkeln, die andere fing durch große Fenster aus einem fast wolkenlosen Himmel kaltes Licht ein. Außer Cranach waren noch vier Gesellen anwesend; zwei von ihnen mischten kostbare Farben, Ultramarinblau und Zinnoberrot, wie Anna im Vorbeigehen sah, und unterhielten sich leise. Die beiden anderen trugen den Hintergrund zu einem großformatigen Gemälde auf, das dem Sonnenlicht zugekehrt war: Das Urteil des Paris. Drei nackte Frauenfiguren zeichneten sich andeutungsweise darauf ab. Der Meister selbst würde, wie Anna wusste, später das Gesicht, die Augen und die zarten, hauchdünnen Schleier malen, die die Nacktheit mehr betonten als verdeckten.

Cranach fasste Anna am Arm und zog sie ein wenig abseits in den Teil des Raums, der im Halbdunkel lag. Seine Stimme klang, als habe er einen Kloß im Hals. Wie Anna wisse, habe er Berthold sehr geschätzt. Es sei auch für ihn ein furchtbarer Schlag, dass er nicht mehr unter ihnen sei.

Anna betrachtete seine trockenen Lippen, die sich im mächtigen Bart bewegten, und es schien ihr, als hätten sie mit den Worten, die sie formten, nichts zu tun. Sie wusste genau, was ihr bevorstand, und sie merkte auch, wie unangenehm dem Meister dieses Gespräch war. Hatte seine Frau ihn dazu gedrängt, endlich Klarheit zu schaffen?

»Jetzt stellt sich natürlich die Frage, wie es weitergehen soll«, fuhr Cranach fort. »Die Leute halten mich zwar für reich, und Gott sei Dank kann ich meine Familie und meine Gesellen mit ihrem Anhang ernähren, aber niemand weiß besser als ich, wie dünn das Eis ist, auf dem wir uns bewegen. Der Hof hat mich 2000 Gulden gekostet, und obwohl ich die beiden Häuser am Markt günstig losgeworden bin, haben sie nur zu zwei Dritteln die Summe gedeckt. Ich stehe finanziell unter Druck. Und auch meine Frau …«

Er beendete den Satz nicht, aber Anna verstand sehr gut. »Und wenn es eine Aufgabe für mich gäbe?«, fragte sie leise. »Wenn ich mich nützlich machen könnte?«

»Darüber zerbreche ich mir schon die ganze Zeit den Kopf«, antwortete er. »Aber wie? Mir fällt nichts ein.«

Ein Klopfen an der Tür unterbrach das Gespräch. Anna hatte das Geräusch kaum bemerkt, weil sie so angespannt war.

Ein Mann trat in den Raum. Jeder in der Stadt kannte ihn, denn er hatte sich als Professor an der neu gegründeten Universität einen Namen gemacht; außerdem galt er als glänzender Prediger. Nach Art der Augustinermönche trug er eine dunkle, aus grobem Stoff gefertigte Kutte mit Kapuze. Cranach ging auf den Mönch zu, und sie umarmten sich.

»Schön, dass du kommst, Martin. Ich wollte mit dir sprechen.« Cranach warf Anna einen flüchtigen Blick zu. »Allerdings habe ich erst am Nachmittag mit dir gerechnet.«

Die Unterbrechung kam Anna gelegen. Lucas Cranach

und Martin Luther waren gute Freunde. Anna hatte – wie alle Einwohner Wittenbergs – mitbekommen, dass es wegen des Theologieprofessors Ärger im Reich gegeben hatte. Da ging es um theologische Fragen, über die sie sich kein Urteil erlauben wollte. Luther hatte vor einigen Jahren Thesen gegen den Ablass veröffentlicht und sich damit Feinde gemacht. Vor allem die römische Kirche zählte zu seinen Gegnern; es war kaum zwei Monate her, da hatte Luther öffentlich und demonstrativ eine Bulle des Papstes verbrannt, die ihm den Bann androhte. Daraufhin hatte der Papst über Luther den Kirchenbann verhängt.

Anna fragte, ob sie die beiden allein lassen solle.

»Nein«, wehrte Cranach ab, »bleib nur. Es dauert nicht lange.« Offenbar betrachtete er sie immer noch als Familienmitglied, vor dem er keine Geheimnisse haben musste – kein schlechtes Zeichen immerhin.

Cranach fragte Luther, welche Neuigkeiten es gebe. Aber das war mehr eine Floskel, Anna spürte, dass Lucas mit seinen Gedanken woanders war. Offenbar ging es auch bei diesem Gespräch um etwas Unangenehmes. Wahrscheinlich, dachte Anna, hatte er beide Unterredungen auf einen Tag gelegt, um sie bald hinter sich zu bringen.

»Die Arbeit wächst mir über den Kopf. Ich möchte meine neue Schrift bald druckfertig haben«, sagte Luther.

»Wieder eine Streitschrift?«

»Es geht mir nicht um Streit. Es geht mir um die Wahrheit.«

»Lucas!« Einer der Malergesellen winkte dem Meister. »Schau mal! Der Hintergrund – ist das in Ordnung so?«

Cranach trat näher an das Bild heran. »Noch etwas heller«, meinte er. »Hier an den rechten Rand soll ein Gebirge mit einer Burg darauf. Und ich möchte einen starken Kontrast zwischen dem Himmel und der Landschaft. – Michael!« Cranach wandte sich an einen anderen Gesellen, der in einem Farbtopf rührte. »Noch etwas mehr Weiß!«

Der Geselle nickte.

Cranach wandte sich zu Luther und Anna. Luther kam ihm zuvor: »Worauf willst du hinaus? Du hast etwas auf dem Herzen, das merke ich.«

»Man hat mich gebeten, mit dir zu sprechen …«

»Wer hat dich gebeten?«

»Der Kurfürst«, sagte Cranach.

»Friedrich?«

»Schau nicht so betroffen. Er will dein Bestes.«

»Das klingt nicht gut«, sagte Luther. Er schaute zu Anna und schien zu überlegen, ob es nicht besser sei, sie wegzuschicken. Aber Cranach machte keine Anstalten.

»Keine Angst«, sagte Lucas. »Du weißt doch, wie sehr dem Alten seine Universität am Herzen liegt. Er hat sie schließlich selbst gegründet. Er ist stolz auf dich und deine Kollegen, das hat er mir selbst gesagt. Er fühlt sich euch gegenüber wie ein Vater und möchte euch beschützen.«

»Komm zur Sache, Lucas!«

»Nun, Martin … Der Alte macht sich Sorgen. Die Geschichte mit der Bulle – das fand er doch etwas stark von dir … sie einfach zu verbrennen! Und das Kirchengesetzbuch gleich mit dazu. Du weißt doch, wie sehr Friedrich auf Ausgleich bedacht ist.«

Luther runzelte die Stirn. »Er ist nicht Fisch und nicht Fleisch. Bei ihm weißt du nie, woran du bist.«

Cranach schob das Kinn nach vorn und kratzte mit drei Fingern im gekräuselten Bart. »Nun, ich finde es nicht ganz gerecht von dir, so zu urteilen. Die Freiheit, die ihr Professoren und Theologen hier in Wittenberg genießt, verdankt ihr ihm. Er will sich in eure theologischen Streitereien nicht einmischen. Vielmehr ist er um dein persönliches Wohl besorgt.«

Der Augustiner zog die Brauen zusammen. Das Volk liebte Luther, aber Anna hielt ihn für einen Dickkopf. Ihrer Ansicht nach hatte Cranach die Wahrheit gesagt. Der Kurfürst war ein gütiger Mann. Zweimal war sie dabei gewesen, als er die Werkstatt seines Malers besuchte, um sich persönlich zu überzeugen, dass er sich in seinem neuen Hof wohlfühlte und dass es ihm an nichts fehlte.

Anna hatte eine Abneigung gegen Mönche, seit einer versucht hatte, sie in einer Kapelle zu verführen. Selbst als sie ihn zurückgewiesen hatte, war der Kerl hartnäckig geblieben und sogar handgreiflich geworden, aber Anna hatte sich zu wehren gewusst.

»Der Kurfürst ist um mein Wohl besorgt? Was soll das denn heißen? – Will er mich wegschicken?«, fragte Luther.

»Nein, Martin, du bist auf dem Holzweg. Aber du hast dir mächtige Feinde gemacht. Es ist keine Kleinigkeit, den Papst und die Kurie gegen sich zu haben. Wenn ihre Privilegien auf dem Spiel stehen, können diese Leute sehr unangenehm werden. Vor allem, wenn man ihnen ins Geschäft pfuscht … Mit dem Ablasshandel will der Papst doch den Bau der Peterskirche finanzieren. Und Albrecht von Mainz braucht das Geld, um seine Schulden bei den Fuggern zu bezahlen, ohne deren Hilfe er nie Erzbischof geworden wäre. Du hast ihnen mit deinen Thesen also in die Suppe gespuckt. Ablasshändler machen verdammt schlechte Geschäfte heutzutage.«

»Wie oft habe ich dir schon gesagt, dass du nicht fluchen sollst – jedenfalls nicht so laut!«

»Entschuldige! Aber mit diesen Menschen ist nicht zu spaßen, Martin. Da ist schon mancher auf dem Scheiterhaufen gelandet. Friedrich befürchtet allerdings etwas anderes – und wie mir scheint, aus gutem Grund. Er ist lange im Geschäft und kennt die Intrigen und geheimen Händel der hohen Politik.«

»Du redest immer noch um den heißen Brei herum, Lucas. Ich kenne dich doch. Komm auf den Punkt!«

»Der Alte glaubt, dass man versuchen könnte, dich umzubringen!«

Anna beobachtete Luthers Gesicht. Seine Augen weiteten

sich, er biss die Lippen aufeinander, sodass die Kieferknochen hervortraten.

»Wer sollte das versuchen?«

»Friedrich hat keine Namen genannt. Tatsache ist, dass du nicht nur in Rom, sondern auch im Reich Feinde hast.«

»Was bedeutet das?«, fragte Luther. »Was hat er vor?«

Es war plötzlich vollkommen still im Raum. Einer der vier Gesellen rührte immer noch sachte im Farbtopf, machte aber kein Geräusch, die beiden am Gemälde hielten zwar ihre Pinsel in der Luft, bewegten sie aber nicht.

»Er will für deine Sicherheit sorgen, du brauchst Hilfe! Du bewegst dich hier in der Stadt völlig ungeschützt, bist mit deinen theologischen Aufgaben überlastet und kannst dich nicht darum kümmern, was in deiner Umgebung passiert.«

»Du redest von mir wie von einem kleinen Kind«, sagte Luther. »Als bräuchte ich eine Amme, die mich bei der Hand nimmt und über die Straße führt.«

»Himmel, Herrgott, Martin ...«

Luther hob den Zeigefinger.

»Verzeih!« Cranach senkte seine Stimme und sprach ruhiger. »Nun sei doch nicht gleich so bockig. Wir wollen dir helfen.«

»Das höre ich ständig. Jeder überhäuft mich mit klugen Ratschlägen.«

»Kurz und gut, Martin ...« Cranach räusperte sich. »Du bekommst ein paar Leibwächter.«

»Ich? Leibwächter?!« Luther fasste sich mit beiden Händen an die Brust. »Das ist wohl ein Scherz?«

»Keineswegs!«

»Das lehne ich kategorisch ab!« Luther ballte die rechte Hand zur Faust und schlug sie in die flache linke. »Mein Leben ist in Gottes Hand! Ich lasse mir nicht meine Freiheit rauben.«

Cranach hob beschwichtigend beide Arme. »Du weißt, dass wir in Kursachsen keine richtige Armee haben, weil das zu kostspielig ist für unser kleines Land. Aber Friedrich hat eine

Schutztruppe für besondere Aufgaben. Es gibt einen Mann, der sein besonderes Vertrauen genießt. Der Fürst möchte, dass ihr euch kennenlernt, ein paar Worte miteinander wechselt.«

»Worte wechseln? – Das ist doch alles schon beschlossene Sache. Ich soll nur Ja dazu sagen!«

»Der Mann, von dem ich spreche, heißt Jost Gessner. Ein exzellenter Soldat, vernünftig, umgänglich. Ich bin sicher, dass ihr euch gut versteht. Er kennt einige deiner Schriften und verehrt dich. Gessner ist normalerweise in Torgau stationiert, wird aber mit einigen Begleitern nach Wittenberg kommen.«

Luther verschränkte die Arme vor der Brust und verzog den Mund. Seine dunklen Augen blickten starr und trotzig. Er schob sein breites Kinn ein wenig nach vorn. Anna betrachtete ihn mit den Augen einer Malerin, denn sie war geschickt darin, mit dem Kohlestift die Gesichtszüge eines Menschen mit wenigen, klaren Strichen einzufangen. Sie fand sein Gesicht grob und knochig, die Lippen zu fleischig – ein typischer Mönch eben.

»Er kann gern nach Wittenberg kommen, dein Jost Kessler oder wie er heißt«, sagte Luther. »Aber empfangen werde ich ihn nicht.«

Cranachs Stimme klang nun erstmals gereizt. »Und ich sage dir, dass du ihn doch empfangen wirst!«

Luther hob überrascht den Kopf. »Ich werde ihn nicht empfangen!«

»Doch, wirst du!«

»Nein.«

Anna fragte sich, ob sie zwei Kindern zuschaute, die sich um ein Spielzeug stritten. Cranach ging einen Schritt auf den Augustiner zu und packte ihn mit beiden Händen an seiner Kutte. »Ich weiß, dass du ein Dickkopf bist, Martin, und ich habe manches Mal darüber gestaunt, mit welcher Konsequenz du deinen Weg gehst. Deine Halsstarrigkeit ist sogar oft ein Segen gewesen, davon bin ich überzeugt. Aber jetzt muss ich dir als dein bester Freund ein paar deutliche Worte sagen.«

»Lass mich los!«

Cranach zog ihn, im Gegenteil, noch ein Stück näher zu sich heran. »Es geht um dein Leben, Martin. Ich bin mir nicht sicher, ob du das begriffen hast. Ich will jetzt gar nicht davon reden, dass du alles, wofür du gekämpft hast, leichtfertig aufs Spiel setzt ... Ich rede als Freund.« Er ließ ihn los und sprach nun sehr leise. »Ich möchte nicht an deinem Grab stehen.«

Luther rieb sich die Wangen. Schließlich blinzelte er einige Male, und als er antwortete, war auch seine Stimme leise. »Gut«, sagte er. »Ich werde mit diesem Söldner reden. Ich werde mir anhören, was er zu sagen hat und wie er sich das vorstellt. Danach treffe ich eine Entscheidung.«

»Er wird heute oder morgen hier eintreffen. Ich gebe dir Bescheid.«

»Einverstanden, Lucas.«

Die beiden gaben sich die Hand, und Luther verließ den Raum. Anna bemerkte, dass Cranach in sich versunken dastand. Dies war bestimmt kein guter Zeitpunkt, mit ihm über ihre Zukunft zu reden. Sie musste versuchen, die Aussprache zu verschieben.

Aber das war gar nicht nötig, denn Cranach selbst schaute auf und sagte: »Anna, lass uns später weiterreden. Ich bin zu abgelenkt. – Dieser Bursche macht es einem wahrlich nicht leicht, ihn zu mögen.«

Sie nickte und verließ die Werkstatt. Im Innenhof begegnete ihr Lydia, eine der Mägde, die gerade Küchenabfälle in eine Grube leerte. Anna betrat ein Gebäude auf der anderen Seite des Hofes und ging eine Treppe hinauf in ihre Kammer. Martha war nicht da; sie hatte ihre Tochter zu einer Nachbarsfamilie geschickt.

Anna setzte sich auf das Bett, das ihr nun groß und leer vorkam. Fast augenblicklich begann wieder das Hadern mit Gott. Sie zweifelte nicht an seiner Existenz, aber sie zweifelte an seiner Güte. Wie hatte er Bertholds Tod zulassen können? Sie und

Martha hatten es nicht verdient, schutzlos zurückgelassen zu werden. War sie nicht zuvor ein Glückskind gewesen? Sie dachte an ihre Kindheit im Elsass, an die Stadt Hagenau, wo ihr Vater als Stadtschreiber arbeitete; wie glücklich war sie gewesen, als sie mit sechzehn Berthold kennenlernte – und bald darauf heiratete. Dann der Umzug nach Wittenberg und Marthas Geburt. Sicher, sie waren nicht reich, aber sie hatten, was sie zum Leben brauchten. Sie waren, das wurde Anna erst im Nachhinein bewusst, glücklich gewesen. Glück ist etwas so einfaches, dachte sie, das ist ein Kuss, eine Umarmung, das Lächeln eines Kindes. Aber es ist auch leicht und flüchtig, und von einem Moment auf den andern kann es dir genommen werden. Das alles hatte sie immer gewusst, aber erst in den letzten Tagen wirklich verstanden, was es bedeutete.

Und nun hatte Gott ihr alles genommen. Wer sonst? Gott war schuld an ihrem Leid! Hatte er Freude daran, sie zu quälen? Er war ein rächender, bösartiger Gott – der Gott des Alten Testaments, der ohne ersichtlichen Grund Hiob gequält und gedemütigt hatte. Angeblich, um ihn zu prüfen. Aber was für eine verdammte Prüfung war das, einem Menschen, der gerecht lebte, alles zu rauben – den Besitz, die Familie, die Gesundheit –, nur um zu sehen, ob er standhaft blieb in seinem Glauben?! Auf so eine Prüfung, ja auf so einen Gott konnte sie verzichten!

Ihre Mutter hatte sie gelehrt, zu beten und zu glauben, und der Vater hatte ihr Geschichten aus der Bibel vorgelesen. Sicher war es kein Zufall, dass sie gerade jetzt an die Vertreibung aus dem Paradies denken musste, an jenen drohenden Engel mit dem mächtigen Schwert, der Adam und Eva, die gesündigt hatten, aus dem Garten Eden wies. Auch sie und Martha waren nun aus dem Paradies vertrieben. Aber weshalb? Hatte sie eine besonders schlimme Sünde begangen? Ihr war nichts bewusst. Und ein Kind von sechs oder sieben Jahren ... Das alles machte keinen Sinn.

Diese Gedanken ängstigten sie. Sie entdeckte Abgründe in

ihrer Seele, von denen sie bislang nichts ahnte. Aber jammern nutzte nichts und Bitterkeit auch nicht. Schließlich, so dachte sie, kann er mir eins nicht nehmen, nämlich die Erinnerung an die schönen Stunden. Die lebten in ihr weiter. Sie dachte an die letzte Nacht mit Berthold. Als ob sie vorausgeahnt hätten, was geschehen würde, hatten sie sich in dieser Nacht so zärtlich, so leidenschaftlich geliebt wie vielleicht nie zuvor.

Schritte auf der Treppe rissen sie aus ihrem Wachtraum. Martha kam ins Zimmer.

»Du bist früh zurück«, sagte Anna.

Martha wollte wissen, worüber sie mit Onkel Lucas geredet habe. Sie wusste also von dem Gespräch, obwohl Anna ihr nichts gesagt hatte, um sie nicht zu ängstigen. Aber Martha spürte genau, was vor sich ging.

Anna sagte, sie seien unterbrochen worden. Sie werde später noch einmal mit ihm reden. »Weißt du, Martha, es geht um unsere Zukunft. Vielleicht müssen wir weg von hier.«

»Ich will aber nicht weg!«

»Ich auch nicht.«

Es musste doch einen Weg geben, Lucas zu überzeugen. Es gab immer einen Weg, wenn man wirklich danach suchte – oder nicht? Da kam ihr ein Gedanke. Was gab es schon zu verlieren? Sie musste es nur richtig anpacken …

Kapitel 2

Man nannte die Einrichtung beschönigend »Badehaus«. Jost Gessner betrat das windschiefe Fachwerkgebäude wie ein alter Freund der Familie. In einem Raum mit einem mächtigen Kachelofen saßen fünf Frauen, die ihre Stühle um einen niedrigen Tisch geschoben hatten und Karten spielten.

»Und das ... und das ... und das!«, rief eine der Frauen, die auffallend mager war, begeistert und warf mit jedem Ausruf eine Karte auf den Tisch.

»Das gibt es doch nicht«, erwiderte eine gut genährte Rothaarige und legte entmutigt das Blatt, das sie in der Hand hielt, auf die Holzplatte. Die anderen Frauen folgten ihrem Beispiel. »Kann das denn mit rechten Dingen zugehen? Das ist das vierte Spiel hintereinander, das sie gewinnt.«

Die Angesprochene verzog das Gesicht. »Du bist ja nur neidisch, blöde Kuh. Du kannst ja selbst mit vier Buben auf der Hand nichts anfangen.«

»Mit vier Buben könnte ich eine ganze Menge anfangen«, widersprach die Rothaarige selbstbewusst.

Jost räusperte sich und sie schauten überrascht in seine Richtung. »Na, ihr Hübschen«, sagte er (und auch das mochte beschönigend sein). »Wo habt ihr denn die Mutter der Kompanie gelassen?«

»Die bedient gerade einen Kunden.«

Jost zog überrascht die Brauen hoch. Dann wolle er auf sie warten. Er setzte sich auf einen Hocker und betrachtete seine Stiefel.

Was mit ihm los sei, fragte die Magere, die ein blassgelbes, fleckiges Kleid trug, die Schnüre über der Brust gewohnheitsmäßig gelöst.

»Was soll los sein?« Er schaute nicht auf. »Will nur kurz guten Tag sagen.«

»So nennt man das also neuerdings.«

Jost fragte, wie die Geschäfte so liefen.

»Sehr schleppend«, seufzte die Rothaarige. »Die Kerle halten Winterschlaf.«

Sie wechselten noch ein paar Worte, dann war es still im Raum, abgesehen vom Ofen, in dem es knackte und knisterte. Jost starrte noch immer auf seine Stiefelspitzen, und die Mädchen blickten sich fragend an.

Er war mit seinen Gedanken weit weg bei einem Gespräch, das noch nicht lange zurücklag. Wie lange arbeitete er mittlerweile für den Kurfürsten? Zum ersten Mal hatte er mit ihm unter vier Augen gesprochen. Das war eine Ehre, es zeigte, wie sehr Friedrich ihn schätzte. Er hatte gerade ihn ausgewählt und die Männer, die ihm direkt unterstanden. Auf der anderen Seite und ohne es zu wollen, hatte Friedrich ihn in einen unerträglichen Zwiespalt gestürzt.

Jost war normalerweise in Torgau stationiert, doch seit etwa einem Monat war Friedrich in Wittenberg, und er hatte Jost dorthin beordert. Jost mochte die kleine Stadt und besonders das Panorama, das sich dem Reisenden von weitem, noch von der anderen Elbseite aus, öffnete. Von dort schaute man auf die Holzbrücke mit ihren mächtigen Pfählen, um die das Wasser wirbelte. Eine stille, weite Landschaft voller Felder, Wiesen und Obstgärten. Hinter der Brücke kamen erste Behausungen und vereinzelte Vororte, die die Nähe der niedrigen, nicht sonderlich wehrhaften Stadtmauer suchten. Innerhalb des Mauerrings dann kleine, spitzgieblige Fachwerkhäuser mit roten und schwarzen Dächern, überragt von den markanten Gebäuden der Stadt, von dem Schloss mit der Schlosskirche linker Hand, der Stadtkirche in der Mitte und weiter rechts den Universitätsgebäuden und dem Augustinerkloster. Jost mochte den Wittenberger Marktplatz, den mehrstöckige Fachwerkhäuser mit geschwungenen Giebeln säumten, mit einem Brunnen in der Mitte. Und besonders gefiel ihm das gemütliche, von seiner Freundin Hanna geleitete Badehaus. Doch auf der Reise war er voller Unruhe gewesen, weil er nicht wusste, weshalb der Fürst ihn hatte rufen lassen. Friedrich war nicht nur der Begründer der Universität, auch den Bau von Schloss und Schlosskirche verdankte die Stadt ihm. Kaum angekommen, war Jost zu ihm geeilt. Der Fürst hatte ihn in seinem Arbeitszimmer empfangen. Immer wieder musste Jost an das Gespräch denken …

Friedrich saß hinter einem massiven Holztisch, auf dem wohlgeordnet Papiere lagen, die kleine Stapel bildeten. Er hatte sich einen Pelz über die Schulter geworfen, die Lippen waren in seinem imposanten Bart versteckt. Friedrichs Reliquiensammlung war weithin berühmt, und einige Stücke bemerkte Jost auch in diesem Raum. Eine aus Lindenholz geschnitzte, mit Blattgold verzierte Madonna glänzte im Licht der Wintersonne. Friedrich winkte ab, als Jost niederknien wollte, und wies ihm einen Stuhl gegenüber an.

Ohne Zweifel habe Jost von dem Augustinermönch Luther gehört, begann er. Dabei fixierte er eines der Schriftstücke auf seinem Tisch, las aber nicht darin, sondern suchte, wie es Jost vorkam, nach der rechten Formulierung. Überhaupt sprach er langsam und gedehnt, als müsse er jedes Wort aus einem Sack herauskramen und an die richtige Stelle setzen. Schließlich nannte er den Grund des Treffens: Luthers Leben sei in Gefahr – und er, Jost, solle ihn schützen.

Jost erwiderte zunächst nichts. Er fühlte sich wie vor den Kopf geschlagen. Ob der Fürst einen konkreten Verdacht habe, fragte er schließlich. Wer denn versuchen könne, Luther zu töten?

Friedrich zögerte wieder mit seiner Antwort. Schließlich sagte er: »Ich glaube, dass von vielen Seiten Gefahr droht. Und das macht die Aufgabe, mit der ich dich betraue, so schwierig. Du darfst niemandem vertrauen. Kurz und gut: Du bist mir ab sofort für Luthers Leben verantwortlich!«

Und dann hatte der Fürst ihm klargemacht, wie wichtig es sei, Diskretion zu wahren. Er als Kurfürst müsse in der Luthersache politisch neutral bleiben, das sei für sein Sachsen überlebenswichtig. Ein so kleiner Staat sei immer bedroht und nur geschickte Diplomatie, ein Lavieren zwischen den Großmächten, sichere seine Existenz. Er als Fürst trage große Verantwortung, und es sei für ihn oberstes Ziel, sein Land aus kriegerischen Verwicklungen herauszuhalten.

»Krieg ist immer ein Fehler«, fuhr Friedrich fort, »und das Wohl meiner Untertanen ist mir wichtiger als Ruhm und Schlachtengetümmel. Die Luthersache ist heikel, da steht so viel auf dem Spiel – vielleicht das Schicksal des ganzen Landes. Der Streit um Luther ist im Moment noch ein religiöser, aber jeder, der über seinen Tellerrand hinausblickt, weiß, dass daraus in Windeseile ein politischer werden kann … Außerdem berührt er die Kernfragen unseres Menschseins. Es geht letztlich darum, wie der Mensch vor sich selbst und vor Gott bestehen kann …«

Am Ende der Unterredung hatte der Fürst ihm eine hohe Belohnung versprochen, wenn er seine Arbeit gut mache.

Jost hob den Kopf, weil er Schritte auf der Treppe und bald darauf Hannas Stimme hörte. Sie begleitete einen Kunden zur Tür. Dann trat sie ins Zimmer, entdeckte Jost, rief überrascht seinen Namen. Hanna war klein gewachsen, hatte blondes, mit den Jahren etwas verblasstes Haar. Trotz einiger Falten gefiel ihm ihr Gesicht unverändert, er fand sogar, dass die Jahre sie noch schöner gemacht und ihre grünlich schimmernden Augen an Wärme gewonnen hatten. Sie umarmten sich.

»Ich wusste gar nicht, dass du dich noch selbst um Kunden kümmerst.«

Sie lächelte. »Bist du etwa eifersüchtig?«

»Schon möglich.«

»Lass uns nach oben gehen, Jost, und in Ruhe ein wenig plaudern. Wir haben uns lange nicht gesehen.«

Die Holztreppe knarrte, als sie hinaufgingen in Hannas Stube, die beheizt war. Hanna setzte sich auf ihr Bett, das zerwühlt aussah, und deutete auf einen Stuhl. Jost setzte sich ihr gegenüber. Auf einem Tisch standen ein Krug mit Wasser und eine Waschschüssel; Tropfen fielen vom Tisch auf staubige Dielen. Es war noch zu früh, um Kerzen anzuzünden, und deshalb ein wenig düster im Raum.

Hanna musterte ihn aufmerksam. »Was sind das für Schatten unter deinen Augen? Und in die Haare hat sich etwas Grau geschlichen!« Sie strich mit dem Daumen liebevoll über seine kurze Nase, die etwas krumm war von einem Schlag, der ihm einst das Nasenbein gebrochen hatte. Ihr fiel immer auf, wenn sich in seinem Gesicht etwas verändert hatte.

»Wie lange kennen wir uns, Hanna?«

»Viele Jahre – oder soll ich sagen: Jahrzehnte?«

»Ich muss dir mein Herz ausschütten ... eigentlich bin ich nur deshalb gekommen. Ich habe nämlich eine neue Aufgabe, die mir Angst macht: Ich soll Luther beschützen.«

Sie legte die Hand an den Mund. »Das ist ein heikles Geschäft.« Ihm fiel auf, dass sie fast die gleichen Worte benutzte wie der Kurfürst.

Häufig rätselte Jost, wie sie zueinander standen. Ihre Lebenswege hatten sich auf geheimnisvolle Weise immer wieder gekreuzt. Sie verfügte über ähnliche Erfahrungen wie er. War sie nicht ebenso eine Söldnerin? War er nicht auch jemand, der seinen Körper für Geld verkaufte? Als sie später nebeneinanderlagen, er auf dem Rücken und sie seitlich neben ihm mit ihrem Kopf auf seiner Schulter, fühlte er sich geborgen. Aber die Gedanken an die Realität kamen bald zurück.

»Der Auftrag macht mir Angst«, wiederholte er.

»Weil es dich an früher erinnert?«

»Weil es mich an mein Versagen erinnert.«

»Du hast nicht versagt.«

»Doch! Die Erinnerung verfolgt mich. Ich sehe den Pfeil in Brangenbergs Hals. Es ist wie ein Alptraum. Und ich sehe ihn, wie er mich anschaut, mit weit geöffneten Augen, in denen Unglauben steht und Erschrecken. Und die mich anklagen! Du warst beauftragt, mich zu schützen, sagen sie, und du hast mein Vertrauen missbraucht!«

»Rede keinen Unsinn!«

»Und jetzt das Gleiche wieder, wenn auch viele Jahre dazwischenliegen.«

»Kennt Friedrich eigentlich die Brangenberg-Geschichte?«, fragte Hanna.

»Er weiß nicht, dass ich damals für Brangenbergs Sicherheit zuständig war. Du erinnerst dich, dass ich damals nach Italien ging, damit Gras über die Sache wuchs. Als Friedrich mich in seine Dienste nahm, holte er einen Söldner, der für die Medici gekämpft und sich bewährt hatte ... Meine wahre Vergangenheit kennt er nicht.«

Hanna schwieg nachdenklich. Schließlich meinte sie: »Vielleicht hättest du ihm besser die Wahrheit gesagt.«

»Dann hätte ich die Stelle nicht bekommen. Es war eine einmalige Chance.«

Kapitel 3

Südwestlich von Wittenberg lag eine von Laubwäldern umschlossene Stadt, einst von Mönchen gegründet, nun Sitz eines kleinen Bistums. Die berühmte Kathedrale mit ihren Spitzbögen und den zwei schlanken Türmen ragte aus dem Gewirr niedriger Dächer hervor. Auch das Schloss, in dem Bischof Joseph von Brangenberg residierte, wirkte zu weitläufig und prächtig für die umgebenden Bürgerhäuser, die in einen engen Mauerring gepresst standen. Das Schloss war größer als das des sächsischen Kurfürsten – obwohl Brangenberg vom Rang her weit unter Friedrich stand und seine Diözese eine der unbedeutendsten im Reich war.

Als Wulf Kramer das Privatkabinett des Bischofs betrat, sah er gerade noch eine Frau in einem leichten Gewand, unter dem ihre nackten Beine hervorschauten, aus dem Raum eilen. Das war wahrscheinlich seine Mätresse, dachte Wulf, denn er wusste, dass der Bischof alles andere als ein zölibatäres Leben führte.

Man erzählte sich hinter vorgehaltener Hand, der Bischof stürze sich ihretwegen ohne Sinn und Verstand in horrende Unkosten. Außerdem hieß es, sie wisse um ihre Macht und könne ihn nach Belieben um den Finger wickeln.

Wie viel davon der Wahrheit entsprach, konnte Wulf nicht beurteilen, doch ohne Zweifel war Joseph von Brangenberg, dessen Vater er vor mehr als zehn Jahren getötet hatte, ein Genussmensch. Das sah man ihm auch an – nicht zuletzt aufgrund seiner Körperfülle und der ungesunden, rötlichen Gesichtsfarbe.

Der Bischof breitete seine Arme aus, als wolle er den Segen erteilen. »Luther wird zur Bedrohung! Dieser Mann verbreitet Irrlehren, er ist ein Ketzer und der Antichrist!«, sagte er. »Deshalb muss er sterben! Töte ihn – und so erfüllst du den Willen Gottes!«

»Das ist eine schwierige und riskante Aufgabe«, erwiderte Wulf. »Luther ist beim Volk beliebt.«

»Und deshalb muss es wie ein Unfall aussehen. Traust du dir das zu?«

»Es ist machbar.«

Es war das erste Mal seit dem Mord an seinem Vater, dass Brangenberg Wulf zu sich bestellt hatte. Wulf wohnte in einer kleinen Ortschaft nicht weit entfernt, und obwohl sie persönlich keinen Kontakt pflegten, war das Band zwischen ihnen doch nie zerrissen. Als hätten sie geahnt, dass sie sich eines Tages wiedersehen würden …

»Luther ist selten allein anzutreffen«, sagte Wulf. »Er ist gesellig, umgibt sich mit Freunden, zeigt sich häufig in der Öffentlichkeit. Ich gehe ein hohes persönliches Risiko ein.«

Wulf betrachtete Brangenberg, der sich ankleidete, während sie sprachen: Über ein langes, von den Schultern bis fast zu den Füßen reichendes weißes Kleid streifte er nach und nach die zum bischöflichen Ornat gehörenden Gewänder.

»Ich werde den Auftrag nur annehmen«, sagte Wulf, »wenn die Entlohnung stimmt. Sprechen wir von Zahlen!«

Genau das, spürte Wulf, wollte der Bischof vermeiden. Konnte er Brangenberg vertrauen? Damals hatte er sein Geld zwar bekommen, aber diesmal stand mehr auf dem Spiel. Für den Bischof war er nämlich nicht nur ein möglicher Handlanger, sondern zugleich eine Bedrohung. Er musste auf der Hut sein!

»Bedenke, dass du etwas für dein Seelenheil vollbringst ... für Gott und die Heiligen ein wohlgefälliges Werk! Dazu biete ich dir dreihundert Gulden.«

Wulf schüttelte den Kopf. »Soll das ein Witz sein?«

»Mehr kann ich nicht aufbringen. Mir fehlen die Einkünfte aus dem Ablasshandel.«

»Fünftausend!«, sagte Wulf.

Der Bischof erblasste. »Fünfhundert! Mein letztes Wort!«

Wulf drehte sich langsam um und ging zur Tür. »Ich vergeude meine Zeit ...«

»Moment! Warte!«

Wulf blieb stehen.

»Lass uns verhandeln!«

Er wandte sich wieder dem Bischof zu. »Ich verhandele nicht! Fünftausend – und keinen Gulden weniger. Die Hälfte im Voraus, den Rest, nachdem die Arbeit getan ist.«

Seine Forderung war unverschämt, das wusste Wulf sehr wohl. Aber er hatte sich über Brangenbergs Lage informiert und glaubte, dass dem Bischof keine andere Wahl blieb. Falls er sich in diesem Punkt täuschte, wäre allerdings sein Leben in höchster Gefahr, denn er wusste bereits zu viel. Wulf hatte bemerkt, dass der Diener des Bischofs, ein gewisser Breitinger, sich in der Nähe herumtrieb. Vielleicht stand er just in diesem Moment lauschend hinter einer Tür und wartete nur auf einen Wink seines Herrn. Es war wie ein Spiel um sein Leben, bei dem Wulf alles auf eine Karte setzte. Seine Bereitschaft, das hohe Risiko einzugehen, gründete auf allerlei Nachforschungen.

Er wusste bereits, dass Brangenberg sich in jungen Jahren mit der Erbschaft seines Vaters den Bischofshut erkauft hatte. Seitdem lebte er über seine Verhältnisse. Er hatte das bischöfliche Palais vergrößern lassen und den Umbau der berühmten Kathedrale in Angriff genommen; außerdem verschlangen seine Hofhaltung und die Mätresse Unsummen. Und nun hatte Wulf in Erfahrung gebracht, dass Brangenberg nach Höherem strebte. Sein Vorbild war Albrecht von Mainz, der die Bistümer Magdeburg und Halberstadt in seine Hand gebracht hatte. Wie der Mainzer Kirchenfürst hoffte Joseph auf Ämterkumulation – was nach kanonischem Recht unzulässig war, doch solche Probleme ließen sich mit Geld lösen. Seitdem Luther die wichtigste Einnahmequelle zum Versiegen gebracht hatte, war das Geld jedoch knapper geworden. Josephs Bistum lag nur einen Tagesritt von Wittenberg entfernt, und alles, was in Wittenberg geschah, hatte unmittelbare Auswirkungen.

Beide schauten sich in die Augen. Wulf spürte, dass es bei diesem Wettkampf tatsächlich um alles ging. Hatte er sich zu weit aus dem Fenster gelehnt? Noch immer war er fest davon überzeugt, dass Luther für den Bischof eine tödliche Gefahr darstellte … in mehrfacher Hinsicht.

Dieser Mann hatte Einfluss auf das Volk. Er verbreitete seine Lehren nicht nur von der Kanzel aus, sondern war zugleich ein begabter Schriftsteller. Seine Gedanken verbreiteten sich wie ein Lauffeuer. Dieser Ketzer machte vor nichts halt! Er stellte die Autorität des Papstes in Frage, und auch Konzilien hätten schon geirrt, behauptete er. War es da nicht eine Frage der Zeit, bis er die Kirche selbst angriff – mit allen ihren Repräsentanten? Joseph von Brangenberg musste um seinen Bischofshut und um seine Herrschaft fürchten, für die er einst so teuer bezahlt hatte. Wenn das Feuer, das Luther in seiner unmittelbaren Nachbarschaft gelegt hatte, erst richtig an Kraft gewann, würde es das kleine Bistum wegfegen und den Bischof gleich mit. Brangenberg – und darauf setzte Wulf seine ganze Hoffnung – sah bereits die Flammen auf sich zukommen. Er würde buchstäblich jeden Preis bezahlen, um den Brandstifter zu beseitigen und das Schlimmste zu verhindern.

»Also gut, einverstanden. Aber ich brauche Zeit, um das Geld zu besorgen«, sagte Brangenberg schließlich und blickte zu Boden.

Wulf legte die Stirn in Falten. »Sobald ich die Anzahlung habe, mache ich mich auf den Weg nach Wittenberg. Ich muss herausfinden, wie Luthers Alltag aussieht. Wo wohnt er? Gibt es Momente, in denen man ihn allein und unbewacht antrifft? Erst wenn ich ein genaues Bild von seinen Gewohnheiten habe, kann ich einen Plan entwerfen!«

»Erledige die Sache so, dass niemand an Mord denkt! Nur im äußersten Fall darfst du die Tat offen ausführen! Vor allem ist wichtig, dass niemand einen Zusammenhang zwischen uns vermutet. In der Nähe von Wittenberg lebt ein Waffenschmied, der auf meiner Lohnliste steht. Er ist verschwiegen und zuverlässig; mit ihm kannst du Kontakt aufnehmen. Wenn du weitere Hilfe benötigst, wird er die Botschaft an mich weiterleiten.«

»Waffen sind gar nicht immer nötig. Viele Menschen sterben eines natürlichen Todes«, sagte Wulf, »eine Krankheit rafft sie dahin, oder das Herz spielt nicht mehr mit. Sie schlafen friedlich ein und wachen nie mehr auf ...«

»Ich merke schon, du entwickelst einen Plan. Aber achte darauf, dass kein Mensch mich verdächtigt. Sie würden mir den Palast stürmen ...«

»Und noch etwas«, sagte Wulf. »Ich brauche ein Buch über Kräuter!«

Kapitel 4

Lucas Cranach hatte sich in die kleine Kammer zurückgezogen, die an sein Atelier grenzte; er saß dort an einem mit Skizzen bedeckten Tisch und aß nebenbei ein Stück Brot. Auf einem Blatt Papier, das Studien von Händen und Füßen zeigte, stand ein Krug Bier. Er nahm einen kräftigen Schluck, legte das Brot neben den Krug und wischte sich mit der Hand über den Mund.

»Anna«, sagte er, »meine Frau drängt mich zu diesem Gespräch – und sie hat recht. Ich gebe zu, dass ich es wochenlang vor mir hergeschoben habe, auch deiner Tochter zuliebe, denn du weißt, wie gern ich sie mag. Aber Barbara versorgt meinen Haushalt und kümmert sich um die praktischen Dinge des Lebens ... Wir müssen jetzt zu einer Lösung kommen!«

Anna hatte sich auf das Gespräch gut vorbereitet. Sie wollte nicht tatenlos hinnehmen, dass man sie aus dem Haus warf. Lange hatte sie vor dem Spiegel gestanden und war entschlossen, sich von ihrer besten Seite zu zeigen. Cranach war für weibliche Schönheit empfänglich, das wusste sie genau. Und so hatte sie ihr glattes, dunkelblondes Haar gekämmt, das dort, wo es auf die Schultern fiel, eine Welle bildete. Sie hatte sich nicht einmal gescheut, ins »Badehaus« zu gehen und mit Hanna ein langes Gespräch zu führen. Hanna hatte ihr Ratschläge erteilt und allerlei Salben und Tiegel ausgeliehen, die einer Frau helfen, manches zu kaschieren und anderes zu betonen.

Annas sonst eher blasse Wimpern waren jetzt schwarz, und auch um die Augenlider hatte sie dezent Farbe aufgetragen, um die klaren, graublauen Augen hervorzuheben, mit denen sie einen Menschen sehr intensiv, fast durchdringend, anschauen konnte. Auch ihre Lippen glänzten rötlicher als sonst. Während sie in den Spiegel schaute, hatte sie um ihren Mund einen bitteren Zug entdeckt, den sie noch nicht an sich kannte.

»Ich verstehe, dass Martha und ich euch zur Last fallen, und ich möchte mich gern nützlich machen.«

»Das ist gut gemeint«, sagte Cranach, »aber meine Mägde und Knechte arbeiten schon lange für mich. Ich wüsste beim besten Willen nicht, womit ich dich beschäftigen sollte. Martha ist ja auch erst ein Kind von sieben Jahren ...«

Anna schluckte und presste die Lippen aufeinander. Sie hatte gewusst, dass er so etwas sagen würde. Alles lief darauf hinaus, sie und Martha aus dem Haus zu schicken. Vielleicht würde er ihr noch eine Übergangsfrist anbieten. Sie hatte sich zwar etwas überlegt, aber nun fiel es ihr schwer, darüber zu sprechen. Es war, als hätte sie einen Kloß im Hals, der ihr die Luft abdrückte. Immer wieder hatte sie sich die Worte zurechtgelegt und die besten Formulierungen geübt. Aber jetzt, wo es so weit war, schien alles vergessen. Es half alles nichts, sie musste gleich zur Sache kommen.

»Ich könnte dir Modell stehen!« Ihre Stimme kam ihr schwach und brüchig vor, während sie sprach.

Cranach sagte erst einmal nichts, aber sie bemerkte seine Überraschung. Sein Blick schien ihr skeptisch, sicher würde er gleich irgendwelche Gründe finden, die dagegen sprachen.

»Modell stehen?«, wiederholte er, um Zeit zu gewinnen. Die Falte zwischen seinen Augen war kein gutes Zeichen.

Auf einmal brach es aus ihr heraus. Sie sprach sehr schnell, als laufe ihr die Zeit davon. »Aber natürlich, du suchst doch immer Modelle. Erinnerst du dich nicht, wie du einmal vor zwei oder drei Jahren zaghaft versucht hast, das Thema anzusprechen? Und als du merktest, dass Berthold gereizt darauf reagierte, hast du es schnell fallen lassen und nie mehr ein Wort darüber verloren. Ich hätte schon damals Lust dazu gehabt; außerdem habe ich euch oft bei der Arbeit zugesehen. Berthold hat mir auch viel erzählt. Ich weiß schon, worauf es ankommt – und was ich noch lernen müsste, könnte ich mir schnell aneignen.«

»Nein«, sagte Cranach fest entschlossen, »das kommt nicht in Frage.« Dabei rieb er sich das bärtige Kinn.

»Aber warum nicht?«

»Weil es nicht geht.«

Sie glaubte zu verstehen, was er meinte, obwohl er es nicht aussprach. Sie musste seine Bedenken unbedingt zerstreuen. Martha besuchte eine Schule, aber das würde sie bald nicht mehr bezahlen können. Dann würde sie sich eine Arbeit als Näherin oder Wäscherin suchen müssen – oder, falls es noch schlimmer kam, musste sie von Tür zu Tür ziehen und um Almosen betteln. Eines Tages würde man sie aus der Stadt jagen, bis schließlich irgendwann die Straße ihr Zuhause war. Sie kannte solche Schicksale, hatte sie aus der Ferne beobachtet, mit dem sicheren und beruhigenden Gefühl, ihr selbst könne so etwas nicht passieren.

»Bin ich vielleicht zu hässlich?«

»Um Gottes willen, nein!«

»Oder gefällt dir meine Nase nicht?«

»Im Gegenteil.«

»Fehlt es mir an Talent?«

»Nein.«

»Was dann?«

»Du müsstest auch nackt Modell stehen«, sagte Cranach.

»Habe ich keine gute Figur?«

»Deine Figur wäre ideal.«

»Wo ist dann das Problem?«, fragte Anna und verschränkte die Arme vor der Brust.

Dabei wusste sie sehr genau, weshalb er sich sträubte: Barbara Cranach war bekannt dafür, dass sie den Beruf ihres Mannes mit gemischten Gefühlen betrachtete. Zwar gehörte Lucas als Hofmaler zu den Wittenberger Honoratioren und die Achtung, die man ihm und seiner Arbeit entgegenbrachte, strahlte zurück auf sein Haus, seine Familie, seine Frau; und diese Annehmlichkeiten wusste Barbara durchaus zu schätzen. Aber andererseits malte er ständig nackte Frauen ... es war geradezu sein Spezialgebiet. Barbara hielt ihm manchmal vor, in der Wahl seiner Themen äußerst erfinderisch zu sein, damit er »seiner Leidenschaft«, wie sie es nannte, frönen könnte. Gewöhnlich redete Lucas sich damit heraus, dass seine Auftraggeber das Sujet des Bildes bestimmten – und nicht er. Anna erinnerte sich noch an ein Streitgespräch in der Werkstatt.

»Warum beschränkst du dich nicht auf religiöse Themen?«, hatte Barbara laut und in Gegenwart aller Gesellen gefragt.

»Sind denn Adam und Eva etwa nicht aus der Bibel?«, hatte er entgegnet. »Aber ich wäre der Erste, der die beiden im Paradies mit Kleidern malt. Soll ich etwa Eva mit einem hochgeschlossenen Kleid zeigen, eine Perlenkette um den Hals und eine Haube auf dem Kopf wie die reichen adligen Töchter? Und Adam mit Hose, Wams und einem Tuch um den Hals? Es wäre bestimmt originell, den Beginn der Genesis so auszulegen.«

»Die Bibel besteht nicht nur aus Adam und Eva«, hatte sie gesagt. »Aber man könnte einen anderen Eindruck gewinnen, wenn man dir eine Weile bei der Arbeit zuschaut.«

»Was soll ich denn machen, wenn jemand das Bild bei mir bestellt? Ablehnen vielleicht? Dann schwimmt aber in Zukunft bei uns weniger Fleisch in der Suppe!«

»Und genau das Gleiche bei deinen mythologischen und antiken Malereien! Du hast schon ein Händchen dafür, die spannenden Themen rauszupicken! Wer hat die Venus so oft gemalt wie du? Mal mit Cupido, mal ohne. Hauptsache, du kannst sie so darstellen, wie die Natur sie geschaffen hat. Die Grazien, das Urteil des Paris, Apollo und Diana, Lucretia, Nymphen – keine weibliche Gestalt ist vor dir sicher, wenn sie dir nur Gelegenheit bietet, sämtliche Hüllen fallen zu lassen.«

An diesen Wortwechsel, der schon einige Monate zurücklag, musste Anna denken. Sicher dachte auch Cranach an diese Szene oder an ähnliche, die unter vier Augen stattgefunden haben mochten. Anna wusste, dass sie mit dem Feuer spielte – aber hatte sie eine andere Wahl?

»Das Problem ist, dass du hier bei uns im Haus lebst«, erklärte Cranach. »Die Frauen, die sonst Modell gestanden haben, waren nach wenigen Stunden oder Tagen wieder verschwunden. Und ich glaube, das war auch besser so.«

»Das mag Vorteile haben«, stimmte Anna zu, »aber ich erinnere mich, dass du manches Mal geflucht hast, weil dir auf die Schnelle niemand zur Verfügung stand. Wenn du eine plötzliche Idee hast und sie rasch umsetzen willst, damit sie nicht verfliegt – genau dann wirst du dankbar sein, ein Modell *im Haus* zu haben.«

»Das mag stimmen, es ist oft mühselig, jemanden zu finden. Aber weißt du … um die Wahrheit zu sagen … Na gut, an Barbaras Stelle würde ich wahrscheinlich genauso reagieren. Sie kann nicht verstehen, dass es sich um meinen Beruf handelt und dass ich den Körper einer Frau mit den Augen des Malers betrachte – ohne Begier, ihn zu besitzen. Vielleicht so ähnlich, wie ein Arzt den Körper einer Frau betrachtet und untersucht, weil sein Beruf das fordert. Aber wie soll ich ihr das verständlich machen?«

Anna fragte sich, ob er die Wahrheit sagte. Es mochte stimmen, dass er seine Frau nicht betrog. Sie hatte jedenfalls noch keine Gerüchte gehört, die in diese Richtung gingen, und das war schon allerhand. Vielleicht war er tatsächlich der Ehrenmann, als der er gemeinhin galt. Aber konnte er seine Modelle wirklich völlig losgelöst von seinen Gefühlen als Mann betrachten? Kam niemals der Wunsch in ihm auf, sie zu berühren oder gar bei ihnen zu liegen? Hatte er sich wirklich so weit in der Gewalt, dass er nicht einmal daran dachte oder es sich wünschte? Anna verstand Barbaras Bedenken, aber in ihrer Lage konnte sie sich so viel Rücksicht nicht erlauben.

»Lucas«, sagte sie, »willst du dir von deiner Frau vorschreiben lassen, was du zu tun und zu lassen hast?«

»Ich kann mir nicht vorstellen, dass Barbara deinen Vorschlag akzeptiert. Außerdem würde es Gerede geben!«

»Deine Frau ... das Gerede der Leute ... Warum die faulen Kompromisse? Sprich ein Machtwort!«

Sie spürte, dass sie mit dieser Bemerkung einen wunden Punkt berührt hatte, denn er zögerte – und sagte schließlich: »Nun gut, ich denke darüber nach.«

»Warum willst du die Entscheidung auf die lange Bank schieben? Hast du Angst vor Barbara? Wer ist hier der Herr im Haus?« Anna kam sich schäbig vor, wie sie taktierte. Aber es ging nicht um sie, sondern um Martha. Sie hatte bereits Pläne, die über das Modellstehen hinausgingen – und nun hing alles davon ab, dass ihr der erste Schritt gelang. Wenn sie erst einmal den Fuß in der Tür hatte ...

Stimmen und Schritte wurden hörbar. Barbara Cranach – als habe sie geahnt, dass man von ihr sprach – öffnete die Tür zur Kammer. Ihr auf dem Fuß folgte ein Mann, der hager aussah und müde Augen hatte. Anna kannte ihn nicht, obwohl es ihr so vorkam, als hätte sie sein Gesicht schon einmal gesehen ... irgendwo ... irgendwann.

»Dieser Mann heißt Jost Gessner.« Barbara wandte sich an ihren Mann: »Er sagt, ihr seid verabredet.«

»Das ist richtig.«

»Und auch ich habe später noch etwas mit dir zu besprechen, Lucas.«

»Sobald ich Zeit habe.«

Im Davongehen warf Barbara aus den Augenwinkeln Anna einen misstrauischen Blick zu.

Jost begrüßte Cranach mit Handschlag und nickte Anna kurz zu. »Der Fürst sagte, ich solle mich bei Euch melden.«

»Es geht um Luther«, erwiderte Cranach.

»Dann sollten wir uns besser unter vier Augen unterhalten.«

Anna biss die Zähne aufeinander. Fast hätte sie Cranach so weit gehabt! Er hatte zwar noch ein wenig gezögert, aber sie war sich sicher gewesen, ihn um den Finger zu wickeln, wenn sie hartnäckig blieb. Warum musste dieser Kerl genau in dem Moment zur Tür hereinkommen? Und jetzt versuchte er sogar, sie hinauszuwerfen! Sie schaute ihm ins Gesicht und ließ ihren Blick langsam an ihm hinuntergleiten. Dabei fielen ihr ein Messer auf, das er am Gürtel trug, und seine schmutzigen Stiefel.

»Was für ein ausgesucht höflicher Mensch Ihr doch seid!«, fauchte sie.

Jost öffnete überrascht den Mund und wandte ihr den Kopf zu, während sie herausfordernd seinen Blick erwiderte. »Aber ich sollte vielleicht meine Zunge hüten, denn schließlich seid Ihr bewaffnet.«

»Ich habe mich noch nie an einer Frau vergriffen«, erwiderte Jost naiv.

»Ihr wollt ein Gespräch unter vier Augen«, sagte Anna, »aber es scheint Euch nicht aufzufallen, dass Ihr uns gerade bei einem solchen stört.«

»Mir kommen die Tränen.« Jost wandte sich an Cranach. »Meister Lucas, wenn Ihr möchtet, dass ich gehe ...«

»Anna, ich werde mir die Sache durch den Kopf gehen lassen«, sagte Cranach. Obwohl er sich bemühte, freundlich zu bleiben, klang seine Stimme verärgert. »Ich verspreche dir: Sobald ich zu einer Entscheidung gekommen bin, lasse ich es dich wissen.«

Anna senkte den Kopf und verließ den Raum.

Jost schaute hinter ihr her, und sein Gesicht war nachdenklich. Cranach deutete auf einen Stuhl, ging um den Tisch herum, setzte sich und schob den Bierkrug zur Seite.

»Mein lieber Gessner ... ich darf doch so sagen ...«, begann Cranach, »ich bin über Euren Auftrag informiert. Der Kurfürst selbst hat mich unterrichtet. Vielleicht ist es kein Fehler, wenn ich Euch kurz ein paar Worte zu meiner eigenen Person sage, und welche Rolle mir in dieser Angelegenheit zufällt. Wie Ihr sicher wisst, hat mich Friedrich vor vielen Jahren als Hofmaler angestellt. Im Laufe der Zeit hat sich zwischen uns ein Verhältnis entwickelt, das ich zwar nicht als freundschaftlich bezeichnen möchte – doch man kennt sich, man hat Vertrauen zueinander. Nun trifft es sich andererseits, dass Martin Luther zu meinen besten Freunden zählt. Wir stehen uns sehr nahe, und er gehört quasi zur Familie. So ist mir, ehe ich mich versah, eine Art Vermittlerrolle zugefallen. Denn Friedrich ist ein vorsichtiger Mensch und Luther ein Dickkopf ... kurz, zwei Charaktere, zwischen denen es leicht zu Reibungen kommt. – Ich tue also, was ich kann.«

Jost hatte die Beine übereinandergeschlagen und hörte ruhig zu. Während Cranach sprach, betrachtete er interessiert die Skizzen und Entwürfe, die auf dem Tisch lagen, und das schmale Bücherregal an der Wand hinter dem Maler.

»Nun gibt es da ein kleines Problem ... ach was, Problem ist zu viel gesagt ... ich will es anders formulieren. Wie ich schon sagte, ist Luther zwar ein wunderbarer, aber nicht immer einfacher Mensch. Seine Freiheit bedeutet ihm viel. Nicht zufällig hat er ein Buch über die Freiheit des Christenmenschen geschrieben ...«

»Kurz und gut«, sagte Jost, »er hält nichts davon, dass ich ihn bewachen soll. Ist es das?« Jost brannte darauf, Luther persönlich kennenzulernen. Was Cranach erzählte, schreckte ihn in keiner Weise ab.

»Ich wollte Euch einen Rat geben«, sagte Cranach. »Auch zwischen Freunden gibt es Konflikte, und letztlich sind gerade sie es, die einen lehren, wie der andere gebaut ist. Es ist wie in einer langen Ehe: Mit der Zeit entwickelt man ein Gefühl dafür, wie weit man gehen kann und was man besser meidet.« Er legte den Kopf zur Seite und schaute ins Leere, als horche er in sich hinein. Jost hatte seine Hand auf den Tisch gelegt und klopfte mit den Fingern leise aufs Holz.

»Wie jeder Mensch«, fuhr Cranach fort, »hat er bestimmte Vorstellungen. Obwohl er als Theologe an Disputationen gewöhnt sein sollte, fällt es ihm häufig schwer, eine andere Meinung zu akzeptieren. Ihr werdet längere Zeit mit ihm auskommen müssen. Bestimmt kommt es zu Situationen, wo Ihr unterschiedliche Auffassungen habt. Ich rate Euch, ihm nicht gleich zu widersprechen. Wenn er etwas sagt oder fordert, solltet Ihr Euch in jedem Fall interessiert zeigen. Gebt ihm das Gefühl, seine Worte sehr ernst zu nehmen. Wenn es geht, betont erst die guten Seiten seines Vorschlags und streut Eure Bedenken nur ganz sachte ein. Oder Ihr wartet einen günstigen Zeitpunkt ab, am besten in geselliger Runde, wenn er schon ein Glas Wein getrunken hat oder auch zwei. Wenn er sich wohlfühlt und gut gegessen hat, ist er für vernünftige Vorschläge oft zugänglich.«

Jost musste lächeln. Seit er für den sächsischen Kurfürsten arbeitete, war sein zuvor unstetes Leben etwas ruhiger geworden, und er hatte begonnen, mehr zu lesen. Schon während seiner wilden Jahre hatte man ihn in seiner freien Zeit manchmal mit einem Buch oder einem Flugblatt gesehen. Da Söldner gewöhnlich weder schreiben noch lesen konnten, hatte ihm das Spott eingetragen; aber manchmal auch Respekt, und er hatte sich mit der Zeit zu einer Führungspersönlichkeit entwickelt. Mittlerweile hatte er die vierzig überschritten. Er blickte auf ein ereignisreiches und oft gefährliches Leben zurück, und ertappte sich häufig dabei, sehr allgemeine und grundlegende Fragen zu stellen, die sein Leben betrafen. So war er auf Luthers Schriften gestoßen, in denen er Antworten fand. Es beruhigte ihn geradezu, von Cranach Ratschläge zu bekommen, die den Theologen von einer anderen Seite zeigten. Luther war offenbar manchmal schwierig im Umgang, ein bisschen eitel und durchaus für Schmeicheleien zugänglich – kurz: Er war auch ein ganz gewöhnlicher Mensch.

»Er wird zustimmen, dass Ihr ihn schützt«, sagte Cranach, »und deshalb sehe ich Situationen voraus, die Eure Interessen und seine in Konflikt bringen. Es ist dann Eure Aufgabe, vorauszuschauen und dafür zu sorgen, dass sein Leben nicht in Gefahr gerät. Er wiederum ist von seinen Ideen erfüllt und vergisst darüber seine eigene Sicherheit. Macht Euch darauf gefasst, dass es zu harten Auseinandersetzungen kommen wird. Und lasst Euch nicht abschrecken! Seid diplomatisch! Am besten versucht Ihr, seine Freundschaft zu gewinnen. Das wäre der beste Weg, um gut mit ihm auszukommen. Ihr sagt, Ihr habt manches von ihm gelesen? Sprecht ihn darauf an! Wie alle Leute, die zur Feder greifen, gibt es für ihn kein interessanteres Thema. Wenn er Euch vertraut und ins Herz schließt, werdet Ihr leichtes Spiel haben!«

Die beiden Männer standen auf und gaben sich die Hand. »Danke für die Ratschläge«, sagte Jost. Als er die Kammer verließ, bemerkte er noch, dass Cranach eilig nach seinem Brot griff und gierig hineinbiss. Ein Stück fettige Wurst fiel heraus und rollte über eine der Zeichnungen. Jost ging durch die Werkstatt, wo nur noch zwei Gesellen arbeiteten, von denen einer einen langen, mächtigen Bart kultivierte, wie Jost ihn sich beim Patriarchen Abraham vorstellte. Sie trugen den Hintergrund zu einem Gemälde auf und unterhielten sich dabei über die gestiegenen Getreidepreise.

Jost betrat den Innenhof des Anwesens und sah die Frau, die vorhin mit Cranach gesprochen und sich über sein Erscheinen geärgert hatte. Ein Kind war bei ihr, das mit einem großen, zotteligen Hund spielte; der Hund stellte sich auf die Hinterbeine und berührte mit seinen Pfoten die Schultern des Mädchens, das laut kicherte und ihm das Fell verstrubbelte. Als sie Jost bemerkten, schauten die Frau und das Mädchen zu ihm herüber. Er hatte den Eindruck, als würde die Mutter ihm am liebsten ins Gesicht springen. »Ihr seid ein Barbar!«, sagte sie laut.

Jost schüttelte den Kopf, lachte verlegen, gab aber keine Antwort. Während er davonging, hörte er das Kind fragen: »Was ist das: ein Barbar?«

Kapitel 5

Niemand in Wittenberg würde ihn kennen, denn er war seit Jahren nicht auf Reisen gewesen. Sicherheitshalber hatte er sich einen Bart wachsen lassen, und auch die Haare, in denen sich frischer Wind fing, trug er länger als sonst. Da er selten auf einem Pferd saß, taten ihm schon alle Knochen weh.

Wulf Kramer zahlte einem alten Mann Wegzoll und überquerte die Elbbrücke. In Ufernähe bemerkte er Eisschollen, unter denen die Strömung murmelte. Vor ihm polterten ein Pferde- und ein Ochsenkarren über die Holzbohlen. Ein Reiter kam ihm entgegen und mehrere Bauern aus der Umgebung; sie trugen leere Körbe in der Hand. Aus dem weißgrauen, gleichförmigen Himmel fielen hauchfeine Flocken, die auf seiner Haut schmolzen und sich langsam, aber stetig in der Kleidung festsetzten. Er trug einen Pilgermantel, eine Wollmütze und Fäustlinge.

Da sich die Dunkelheit noch nicht über das offene Land und den Fluss gesenkt hatte, stand das hinter der Brücke gelegene Tor weit offen. Wulf ritt im Dämmerlicht in die Stadt ein, ohne dass eine der Wachen ihn ansprach. Er passierte ein ärmlich wirkendes Stadtviertel mit verfallenen Häusern und Unrat in den Straßen, der fürchterlich stank. Dann kamen stattlichere Gebäude, und schließlich erreichte er den Marktplatz. Trotz der Kälte wurde an einem der Häuser gebaut; ein Fuhrwerk mit Holzlatten stand bei einem Gerüst, und drei Arbeiter entluden die Fracht. Aus dem Inneren des Gebäudes schallten Hammerschläge. Zwei Frauen schöpften Wasser am Brunnen. Ein Junge mit einem Bündel Reisig unter dem Arm bot seine Ware einem Kaufmann feil.

Wulf ritt auf einen Gasthof zu, über dessen Eingangstür eine aus Metall geformte Wildsau hing. Er lud seinen Reisesack ab und betrat den Schankraum. Drinnen war es leer bis auf einen Knecht, der den Kachelboden schrubbte. Wulf bat ihn, sich um sein Pferd zu kümmern und den Wirt zu rufen. Der Knecht verschwand; wenig später erschien eine Frau von vielleicht vierzig Jahren. Sie wischte ihre Hände an einer schmutzigen Schürze ab, die sie über einem blauen, bis zu den Füßen reichenden Leinenkleid trug. Ob er ein Zimmer suche, wollte sie wissen, und Wulf erklärte, dass er einige Zeit in Wittenberg bleiben werde.

Sie betrachtete ihn mit forschendem Blick. Es war eine ungewöhnliche Zeit für eine Pilgerreise. Er wolle nach Santiago de Compostela, fügte Wulf hinzu, aber nun mache er in Wittenberg Station, weil der Ort bekannt sei für seine Reliquien.

»Wenn Ihr länger bleibt, gebe ich Euch das beste Zimmer zum Marktplatz hin«, bot die Frau an.

»Im Moment ist wohl nicht viel los in der Stadt?«

»Na ja, wer reist schon im Winter durch die Gegend?« Ihr Gesicht wirkte ausgezehrt, mit dunklen Ringen unter den Augen. Die Wirtin, die eine Haube trug, zeigte ihm das Zimmer, in dem mehrere Betten standen, aber Wulf war der einzige Gast. Das kam ihm sehr gelegen. Sie gingen wieder nach unten. Die Wirtin brachte Wulf einen Teller mit aufgewärmter Kohlsuppe und einen Kanten Brot. Während er am Tisch saß und aß, setzte sie sich zu ihm und fragte ihn ein wenig aus. Sie sei Witwe, erfuhr Wulf, und er erzählte ihr, er sei von Beruf Schreiner, genauer gesagt Kunsthandwerker und auf schwierige Einlegearbeiten spezialisiert. Seine Möbel mit Intarsien würden von Adligen gekauft. So habe er Geld zur Seite gelegt, um sich einen Jugendtraum zu erfüllen: die Pilgerfahrt ins ferne Spanien. Im Gegenzug fragte er sie über Wittenberg aus und brachte das Gespräch ohne Eile auf Luther. Ob es eine Möglichkeit gebe, den berühmten Mann persönlich kennenzulernen, wollte er wissen.

»Die Augustiner leben im Schwarzen Kloster«, sagte sie. »Aber er ist immer beschäftigt und hat nicht Zeit für jeden.« Sie beschrieb ihm den Weg dorthin.

»Kennt Ihr ihn?«

»Natürlich kenne ich den Doktor Martinus, jeder in Wittenberg kennt ihn; schließlich steht er häufig auf der Kanzel.« Sie fasste Wulf am Arm und fügte hinzu: »Einen besseren Prediger können wir uns nicht wünschen.«

Eine junge Frau mit einem um den Kopf gebundenen Tuch hantierte in der Küche. Manchmal mischte sich der Knecht ins Gespräch ein. Die Wirtin erzählte von Lucas Cranach, der ein guter Freund Luthers sei. Schließlich stand Wulf auf. Er wolle sich noch ein wenig in der Stadt umschauen.

Er überquerte den Marktplatz. Wittenberg gefiel ihm, ein überschaubarer Ort. Respektvoll betrachtete er die beim Markt gelegene Stadtkirche mit den hohen Zwillingstürmen. Wulf wanderte durch die Gassen. Es schneite nun stärker, und auf dem gefrorenen Boden blieb eine weiße Schicht liegen. Drei Mädchen spielten Fangen. Er erreichte das Schwarze Kloster und spürte, wie er unruhig wurde. Jetzt war er Luther so nah wie noch nie. Sein Jagdinstinkt erwachte. Am liebsten hätte er sofort gehandelt, noch am selben Tag.

Das Augustiner-Eremiten-Kloster hatte eine imposante Fassade mit vielen Fenstern. Dieser Orden, der als besonders streng galt, war reich, sonst hätte er sich ein solches Gebäude nicht leisten können. Wulf wusste, dass die Mönche im Leben der Stadt eine wichtige Rolle spielten; einige lehrten als Professoren an der Universität. Er musste Witterung aufnehmen! Stimmen redeten wirr in seinem Kopf durcheinander.

Dann ging er wieder in den entgegengesetzten Teil der Stadt, besah flüchtig das Schloss und die Schlosskirche. In der Nähe lag auch der Cranachhof, nach dem er sich erkundigt hatte. Wulfs Ideen waren noch etwas vage. Er spürte, dass sein Vorhaben nur gelingen konnte, wenn er Luther im privaten, häuslichen Kreis zu fassen bekam, denn zum Schwarzen Kloster würde er wahrscheinlich keinen Zutritt erhalten. Dann stand er vor der Stadtapotheke, die zum Cranachhof gehörte. Wulf hatte von der Apotheke gehört und sie in seine Überlegungen mit einbezogen. Ungewöhnlich, dachte Wulf, dass dieser Cranach nicht nur von seiner Malerei lebt, sondern auch von Kräutern, Tinkturen und Salben. In seinem Gepäck verbargen sich zwei Seiten, die er aus einem Kräuterbuch herausgerissen hatte. Langsam begann sich in seinem Geist der Plan zu formen – aber etwas fehlte noch.

Am nächsten Tag steuerte Wulf ohne Umweg den Cranachhof an. In der Apotheke sah er drei wartende Kunden, während der Apotheker Pulver auf eine Waagschale schüttete. Wulf durchquerte das große Tor und betrat den Innenhof. Zwei Knechte wuchteten gerade schwere Säcke eine Leiter hinauf zu einem Lagerraum. Bei ihnen stand eine Frau, die die Aufsicht zu führen schien: Das musste Barbara Cranach sein, die Wirtin hatte von ihr gesprochen. Bevor er etwas sagen konnte, fragte sie ihn schon, wer er sei und was er wolle. Er stellte sich als Peter Zainer vor, Pilger und Kunstliebhaber; er wolle ein Bild in Auftrag geben. Sie wies ihm die Tür zur Werkstatt.

Wulf betrat einen Raum, der ihn ein wenig an den Kapitelsaal in einem Kloster erinnert hätte – wenn nicht überall Staffeleien gestanden hätten, einige mit Bildern darauf, Paletten, Farbtöpfe und Dosen mit Pulver, Pinsel, Kohlestifte und Federn. Fertige und halb fertige Werke an die Mauern gelehnt, ein buntes Sammelsurium. Er zählte fünf Gesellen und sah den Meister selbst, dem eine nackte Frau in seltsamer Pose Modell stand.

Die Gesellen schauten auf, als Wulf hereinkam. Cranach bemerkte ihn gar nicht, zu sehr war er in seine Arbeit vertieft. Während Wulf näher trat, betrachtete er das Gemälde: Vor seinen Augen entstand eine Venus. Das Modell hielt den rechten Arm graziös nach oben, der linke Arm jedoch war leicht nach hinten gebogen. Sie hielt einen Schleier, der so fein und durchsichtig war, dass Wulf sich fragte, welchem Zweck er eigentlich diente. Die Frau war zierlich, sie hatte blondes Haar und leuchtend blaue Augen. Wulf starrte wie gebannt in ihre Richtung. Als sie ihn bemerkte, verfinsterte sich ihr Blick.

Nun sah auch Cranach den ungebetenen Gast. Die Hand mit dem Pinsel, die sich vorher schnell bewegt hatte, schien einzufrieren.

»Wer seid Ihr? Wie könnt Ihr hier hereinkommen?«

Wulf erklärte, es sei vermutlich die Hausherrin persönlich gewesen, die ihn hereingeschickt habe.

Barbara? Lucas runzelte die Stirn. Seine Frau wusste doch ganz genau, dass er um diese Zeit nicht gestört werden durfte. Dies war seine wichtigste Arbeitsphase.

Wulf bat um Verzeihung. Eigentlich sei es seine Absicht gewesen, ein Bild in Auftrag zu geben. Aber er wolle nicht stören und gehe jetzt wieder.

»Wartet«, sagte Cranach. Er ließ die Hand mit der Palette sinken und legte den Pinsel zur Seite. »Wie heißt Ihr und wo kommt Ihr her?«

Ob sie sich anziehen solle, fragte die blonde Frau. Da sie von Cranach keine Antwort bekam, warf sie sich einen grünen Mantel über die Schultern.

»Mein Name ist Peter Zainer«, erklärte Wulf. »Ich pilgere nach Santiago und werde einige Zeit in Wittenberg bleiben. Ich bitte Euch darum, ein Porträt von mir anzufertigen. Selbstverständlich zahle ich im Voraus.«

Eilig legte Cranach die Palette auf den Tisch. »In Öl?«

Wulf nickte.

»Wie groß soll das Bild sein?«, fragte Cranach. Sie besprachen Details. Die Frau und die Gesellen folgten dem Gespräch. Wulf akzeptierte den Preis, den Cranach schließlich vorschlug, ohne einen Moment zu zögern. In Cranachs Blick lag nun großes Wohlwollen. Wulf jedoch war voller Zweifel: Folgte er dem richtigen Weg? Wenn er mit dem Porträt zufrieden sei, sagte er, könne er sich weitere Aufträge vorstellen – vorausgesetzt, der Meister sei daran interessiert.

»Wann soll ich zur ersten Sitzung kommen?«

»Morgen Nachmittag, wenn es Euch passt.«

»Sehr gern.«

Als Wulf die Werkstatt verließ, sah er die Venus wieder, aber diesmal war sie vollständig bekleidet und half einem Gesellen dabei, Farben anzurühren. Ein Kind stand neben ihr, ebenfalls blond, das ihr sehr ähnlich sah. Die Kleine starrte Wulf mit großen Augen an.

Das muss ihre Tochter sein, dachte er. Cranach hatte beiläufig erwähnt, dass die beiden zu seinem Haushalt gehörten. Wulf spürte instinktiv, dass Mutter und Tochter ihm bei der Lösung seines Problems nützlich sein würden. Sie könnten das fehlende Glied in seinem Plan darstellen.

Kapitel 6

Ein junger Mönch führte Jost durch mehrere Räume des Augustiner-Eremiten-Klosters, in denen noch der Winter zu regieren schien. Sie gingen kahle, graue Gänge entlang; an den Mauern waren Eisenhalterungen befestigt, in die man Fackeln stecken konnte. Dann bogen sie nach links ab und kamen durch ein offenes Tor schlagartig eine andere Welt.

Ein großer Garten befand sich hier im Klosterhof; die Sonne schien, und es war vorfrühlingshaft mild und angenehm. Es roch ein wenig süßlich, vermischt mit dem Geruch von Dung, den der Wind herantrieb. Einige Sträucher, die Jost nicht kannte, blühten schon, und aus dem blassen Grün eines bescheidenen, abgegrenzten Wiesenstücks leuchteten gelbe Flecken. Der

Mönch zog sich gleich wieder zurück, und Jost blieb zunächst am Tor stehen.

Luther, in dunkler Kutte mit Tonsur, ein Bein über das andere geschlagen, saß auf einer einfachen Holzbank. Er war in ein Buch vertieft und bemerkte daher den Ankömmling gar nicht. Beim Lesen bewegte er die Lippen und murmelte einige Worte, die in Josts Ohren lateinisch klangen. Über Luther wölbten sich die noch kahlen Äste eines Apfelbaumes. Zwei Blaumeisen klammerten sich kopfüber, kopfunter an die Zweige und pickten an den harten Knospen, wo sie kleine Insekten oder Läuse finden mochten.

Jost trat näher, und Luther schaute überrascht auf, als habe man ihn bei etwas Unschicklichem ertappt. Sein Gesichtsausdruck machte Jost unmissverständlich klar, dass er ihm alles andere als willkommen war. Aber es gab kein Zurück mehr. Jost musste versuchen, irgendwie mit diesem Mann auszukommen. Er grüßte, stellte sich vor und nahm unaufgefordert auf einer zweiten Bank Platz, die quer zur andern stand.

»Was für ein herrlicher Tag«, sagte Jost, weil er nicht recht wusste, wie er das Gespräch beginnen sollte. »Es liegt so eine Stimmung in der Luft, die mich an meine Kindheit erinnert.«

»Und Ihr seid meine neue Amme«, erwiderte Luther.

»Ich habe mich um die Aufgabe nicht gerissen.« Jost ärgerte sich gleich wieder über seine Antwort. Warum fing er an, sich zu verteidigen? Das war immer die falsche Strategie. Wenn man etwas erreichen wollte, musste man selbst angreifen.

»Wie soll das in Zukunft funktionieren?«, fragte Luther. »Wollt Ihr den ganzen Tag neben mir herlaufen?«

»Wenn es sein muss, setze ich mich auch nachts zu Euch ans Bett.«

Luthers Augen verschossen Giftpfeile, und Jost spürte, dass er ein wenig zu forsch geantwortet hatte.

»Scherz beiseite.« Er bemühte sich um Schadensbegrenzung. »Genau deshalb bin ich hier, um gemeinsam mit Euch einen

Weg zu finden, wie wir für Eure Sicherheit sorgen, ohne dass dadurch Eure Freiheit eingeschränkt wird.«

»Das ist so«, erwiderte Luther, der nachdrücklich das Buch zusammenklappte und neben sich auf die Bank legte, »als wolle man in Wein Essig hineinmischen – und erwartet, er möge schmecken wie vorher.«

Die Blaumeisen beschimpften sich über ihren Köpfen, und ein Stück Kot fiel neben Jost auf die Bank. Er überlegte fieberhaft, ob es irgendein Mittel gab, diesem Dickkopf näherzukommen.

»Habt Ihr als Kind keine Amme gehabt?«, griff Jost das Thema wieder auf.

»Schon – nur bin ich kein Kind mehr.«

»Und hat sie Euch nicht manchmal schöne Märchen erzählt?«

»Wollt Ihr jetzt anfangen, mir Märchen zu erzählen?«

»Warum nicht?«

Zum ersten Mal hellte sich Luthers Stirn auf und um seine Mundwinkel zeigte sich der Ansatz eines feinen Lächelns, das er aber sogleich unterdrückte. »Ja, warum nicht? Für Märchen bin ich immer zu haben – und für Fabeln. Aber sie müssen gut sein, wenn du mich um den Finger wickeln willst.«

Jost nahm das Spiel an. Sehr spielerisch war ihm allerdings nicht zumute, denn er spürte, dass von seiner kurzen Erzählung abhing, ob ihn Luther akzeptieren würde oder nicht. Dabei hatte er weiß Gott nicht die geringste Erfahrung darin, Märchen zu erzählen. Wenn er es recht überlegte, war dies sogar das erste Mal überhaupt. Er fragte sich, wie er nur auf diese Idee gekommen war. Welcher neckische Geist hatte ihm das ins Ohr geflüstert? Vor allem hatte er keine Ahnung, wovon seine Geschichte handeln sollte.

»Es war einmal ein König, der regierte ein großes Reich«, begann er, weil so wahrscheinlich alle Märchen begannen und ihm nichts Besseres einfiel. Er stockte.

»So weit nicht schlecht«, sagte Luther. »Aber war das schon alles?«

Jost räusperte sich. Da flogen ihm aus dem Nichts Gedanken zu, und Worte formten sich eigenmächtig. Niemand war darüber mehr erstaunt als er selbst.

»Der Vater des Königs«, fuhr er fort, »war ein schlimmer Herrscher gewesen und hatte das Volk ausbluten lassen. Nur seinen Günstlingen, den Schleimern und Ohrenbläsern, war es gut ergangen. Die lebten wie die Maden im Speck, während der Rest des Volkes am Hungertuch nagte; ja manche waren so arm, dass sie sich von Gras ernährten wie die Kühe. So war das einst mächtige Land schwach geworden und bedeutungslos. Als nun der Sohn an die Macht kam, erkannte er die Missstände und wusste um die Fehler, die sein Vater begangen hatte. Er beschloss, das Übel an der Wurzel zu packen und den ganzen Staat zu reformieren, koste es was es wolle.«

»Bis jetzt nicht schlecht«, sagte Luther. »Erzähle weiter!«

»Der neue König glaubte an die Macht der Wahrheit. Wenn ich das Volk und die Mächtigen überzeuge, so sagte er sich, wenn ich ihnen bedeute, was falsch ist, und ihnen den Weg in eine bessere Zukunft weise, dann wird Vernunft einkehren und alle werden an einem Strang ziehen. Dann nimmt das Staatswesen einen beispiellosen Aufschwung, und die Sache wendet sich zum Guten. Also beauftragte der junge König alle Buchdrucker im Land, seine Schriften zu verbreiten. Das waren kleine Heftlein, die zu Tausenden aus der Presse kamen und sich im ganzen Land verbreiteten, bis in die hintersten Winkel. Und wer selbst nicht lesen konnte, der ließ es sich von anderen vortragen.«

Luther lächelte. »Ich sehe schon, wohin der Hase läuft.«

»Wirklich? – Der neue König gefiel dem ausgebeuteten Volk, und es liebte ihn, weil er der Erste war, der die Wahrheit sprach. Aber der König hatte sich auch Feinde gemacht. Die einst Mächtigen, deren Reichtum und Einfluss schwanden, hassten ihn und trachteten ihm nach dem Leben. Ihr Hass war ebenso groß wie ihre Verschlagenheit und ihre List. Der König aber blieb arglos. Er wollte nicht auf den Rat seiner Freunde hören und derjenigen, die es gut mit ihm meinten. Sie wiesen ihn auf Gefahren hin, aber er schlug ihre Meinung in den Wind.«

»Das war nicht klug von ihm«, sagte Luther. »Aber warum schweigst du? Wie endet das Märchen?«

»Es hat noch kein Ende.«

Luther schüttelte den Kopf. »Es gibt keine Märchen mit offenem Ende. Ein Märchen muss einen Anfang haben, dann über eine Kette von Ereignissen berichten und schließlich ein befriedigendes Ende finden, das die Bösen bestraft und die Guten belohnt. Sonst sind die Kinder beleidigt, sie kommen sich verulkt vor.«

»Was aber, wenn es sich um erwachsene Kinder handelt?«, fragte Jost.

»Was geschieht mit dem König?«

»Das weiß nur Gott. Alle, die ihn lieben, hoffen, dass er sein Ziel erreicht. Aber das ist ein dorniger Weg. Er muss vorsichtig sein. Es genügt nicht, dass er ein Herz aus Gold hat – er muss auch listig sein wie die Schlange!«

»Jetzt verlassen wir den Boden des Märchens endgültig«, sagte Luther. »Nun nähern wir uns der Fabel.«

»Martin!«

Luther wandte ihm ruckartig den Kopf zu und schaute ihm zum ersten Mal direkt in die Augen, wohl überrascht von der persönlichen Anrede.

Jost erhob sich. Er ging einige Schritte auf und ab. Dann blieb er genau vor Luther stehen. »Ich war im Krieg«, sagte er. »Ich habe Menschen getötet und Schuld auf mich geladen. Und ich habe an Fürstenhöfen gelebt. Ich kenne die Intrigen und die Niedertracht, zu der Menschen fähig sind, eben weil ich selbst kein Engel bin.«

»Das bin ich auch nicht!«

»Aber du hast eine hohe Berufung. Deine Aufgabe ist es, das Evangelium zu verbreiten. Doch brauchst du jemanden, der dir den Rücken freihält. Lass mich fürs Grobe zuständig sein! Das ist mein Beruf!«

Luther stand ebenfalls auf und reichte Jost die Hand. »Wir wollen es miteinander versuchen.«

Kapitel 7

Das Gefühl einer Bedrohung war so vage, dass sie es nicht näher bestimmen konnte. Es kommt mir vor, dachte sie, als hätte der Himmel sich zwischenzeitlich ein wenig aufgehellt, und jetzt ziehen dunkle Wolken am Horizont auf – und sie sind noch unheilvoller.

Immerhin war es Anna gelungen, Lucas Cranach von ihren Vorschlägen zu überzeugen; sie diente ihm jetzt als Modell und gehörte wieder zur Familie, auch wenn Barbara ein saures Gesicht machte. Die unmittelbare Not war also vorerst abgewendet, aber darauf bezog sich ihre diffuse Angst nicht.

Sie horchte in sich hinein, sie beobachtete ihre Umwelt mit noch wacheren Augen als sonst und konnte doch nicht ausmachen, aus welcher Richtung die Bedrohung kam; also versuchte sie sich einzureden, sie sehe wohl Gespenster. Schließlich gab es triftige Gründe für ihre Überspanntheit.

Ein grauer Wintertag näherte sich dem Ende. Anna hatte sich in ihren dicken Schafwollmantel gehüllt und schaute den Kindern beim Spielen zu. Etwa zehn Jungen und Mädchen bauten Schneemänner und bewarfen sich mit Schneebällen. Anna klapperte mit den Zähnen und hielt die Arme vor ihrer Brust verschränkt, die Hände in den Ärmeln verborgen; die eisige Kälte durchdrang Mark und Bein. Martha versuchte ein größeres Mädchen einzufangen, das erst zwischen den zwei Schneemännern davonlief und dann den Fluss ansteuerte. Anna bekam plötzlich Angst, Martha könne ins Wasser fallen. Aber die beiden drehten rechtzeitig ab und rannten zurück zu den anderen.

Die Kinder hatten die freie Fläche in Elbnähe gewählt, weil hier der Wind viel Schnee anwehte. Ihr Geschrei lärmte durch die Stille der Flusslandschaft. Am Ufer hatte sich noch mehr Eis gebildet, und wenn die Kälte anhielt, würde irgendwann eine Eisdecke den Strom überziehen. Seit Berthold fehlte, fühlte sie sich oft schutzlos ausgeliefert.

Eben, als sie glaubte, Martha könne in den Fluss fallen, verstand sie, dass die Angst mit ihrer Tochter zu tun hatte. Solche plötzlichen Attacken waren besonders nachts unerträglich, in einem Zustand zwischen Wachsein und Traum. Am Tag konnte sie ihre Ängste einigermaßen kontrollieren, denn ganz verschwanden sie nie. Ein eigenartiges, in Worte gar nicht fassbares Gefühl blieb zurück, das sie mit einem übermalten Bild verglich. Sie hatte so etwas in Cranachs Werkstatt gesehen: Ein düsteres Gemälde, bevölkert mit Gestalten aus der Hölle, ein visualisierter Alptraum; und darüber malte einer der Gesellen eine Verkündigungsszene, Maria mit dem Engel, in heiteren, freundlichen Farben.

Die Nacht brach schnell herein um diese Jahreszeit, und Schnee fiel in vereinzelten, dicken Flocken vom Himmel. Schon verwischte er die Spuren, die die Kinder beim Herumtoben hinterlassen hatten. Martha und Anna gingen Hand in Hand auf das Stadttor zu, während die anderen schon vorausgeeilt waren. Als sich Anna noch einmal umschaute, sah sie den schwarzen Fluss und die zwei weißen Schneemänner, die sehr verlassen wirkten, als seien sie allein auf der Welt.

Kurze Zeit später saß der Cranachsche Haushalt, etwa zwanzig Menschen, um zwei Tische versammelt zum Abendessen. Der Meister am Kopfende, neben ihm der Apotheker und neben diesem Anna. Cranach wandte sich ihr zu: Der Pilger, sie wisse schon, dieser Peter Zainer, habe noch ein Bild bei ihm in Auftrag gegeben. Sein Geldbeutel scheine wirklich gut gefüllt zu sein, denn er zahle immer im Voraus, ein sympathischer Mann übrigens. Zainer habe ihn gefragt, ob ihm ein Bild bekannt sei, das Jesus im Alter von sieben oder acht Jahren zusammen mit seiner Mutter zeige. »Ich dachte nach und muss gestehen: Mir fiel keines ein.«

Anna spürte, dass alles, was Cranach sagte, etwas mit ihr zu tun hatte, aber sie konnte sich keinen Reim darauf machen. Während sie noch rätselte, fuhr er fort: »Er bat mich, ein solches Bild zu malen, und ich war verblüfft, denn es ist schwierig, etwas zu erschaffen ohne ein Vorbild. Darf ich als Maler überhaupt eine Szene darstellen, über die die Bibel nicht berichtet? Ich fragte mich, was Martin wohl dazu sagen würde. Er würde sagen, überlegte ich, dass nichts dagegenspricht, solange es dem Geist der Heiligen Schrift nicht widerspricht. Also sagte ich zu.«

Langsam begann Anna zu ahnen, worauf es hinauslief: Sie sollte Cranach offenbar als Maria Modell stehen. Das war zwar absurd, aber zum Glück konnte niemand in sie hineinschauen. Sie beobachtete, wie Martha Cranachs ältesten Sohn an den Haaren zog, weil er ihr ein Stück Käse gestohlen hatte. Obwohl die Hausherrin am anderen Tischende saß und neben ihr die Gesellen lärmten, schien ihr von den Worten ihres Mannes keines zu entgehen.

»Ich möchte deshalb, dass ihr mir beide Modell steht: du und Martha.«

»Martha? Wieso Martha?« Anna merkte, dass sie lauter gesprochen hatte, als zum Anlass passte.

Cranach beugte den Kopf über den Tisch näher zu ihr hin. »Du als Maria … und Martha … verstehst du nicht? Sie ist das siebenjährige Jesuskind.«

»Aber sie ist doch ein Mädchen!«, rief Anna. Sie wollte Martha unter allen Umständen aus dieser Geschichte heraushalten.

»Um die Wahrheit zu sagen, *er* hat diesen Wunsch geäußert. Aber was spricht dagegen? Das ist doch gängiger Brauch. Es gibt einen großen Künstler in Italien, Michelangelo Buonarroti, von dem ich weiß, dass er bevorzugt männliche Modelle verwendet, selbst wenn er Frauen malt. Und hier geht es um Kinder! Wenn Zainer möchte, dass sein Jesus Marthas Gesicht hat, so machen wir ihm eben die Freude!«

Im Kamin knisterte ein Feuer, aber Anna fror, und das Brot schmeckte bitter. »Ich stehe dir gern als Maria Modell«, sagte sie. »Aber weißt du, wer als Jesus ideal wäre? Der Sohn von Jonas Fischer! Der sieht aus wie ein Engel.«

»Ich will keinen Engel malen, sondern den siebenjährigen Jesus – und Zainer möchte, dass dieser Jesus das Gesicht deiner Tochter hat.«

Cranach sprach langsam und verhalten, doch sie kannte ihn lange genug, um zu wissen, was das bedeutete. Da es also zwecklos war, ihm weiter zu widersprechen, fragte sie nur: »Wie kommt er auf diese Idee?«

Cranach hob die Hände zum Himmel. »Er hat euch zusammen gesehen und der Anblick hat ihn berührt. – Morgen Nachmittag mache ich ein paar Skizzen von dir und Martha, bevor es dunkel wird.«

Cranach hatte einen festgelegten Arbeitsrhythmus, dem er streng folgte. Die hellen Stunden des Tages – und die waren im Winter rar – verbrachte er mit den Ölbildern, damit er die Wirkung der Farben richtig einschätzen konnte. Vorbereitungen dagegen, wie das erste Anfertigen von Skizzen, legte er auf den Nachmittag; und manches Mal sah man ihn auch bei Kerzenlicht mit Entwürfen und Ideen beschäftigt.

»Übrigens«, fügte Cranach hinzu, »Zainer will morgen ebenfalls kommen. Ich habe nichts dagegen, denn so ist sichergestellt, dass er zufrieden sein wird.«

Kapitel 8

Es musste bereits nach Mitternacht sein, als er aufstand. Durch den offenen Fensterladen fiel das Mondlicht herein. Wulf öffnete die Zimmertür, aber im Gang war es stockfinster. Er musste geräuschlos nach unten kommen – und dabei war es von Vorteil, dass er so klein war und leicht.

Früher hatten sie ihn verspottet; nicht nur die anderen Kinder, auch sein Vater. Der war ein groß gewachsener Mann mit Bärenkräften, während Wulf aus der Art schlug. Der Vater hatte ihn sogar gezwungen, im Eiswasser zu baden und barfüßig über kalte Steinplatten zu laufen ... Wulf tastete sich die Treppe hinunter. Er hatte sich die Räumlichkeiten bereits so gut eingeprägt, dass er ohne Licht auskam. Es gelang ihm, die Stufen lautlos zu nehmen. Weil ich klein bin, dachte er stolz. Vater wäre hinuntergepoltert und hätte das ganze Haus geweckt.

Nur mühsam konnte er seine Müdigkeit beherrschen. Ein langer und anstrengender Tag lag hinter ihm. Den Nachmittag hatte er in der kleinen Kammer verbracht, die an Cranachs Werkstatt grenzte, wo er Anna und Martha antraf, die dem Meister als Maria und Jesuskind Modell standen. Cranach fertigte mit dem Kohlestift mehrere Skizzen von Mutter und Tochter und besprach mit Wulf die Details des Gemäldes. Ihm gehe es besonders um das innige Verhältnis der beiden, betonte Wulf: um die Liebe der Mutter zu ihrem Kind und um die Liebe des Kindes zu seiner Mutter. Marthas Augen, die in einem dunklen, geheimnisvollen Braun glänzten, so vermutete Wulf, mussten wohl vom Vater stammen, das Haar dagegen hatte sie von der Mutter. Die Kleine blickte ernst und schien sich nicht wohlzufühlen. Auch Cranach bemerkte das, denn er versuchte, sie mit kleinen Scherzen aufzumuntern.

Wulf hatte sich gesprächig und von seiner besten Seite gezeigt. Tatsächlich taute die Atmosphäre nach einiger Zeit auf, das Misstrauen von Mutter und Tochter schwand und es war ihm gelungen, einige Informationen über Wittenberg und seine Bewohner zu sammeln – und natürlich über Luther. Wie er richtig vermutet hatte, würde es schwer, ja unmöglich sein, ins Augustinerkloster einzudringen. Andererseits (und auch hier hatte er richtig gelegen) war Luther häufig bei seinem Freund Cranach zu Besuch. Und eben dies würde er sich zunutze machen.

Später war Wulf im Dämmerlicht durch die Gassen Wittenbergs geirrt und schließlich in Hannas Badehaus gelandet, von dem ihm der Wirtshausknecht mit einem Augenzwinkern erzählt hatte. Es war Hanna selbst, die ihm am besten gefallen hatte, und obwohl sie sich anfangs sträubte, konnte er sie mit einem großzügigen Angebot von seinen Absichten überzeugen. Auch sie hatte er über Luther ausgefragt, sich nach seinen Gewohnheiten, seinem Ansehen in der Stadt erkundigt; jede Kleinigkeit, jedes Detail, mochte es auch noch so unbedeutend scheinen, konnte nützlich sein …

Wulf erreichte den Schankraum. Von der Treppe aus musste er sich nach links wenden, um die Küche zu erreichen, denn von dort (so hatte er herausbekommen) gab es einen Hinterausgang, den er offen lassen wollte. Er stieß gegen einen Tisch, aber vor Schreck über den Höllenlärm spürte er den Schmerz im Oberschenkel kaum. Hatte er die Orientierung verloren? Es war zu finster, um Gegenstände auch nur erahnen zu können, also musste er sich auf das verlassen, was er beobachtet hatte – und seinem Gedächtnis zufolge durfte hier kein Tisch stehen!

Im Haus rührte sich nichts. Wulf war wütend auf sich selbst, beinahe hätte seine Unachtsamkeit alles verdorben. Wulf tastete sich weiter voran und fand die Tür zur Küche. Es roch nach ranzigem Fett. Er bekam eine Tischkante zu fassen; fast hätte er sich an der scharfen Klinge eines Messers geschnitten. Er erreichte den Hinterausgang, öffnete ihn, trat hinaus und lehnte die Tür an. Die kalte Luft einer klaren Winternacht schnitt ihm ins Gesicht. Die Schneewolken hatten sich weitgehend verzogen, und der zu drei Vierteln volle Mond tauchte die Gassen und Häuser in ein bläulichweißes Licht. Ein Schatten erschreckte Wulf, doch es war nur eine Katze, die mit hoch aufgerichtetem Schwanz um seine Beine strich. Er beugte sich hinunter und kraulte ihren Nacken; Katzen waren ihm lieber als Menschen.

Wulf fasste in seine Hosentasche und knisterte mit einem Stück Papier, das sich dort verbarg. Es wäre nicht nötig gewesen, es mitzunehmen, aber es gab ihm ein Gefühl von Sicherheit. Den lateinischen Namen, auf den es ankam, wusste er auswendig. Der Verfasser des Buches, aus dem die Seite stammte, ein gewisser Paracelsus, war ein weit gereister Mann, der über enorme Naturkenntnisse verfügte. So hatte er den Begriff »Gift« neu definiert: Danach konnte alles ein Gift sein; es kam nur auf die Dosierung an. Eine Substanz, die in geringen Mengen heilsame Wirkung entfaltete, konnte tödlich sein, wenn man zu viel davon nahm. Wulf hatte aus dem Buch gelernt, dass nicht nur Pflanzen (wie er bisher geglaubt hatte) Giftstoffe enthielten, sie waren auch in Mineralien zu finden.

Wulf betrachtete im Mondlicht die Fassaden der Gebäude, die zum Cranachhof gehörten. Das große Hoftor war verschlossen. Er ging zur Eingangstür der Apotheke und fuhr mit den Fingern über das Metallschloss. Mit der Mechanik von Schlössern kannte er sich aus, schließlich war sein Vater Schmied gewesen. Er zog unter seinem Mantel einen Beutel hervor, in dem sich die erforderlichen Werkzeuge befanden. Mehr Sorgen als die Verriegelung bereitete ihm die Tatsache, dass er momentan völlig exponiert vor der Tür stand. Wenn in einem der Nachbarhäuser jemand aus dem Fenster schaute, würde man ihn entdecken.

Auch vor dem Nachtwächter musste er auf der Hut sein, obwohl die Wirtin erzählt hatte, dieser nehme seine Aufgabe nicht ernst und sitze lieber im Warmen bei einem Krug Bier; aber darauf konnte er sich nicht verlassen.

Das Schloss bereitete mehr Probleme als erwartet. Wulf brach der Schweiß aus, trotz der Winterkälte. Endlich schnappte der Mechanismus, und er schob die knarrende Tür auf. Als er sich im Raum befand, schloss er sie wieder. Wulf sah die Hand vor Augen nicht, hatte aber eine Öllampe mitgebracht und die Gerätschaften, die er brauchte, um eine Flamme in Gang zu bringen. Im Finstern war das nicht einfach, und als die Lampe endlich brannte, fuhr sich Wulf über die feuchte Stirn.

Er schaute sich um: Schmuckstück der kleinen Apotheke war ein bis zur Decke reichender Schrank, dessen offenes Oberteil vier Regalbretter umfasste, während im vorspringenden Unterteil Schubfächer untergebracht waren; Wulf zählte vier Reihen zu je zehn Laden. Auf den Regalen drängten sich Glas- und Tongefäße verschiedenster Form und Größe, und an einer eigens für diesen Zweck konstruierten Leiste hingen Phiolen. Auf einem mächtigen Holztisch in der Mitte des Raums standen Schalen mit Farben, gestoßenen Gewürzen, Zucker, Konfekt und gefärbtem Wachs; ein Krug enthielt – dem Geruch nach zu urteilen – süßlichen Wein. Die Wirtin hatte berichtet, dass Cranach das verbriefte Recht besaß, in seiner Apotheke Wein auszuschenken.

Wulf trat dicht vor den Schrank. Hier roch es wieder ganz anders; er hätte nicht sagen können, wonach. Viele fremdartige Gerüche verschmolzen zu etwas völlig Neuem, das würzig, bitter und exotisch daherkam. Die zylindrischen, tönernen Gefäße auf den Regalen waren beschriftet. Komplizierte lateinische Namen. Wulf hielt die Öllampe näher heran.

Kapitel 9

»Ich habe meine Amme mitgebracht«, sagte Luther.

Mit dieser stehenden Redewendung pflegte er Jost mittlerweile vorzustellen, wenn er Freunde besuchte. Es war seine Art, mit der Situation umzugehen. Wenn ihm die humoristische Stichelei half, sich mit der Begleitung abzufinden – Jost sollte es recht sein. Denn wer mit Luther auskommen wollte, das hatte er schnell gemerkt, der brauchte ein dickes Fell. Seine Stimmung wechselte rasch, einmal schäumte er über vor Energie und Lebensfreude, kurz darauf wirkte er melancholisch und niedergeschlagen.

»Er ist eben noch ein kleiner Junge«, stichelte Jost zurück.

Luther lächelte. »Im Herzen schon.«

Lucas Cranach hatte die beiden in seine Druckerei begleitet, die sich in einem gewölbeförmigen Raum zu ebener Erde befand. Dort arbeiteten zwei Drucker an einer riesigen Holzpresse, die in periodischen Abständen knarrte und ächzte. Zwei Schriftsetzer standen bei Holzkästen und fügten Buchstaben zu einem Text zusammen, während ein Schriftgießer an einem kleinen, halb offenen Ofen Metall schmelzen ließ. Das Feuer hatte seine Wangen gerötet, und der Geruch verbreitete sich im Raum. Dass die Männer genügend Arbeit hatten, verdankten sie Luther, doch wie Jost bald herausfand, hielt sich ihre Dankbarkeit in Grenzen.

Die beiden an der Presse unterbrachen ihre Tätigkeit, als die Neuankömmlinge den Raum betraten, die anderen arbeiteten weiter. Einer der beiden Drucker, wohl der Meister, ein rothaariger junger Mann mit Sommersprossen im Gesicht, kam auf sie zu und gab jedem die Hand.

»Tragen die Ammen nicht sonst Kopftücher?«, fragte der Meister.

»Daran muss ich noch arbeiten«, erwiderte Jost. »Aber ich bin gut im Märchenerzählen.«

»Dann schicke ich Euch meinen Sohn vorbei.«

Der Rothaarige führte sie zu einem Tisch beim Fenster mit druckfrischen Schriften, die Lichtstrahlen auffingen, in denen Staubkörner tanzten. Cranach und der Drucker besprachen Geschäftliches, denn der Meister versprach sich vom Buchmarkt – einem Geschäftsbereich, den er bisher mehr nebenbei betrieb – steigende Einnahmen.

Schließlich sagte er: »Ich lasse euch jetzt allein, Venus wartet, besser gesagt, ihr Schleier ...«

»Warum lässt du ihn nicht weg?«, spottete Luther. »Es macht doch keinen Unterschied.«

»Von Frauen verstehst du nichts, Martin!«, erwiderte Cranach und verabschiedete sich, während der Drucker zur Presse zurückkehrte. Luther begutachtete die Druckbögen, manchmal hob er einen hoch und hielt ihn gegen das Licht, sodass man die gitterförmige Struktur des handgeschöpften Papiers erkennen konnte und die Buchstaben der Rückseite durchschimmerten.

»Man muss den Kerlen immer ein wenig auf die Finger schauen«, flüsterte er, »sonst fangen sie an zu pfuschen.«

»Was sagst du eigentlich dazu, dass deine Schriften in allen Landesteilen nachgedruckt werden, ohne dass irgendjemand es für nötig hält, mit dir Rücksprache zu nehmen?«, fragte Jost. »Zumindest hat Meister Lucas das erzählt.«

»Das ist nun einmal so«, erwiderte Luther und legte den Bogen zurück zu den anderen. »Darauf habe ich keinen Einfluss. So etwas wie geistige Eigentümerschaft gibt es nicht. Sobald hier in Wittenberg etwas aus der Presse kommt, können sich andere darauf stürzen und es nach Belieben vervielfältigen. Im Grunde habe ich auch nichts dagegen, wenn es hilft, meine Ideen zu verbreiten ... Die Nachdrucker bekommen meinen Segen dazu!

Was mich jedoch ärgert, ist das Verstümmeln meiner Texte. Mir fielen schon Schriften in die Hand, auf denen mein Name stand, die ich nicht wiedererkannt habe. Dagegen bin ich leider machtlos! Also bemühe ich mich, dass wenigstens meine Wittenberger Drucke so aussehen, wie ich sie mir wünsche.«

»Darf ich dich etwas fragen, Martin?«

»Nur zu!«

»Wohin soll das alles führen? Was ist dein Ziel?«

»Ich träume davon, dass die Ungleichheit zwischen den Menschen schwindet. Ich träume davon, dass einfache Leute, die nie eine Universität besuchten, die Wahrheit erkennen – und ich träume davon, dass jedem, alt und jung, arm und reich, Mann und Frau, der unmittelbare Weg zu Gott offen steht. Das ist mein großer Traum!«

»Willst du die Kirche revolutionieren?«

»Ich will keine Revolution.«

»Aber du nimmst sie in Kauf?«

»Wenn sie kommt«, sagte Luther, »kann ich sie nicht aufhalten. Aber dann ist sie eine Begleiterscheinung, die sich ergibt. Wenn du einen Stein ins Wasser wirfst, entstehen Wellen, und sie ziehen immer weitere Kreise. Der Stein sinkt auf den Boden des Teiches und ist längst deinem Blick entzogen, aber die Wellen bewegen sich weiter. Sie führen ein eigenes Leben.«

»Willst du damit sagen, dass sich die Folgen dessen, was du angestoßen hast, deinem Einfluss entziehen?«

»Das ohnehin. Aber ich glaube sogar, dass sie sich meiner Verantwortung entziehen. Ich handele so, wie Gott und mein Gewissen es mir vorschreiben. Ich kann nicht anders. Meine Thesen sind der Stein des Anstoßes, aber alles liegt in Gottes Hand.«

»Wenn das, was du tust, sich deiner Verantwortung entzieht: Was ist dann mit der Freiheit des menschlichen Willens?«

»Mein lieber Jost, du stellst hier Fragen, wie ich sie von einem Söldner nicht erwartet hätte ... Meine Freiheit besteht darin, dass ich Gottes Willen zu erkennen suche und dann, wenn ich ihn erkannt habe, meinen Willen seinem unterordne.«

»Das sind hohe Maßstäbe, Martin. Ehrlich gesagt: Ich traue mir nicht zu, sie auf mein Leben anzuwenden.«

»Ich behaupte auch nicht, dass es mir immer gelingt. Aber unser Bemühen sollte dahin gehen. Deshalb heißt es im Vaterunser: Dein Wille geschehe! Ich betrachte das weniger als Bekenntnis, sondern mehr als Bitte. Solange der Mensch von seinen Begierden in verschiedene Richtungen gezerrt wird, kann er keinen Frieden finden. Erst wenn er sich Gottes Willen öffnet, wird er eins mit sich.«

»Klingt sehr mystisch.«

»Es ist nicht einfach zu verstehen – und danach zu leben, noch schwieriger. Von allen Kämpfen, die wir führen, ist das der schwerste. Hier geht es um den Kern unseres Daseins, um das Leben selbst. Der Weg zu Gott ist schmal und dornig, die Straße der Welt aber breit und einfach zu beschreiten: Genau aus diesem Grund habe ich meine Thesen an die Tür der Schlosskirche genagelt.«

»Den Zusammenhang verstehe ich nicht.«

»Mit meinen Thesen habe ich dem Ablasshandel den Krieg erklärt. Warum habe ich das getan? Du wirfst Geld in die Truhen der Ablasshändler, und sie sprechen dich von deinen Sünden frei. Die Methode ist so einfach, dass man fast bedauern möchte, dass sie nicht funktioniert. Denn nichts ist schwerer zu erreichen, als dass der Mensch Vergebung findet für seine Schuld und dass er sich von seinen Sünden reinwäscht. Es geht hier um das grundlegendste Problem unserer menschlichen Existenz – und diese Krämer behaupten, es lasse sich mit ein paar Goldmünzen lösen.«

»Ich habe viel Schuld auf mich geladen, Martin. Ich habe Menschen getötet, weil man mich dafür bezahlte. Das Geld habe ich dann in Hurenhäuser getragen oder zum Wirt. Wenn ich auf die vier Jahrzehnte meines Lebens zurückblicke, gibt es vieles, wofür ich mich schäme. Aber selbst wenn ich meine Fehler erkenne, heißt das noch lange nicht, dass ich in der Lage bin, sie abzulegen. Ich bin mir nicht einmal sicher, dass ich sie ablegen will. Und das wäre nun einmal der erste Schritt zu einer Veränderung.«

»Immerhin«, sagte Luther, »machst du dir Gedanken darüber, und das ist viel wert. Nichts finde ich schlimmer als Gedankenlosigkeit.«

»Aber wenn ich meinen Willen Gottes Willen unterordnen möchte, muss ich doch zuvor meine Fehler ablegen, statt sie ständig zu wiederholen.«

»Besser wäre es ... aber wer schafft das?«

»Dann sind wir also alle verloren?«

»Ich glaube, dass Gott bereit ist, uns mit all unseren Fehlern anzunehmen, wenn wir uns seiner Gnade anvertrauen.«

»Was heißt das?«

»Dass wir zu ihm beten und ihn bitten, das geradezubiegen, was wir krumm gemacht haben. Wir gestehen ihm unsere Fehler ein und bekennen unsere Schwäche. Wir wissen, dass wir uns mit Schuld beladen haben und mit Sünden, aber wir vertrauen darauf, dass er uns erlöst. Wir glauben daran, dass Christus deshalb für uns am Kreuz gestorben ist. Der Glaube – nur unser Glaube kann uns retten!«

Kapitel 10

Mama, warum malt Onkel Lucas immer nackte Frauen?«

»Weil ihm das gefällt.«

»Aber warum gefällt es ihm?«

»Weil er Maler ist. Er kann sie dann in Ruhe anschauen.«

»Und wenn er kein Maler wäre, dürfte er das nicht?«

»Nein.«

»Warum nicht?«

»Weil sich das nicht gehört.«

»Das verstehe ich nicht.«

»Ich auch nicht, Martha.«

Sie saßen in ihrer Kammer, Martha auf dem Bett und Anna am Tisch. Anna schrieb einen Brief an ihren Bruder in Wien, aber sie hatte erst zwei Zeilen zustande gebracht, denn Martha langweilte sich und löcherte sie mit Fragen. Alle paar Augenblicke wechselte sie das Thema.

Schließlich wurde es Anna zu bunt. »Willst du nicht an den Fluss, mit den anderen spielen? Ich komme dann und hole dich, bevor es dunkel wird.«

»Ich habe keine Lust«, sagte Martha. »Mir ist kalt.«

»Natürlich ist dir kalt. Weil du die ganze Zeit im Zimmer sitzt und dich nicht bewegst.«

»Du bewegst dich ja auch nicht.«

»Martha, ich muss einen Brief schreiben. Entweder du bist jetzt eine Weile still, dann kannst du hierbleiben – oder du gehst raus zu deinen Freunden.«

»Du bist gemein.« Martha stülpte die Lippen nach vorn. »Wenn du mich nicht willst, dann gehe ich jetzt.«

»Zieh dir den Mantel über und vergiss die Mütze nicht.«

»Du willst mich nur loswerden.« Martha ging zu einer Truhe, auf der ihr Mantel lag, und fuhr demonstrativ missmutig und langsam mit ihren kleinen Armen in die gefütterten Ärmel; dann setzte sie sich ihre Wollmütze auf den Kopf und ging zur Tür.

»Bis später«, sagte Anna, ohne von ihrem Brief aufzuschauen. Aus den Augenwinkeln bemerkte sie, dass Martha ihr die Zunge rausstreckte, bevor sie das Zimmer verließ.

Anna tauchte die Feder ins Tintenfass. *»Ich kann dir nicht sagen, wie verlassen ich mich oft fühle. Ich wünschte, du wärest hier und könntest mich trösten. Weißt du noch, wie ich früher* *meinen Kopf an deine Schulter lehnte? Du warst wie ein zweiter Vater für mich. Und manchmal biss ich dich ins Ohr. Warum hat das Schicksal uns in alle Winde zerstreut? Wenn du wüsstest, wie viel Wut ich in mir trage. Das Leben ist ungerecht.«*

Etwas löste sich, Tränen rollten ihr über die Wangen, tropften aufs Papier, und obwohl die Worte und Buchstaben verschwammen, schrieb sie weiter wie in einem Fieberwahn, der Brief wurde lang und länger, eine zweite Seite füllte sich und eine dritte; endlich konnte sie ihr Herz ausschütten, es tat ihr wohl, und als sie vier Seiten geschrieben hatte, legte sie mit einem Gefühl der Erleichterung die Feder beiseite. Ohne dass sie es bemerkt hatte, war es fast dunkel geworden; jetzt wurde es höchste Zeit, Martha abzuholen. Anna stand auf, bog den Rücken durch und streckte die Arme in die Luft.

Kurze Zeit später verließ sie den Hof. Der Himmel war schon schwarz, aber in einigen Häusern brannte Licht; sachte fielen Schneeflocken wie aus dem Nichts zu Boden. In einem Haus wurde gesungen; Anna hörte Kinderstimmen, die von einer Laute begleitet wurden. Sie eilte zum Stadttor und hatte Martha gegenüber ein schlechtes Gewissen, weil sie zu spät kam. Wenn sie sich nicht sputete, würde man das Tor schließen. Ob die Kinder überhaupt noch am Fluss spielten? Sie fragte die Wache beim Tor. Die Kinder seien vor einiger Zeit zurückgekommen, sagte der Posten, dessen Hellebarde an der Mauer lehnte; seinen Helm, der auf einem Steinquader lag, hatte er durch eine Wollmütze ersetzt. Ob auch Martha dabei gewesen sei? Daran könne er sich nicht erinnern.

Anna lief zum Fluss. Sie fand den Platz, an dem die Kinder spielten, verlassen vor. Die Schneemänner lagen umgestürzt auf dem Boden, ein Kopf mit einer Karotte als Nase hatte sich selbstständig gemacht, war durch den Schnee gerollt. Anna schaute sich um und rief nach Martha, bekam aber keine Antwort. Sie wird mit den anderen in die Stadt zurückgelaufen sein, redete sie sich ein, vielleicht ist sie schon zu Hause und wartet auf mich. Aber eine andere Stimme in ihr sagte etwas anderes. Also lief sie nach Hause und schaute in ihrer Kammer nach. Dort war keiner.

Anna ging zurück in den Hof und traf dort Barbara Cranach, die mit einem geräucherten Schweineschinken aus dem Vorratskeller kam. Anna und Barbara gingen sich normalerweise aus dem Weg.

»Hast du Martha gesehen?«, fragte sie.

Barbara schüttelte den Kopf. »Das ist schon lange her, da kam sie die Treppe herunter und machte ein Gesicht wie drei Tage Regenwetter. Ich fragte, was los sei, und sie sagte, du hättest sie rausgeekelt.«

Anna verließ den Hof und suchte Martha in den Gassen und am Marktplatz, sie war nirgends zu finden. Anna bemühte sich, ihre aufkeimende Angst zu unterdrücken. Hatte Martha überhaupt mit den anderen Kindern am Fluss gespielt? Das musste sie erst einmal herausbekommen und beschloss deshalb, den kleinen Jonas Fischer zu fragen, mit dem Martha befreundet war. Vielleicht hatte sie ihn zu dessen Eltern begleitet? Sehr unwahrscheinlich, denn sie mochte seinen Vater nicht.

Die Familie wohnte in einem heruntergekommenen Haus im ärmlichen Viertel der Stadt. Anna klopfte an die Tür und fragte die Mutter, als sie öffnete, nach Jonas. Der kam von selbst angelaufen, weil er alles mitgehört hatte.

Jonas schüttelte seine blonden Locken. Nein, Martha sei nicht zum Fluss gekommen.

»Sie hat nicht mit euch gespielt?«

»Nein.«

Anna spürte einen eigenartigen Schwindel, ihr Kopf fühlte sich plötzlich an, als sei er völlig blutleer.

»Hast du Martha heute überhaupt schon gesehen?«, wollte sie von Jonas wissen.

»Ja, in der Schule.«

»Nein, ich meine am Nachmittag.«

Jonas schüttelte wieder den Kopf. Martha habe ihm gesagt, sie wolle zu Hause bleiben, ihr sei zu kalt. Anna fasste nach dem Türpfosten.

»Ich verstehe das nicht«, sagte Jonas. »Martha muss zu Hause sein!« Er schaute Anna mit großen Augen an. Seine Mutter gab ihm einen Klaps, er solle jetzt machen, dass er reinkomme. Sie versuchte Anna zu beruhigen, Martha werde schon wieder auftauchen.

Anna nickte und verabschiedete sich. Es kam ihr vor, als wollten ihre Knie bei jedem Schritt einknicken. Im frisch gefallenen Schnee liefen Fußspuren kreuz und quer, ihre eigenen konnte sie bis zum Marktplatz zurückverfolgen, dann verloren sie sich im Gewirr. Jeden, der ihr über den Weg lief, fragte sie nach Martha, aber keiner hatte das Mädchen gesehen.

Es war ganz allein ihre Schuld, Martha wollte zu Hause bleiben, aber sie hatte sie hinausgeworfen, weil sie ihr auf die Nerven fiel. Deshalb schickte man sein Kind doch nicht *bei diesem Wetter vor die Tür.* Sollte sie mit Lucas reden? Würde er ihre Sorgen teilen? Sie traf ihn mit seinem gesamten Haushalt beim Abendessen an. Einer der Gesellen erzählte gerade einen Klosterwitz und alle lachten. Cranach wischte sich mit dem Handrücken Tränen aus den Augenwinkeln. Sie komme spät, sagte er, als er Anna bemerkte.

»Martha ist verschwunden!« Erst als alle sie bestürzt anschauten, wurde ihr bewusst, dass sie geschrien hatte.

»Was? Nun mal ganz langsam, du bist ja völlig außer Atem!«

»Setz dich erst mal und erzähl der Reihe nach.«

Anna blieb stehen und berichtete, was geschehen war. Die Gesellen beschlossen, sich sofort nach dem Essen auf die Suche zu machen.

»Das ist recht«, sagte Lucas. »Fragt überall nach ihr. Redet auch mit den Torwächtern, sucht sie zu Hause auf. – Mach dir keine Sorgen, Anna, wir finden sie. Martha hat die Zeit vergessen, das kommt vor.«

Auch die Malergesellen redeten beruhigend auf Anna ein. Sie hätte sie am liebsten von den Stühlen aufgescheucht, hielt sich aber zurück. Sie setzte sich und wartete, bis die Gesellen ihr Essen beendet hatten. Sie selbst brachte keinen Bissen hinunter. Endlich waren alle fertig.

»Jeder nimmt sich ein bestimmtes Viertel vor«, sagte Cranach. »Durchsucht die ganze Stadt!« Er gab noch allerlei Ratschläge, woraufhin die Gesellen den Hof verließen und in alle Richtungen ausschwärmten.

Kapitel 11

Nichts! Niemand hat etwas gesehen oder bemerkt!«

Alle hatten sich wieder im Esszimmer versammelt. Es war spät geworden, und Lucas Cranach machte ein ernstes, nachdenkliches Gesicht. Er wandte sich an seine Gesellen. »Wir können nicht bis morgen warten«, sagte er. »Besorgt euch Fackeln! Sucht am Fluss! Fragt auf den Bauernhöfen nach Martha! Habt keine Hemmungen, die Leute aufzuwecken! Wenn sie sich beschweren, sagt ihnen, dass ich euch schicke! Bei der Kälte dürfen wir keine Zeit verlieren.«

Anna stand beim Kamin und verschränkte die Arme vor der Brust, denn sie fühlte sich wie erstarrt vor Kälte. Sie hörte die Gespräche, als kämen sie von sehr weit her. Außer Lucas und ihr befanden sich sämtliche Malergesellen und die Hausknechte im Raum. Einige warfen ihr verstohlene Blicke zu.

Lucas drängte zur Eile, er begleitete seine Männer zur Tür und schob sie förmlich hinaus. Dann begann erneut das Warten. Anna ging im Zimmer auf und ab, Cranach saß am Tisch. Später stießen Barbara und der Apotheker zu ihnen, aber sie sprachen kaum etwas. Anna weigerte sich noch immer, etwas zu essen, schließlich setzte sie sich zu den anderen. Als sie sich an den Kopf fasste, war er heiß und fiebrig.

Nach und nach kehrten Cranachs Männer zurück; der letzte, als es bereits dämmerte. Immer wenn einer von ihnen den Raum betrat, flackerte in Anna ein Fünkchen Hoffnung auf – um sofort wieder der Enttäuschung zu weichen: Auch der letzte Bote brachte keine Neuigkeiten.

Cranach trat zu Anna. Sie bemerkte, dass seine Augen rot waren von der durchwachten Nacht.

»Du solltest dich hinlegen«, sagte er. »Ich werde mich um alles kümmern.«

»Denkst du vielleicht, ich könnte jetzt schlafen?«, fuhr Anna ihn an. »Was willst du denn noch tun, Lucas?«

»Ich werde die Stadtwache mobilisieren und die Bürgerwehr«, sagte er. »Jeder, der zwei Beine hat, soll sich an der Suche beteiligen. Sie kann ja nicht einfach vom Erdboden verschwunden sein.«

»Wenn sie nur nicht in den Fluss gefallen ist!«

»Daran wollen wir nicht denken.«

Auf die eisige Nacht folgte ein leuchtender, klarer Wintertag, der Annas Empfindungen zu spotten schien. Das Sonnenlicht schmerzte in den Augen und passte so gar nicht zu ihrer Verzweiflung. Sogar ein paar Vogelstimmen waren zu hören, als ahnten sie schon den kommenden Frühling. Mehr als fünfzig Männer, zum Teil beritten, waren ausgeschwärmt, um Martha zu suchen.

Anna kämpfte gegen den dunkelsten aller Gedanken an, doch sie durfte ihm keinen Raum geben. Sie suchte in der Stadt und außerhalb der Mauern einige Orte auf, von denen sie sich vorstellen konnte, dass Martha sich dort versteckt haben könnte. Vielleicht will sie sich an mir rächen, dachte Anna. Ich bin eine Rabenmutter! Irgendwann konnte sie die Augen nicht mehr aufhalten und ging auf ihre Kammer zurück, um sich kurz aufs

Bett zu legen. Als sie sich jedoch erst einmal ausgestreckt hatte, schlief sie vor Erschöpfung ein.

Irgendwann – halb wach, halb im Schlaf – hörte sie ein Klopfen an der Tür: Erst glaubte sie, es sei ihr Herzschlag, ein dröhnendes, unruhiges Pochen. Dann wurde ihr bewusst, dass wirklich jemand vor der Tür stand und zu ihr wollte. Da ihr erster Gedanke Martha galt, richtete sie sich ruckartig auf.

»Martha? Bist du es?«

Wieder überkam sie dieser elende Schwindel. Aber Martha würde nicht anklopfen, das hatte sie noch nie getan. Barfüßig eilte sie zur Tür. Als sie öffnete, stand Peter Zainer vor ihr. Wer hatte ihm überhaupt gesagt, wo er sie finden konnte? Anna fing an zu stottern, fragte ihn, wie spät es sei.

Zainer bat, sie möge ihn hereinlassen. Als sie über seine Schulter schaute, merkte sie, dass es bereits dunkel wurde. Hatte sie so lange geschlafen?

»Ich weiß, was geschehen ist«, sagte der Pilger.

Anna trat zur Seite und ließ ihn in ihre Kammer. Er blieb in der Mitte des Raumes stehen.

»Habt Ihr Martha gesehen?«, fragte sie.

»Mehr noch. Ich weiß, wo sie ist.«

Unaufgefordert setzte er sich an den Tisch. Anna betrachtete sein Gesicht, er wirkte sehr ernst.

»Wo ist sie?«

»Es geht ihr gut.«

Plötzlich begriff sie. »Ihr seid gar kein Pilger! Ihr habt uns alle zum Narren gehalten!«

Er schwieg lange, beugte sich schließlich vor, seine gefalteten Hände lagen auf der Tischplatte.

»Martha ist in Sicherheit. Aber niemand wird sie finden.«

Anna dachte an Berichte von Männern, die schreckliche Dinge an Kindern verübten. Der Gedanke, dass Martha in die Hände eines solchen Menschen gefallen sein könnte, raubte ihr den Verstand. Wenn er ihr etwas angetan hat, dachte sie, töte ich ihn.

»Martha ist mit allem versorgt, es fehlt ihr an nichts. Wie es nun weitergeht, das liegt ganz allein bei Euch.«

»Aber das ist doch Irrsinn. Ich habe kein Geld. Was wollt Ihr von mir?«

Er bedeutete ihr, leiser zu reden. »Es geht nicht um Geld.«

Um was dann? Hatte dieser Mann das Bild in Auftrag gegeben, um Martha zu entführen? Damit sie ihn kannte und keine Angst vor ihm hatte? Damit er sie auf der Straße ansprechen und irgendwohin locken konnte? Anna dachte daran, wie sie und Martha Lucas Modell gestanden hatten … in Anwesenheit des Pilgers. Er war nett zu Martha gewesen und hatte ihr kleine Geschenke gemacht. Wo hatte er Martha abgefangen? Niemand hatte ihn dabei beobachtet. Es muss vor dem Stadttor gewesen sein, dachte sie, irgendwo zwischen dem Stadttor und dem Spielplatz der Kinder beim Fluss.

War sie an einen Verrückten geraten? Aber so wirkte er gar nicht. Im Gegenteil: Er machte einen sehr überlegten Eindruck und sprach wie ein Mensch, der genau wusste, was er tat. Es gab jetzt nur eine Sache, die von Bedeutung war: Sie musste herausfinden, wo er Martha versteckt hielt.

»Ich möchte, dass Ihr einen Menschen tötet.«

Anna zuckte zusammen.

»Es muss unauffällig geschehen«, sagte er. »Niemand soll je herausfinden, was Ihr getan habt.«

»Ihr seid verrückt!«

Plötzlich sprang er auf, so plötzlich und heftig, dass der Stuhl polternd auf die Holzdielen fiel. Seine Lippen zitterten, einen Moment fürchtete sie, er würde sie schlagen, aber dann gewann er seine Beherrschung zurück. Er hielt ihr seinen Zeigefinger vors Gesicht: So etwas solle sie *nie wieder* sagen!

Ich habe seinen wunden Punkt berührt, dachte Anna.

»Und hier ist das Geschäft, das wir beide abschließen«, fuhr er fort, immer noch mit erregter Stimme. *»Ihr tötet Luther! Sein Leben gegen das von Martha!«*

Ihr erster Impuls war es, laut zu lachen. Zu absurd, zu unglaublich erschien ihr das, was sie da gerade gehört hatte.

Kapitel 12

Worms, im März 1521

Nur wenn der Kaiser den Kopf zur Seite drehte, fasste Aleander ihn scharf ins Auge. Dann wagte er es, das noch sehr junge, glatt rasierte Gesicht mit dem für die Habsburger typischen weit vorgeschobenen Kinn zu betrachten. Das Aussehen des vor kurzem gewählten Monarchen täuschte. Die tief liegenden, halb geschlossenen Augen und die ein wenig schlaff herabhängende Unterlippe verliehen ihm ein verträumtes Aussehen. So wirkte er aber nur, wenn man ihn nicht kannte. Wenn er diskutierte und Anweisungen gab, zeigte sich, wie energisch und selbstbewusst er in Wirklichkeit handelte. Er ist jedenfalls keiner, dachte Aleander, der um den heißen Brei herumredet. Und das gefiel ihm.

Sie waren zu viert, außer Kaiser Karl und Aleander nahmen der einflussreiche Ratgeber Gattinara und Glapion, des Kaisers Beichtvater, an der Besprechung teil. Die wirklich wichtigen Entscheidungen waren bisher nicht in der Ständeversammlung gefallen, sondern schon vorher im kleinen Kreis. Und dabei, fand Aleander, sollte es auch bleiben. An die Öffentlichkeit trat man erst dann, wenn alles schon feststand.

Der Reichstag war vor einigen Wochen eröffnet worden. Mit dem bisherigen Verlauf konnte Karl, der sich zum ersten Mal öffentlich im Reich zeigte, durchaus zufrieden sein. Er residierte zusammen mit seinem Hofstaat im Wormser Bischofshof.

Die vier Männer hatten sich in Karls Privatgemächern versammelt. Da der Kaiser viel auf Reisen war, führte er bestimmte Möbel, die ihm ein Gefühl von Heimat schenkten, immer bei sich. Solch ein Lieblingsstück war auch der hohe Lehnstuhl, auf dem er gerade saß.

Aleander, die Hände auf dem Rücken, ergriff das Wort. Er sprach fließend Spanisch, und seitdem er letztes Jahr im Juni als außerordentlicher Nuntius an den kaiserlichen Hof gekommen war, vertrat er die päpstliche Position in der Luthersache. Eine seiner wichtigsten Aufgaben war es gewesen, dem Kaiser die Bulle vorzustellen, welche Luther den Kirchenbann androhte.

»Eure Kaiserliche Majestät!«, begann Aleander, der noch immer nicht recht wusste, wie er Karl einschätzen sollte. Der Kaiser war so unglaublich jung, und von allen Seiten versuchte man, ihn zu beeinflussen. »Erlaubt mir, in diesem Punkt Eurem ehrwürdigen Beichtvater zu widersprechen.« Aleander erntete von Glapion einen nicht sonderlich freundlichen Blick. Ohne sich beeindruckt zu zeigen, fuhr er fort: »Gewiss gilt es, politische Rücksichten zu nehmen; sicher ist der Einfluss von Kurfürst Friedrich nicht zu unterschätzen – allerdings sollten wir auch die Gefahr, die von dem Ketzer ausgeht, ernst nehmen. Der Heilige Vater ist besorgt: Nachdem er Luther exkommuniziert hat, sollte er nun von der höchsten weltlichen Autorität bestraft werden: Auf den Kirchenbann muss die Reichsacht folgen! Nur so können wir der Schlange das Haupt zertreten.«

Aleanders Auftraggeber waren immer mit ihm zufrieden gewesen. Am liebsten hätte er Luther gebunden nach Rom geführt, damit er dort die Strafe empfing, die ihm gebührte, nämlich auf dem Scheiterhaufen geröstet zu werden ... Aber das würde wohl ein Traum bleiben. Stattdessen wollte er erreichen, dass der Kaiser gegen Luther und seine Anhänger vorging; wenigstens sollte man sie des Landes verweisen. Die Schriften des Ketzers mussten allesamt verboten und verbrannt werden – am besten natürlich er selbst gleich mit.

»Ich gebe zu bedenken«, sagte der Beichtvater, »dass es ungeschickt wäre, Luther nach Worms zu laden.« Er sprach langsam und ohne Betonung, als lese er einen Text von einem Blatt ab. »Was würden wir damit bezwecken? Wir verschafften ihm die Möglichkeit, entweder als Held abzutreten oder als Märtyrer.«

»Glaubt Ihr nicht«, fragte Gattinara, der sich zum ersten Mal in das Gespräch einmischte, »dass er es vielleicht mit der Angst zu tun bekommt, wenn er vor dem Kaiser steht – und dann einen Rückzieher macht?«

»Nach allem, was man so hört, bezweifle ich das. Er soll ein furchtbarer Starrkopf sein«, sagte Glapion.

Der Kaiser ergriff das Wort. Die deutschen Verhältnisse waren ihm noch immer fremd. »Welche Ziele verfolgt dieser Mann eigentlich?«, erkundigte er sich. »Will er eine neue Kirche gründen?«

»Er will die alte Ordnung zerstören«, sagte Aleander. »Nur wenn Ihr ihn vorladet, Kaiserliche Majestät, werden wir ihn kleinbekommen. Wir müssen ihn dazu bringen, dass er entweder widerruft oder hier in Worms auf dem Scheiterhaufen landet.«

»Der Mann mag ein Ketzer sein«, erwiderte Gattinara, »aber er ist kein Dummkopf. Ich habe in seinen Schriften gelesen, sie enthalten Irrlehren, aber sie zeugen von hoher Bildung. Er ist Theologe durch und durch. Wenn er durchschaut, was ihm bevorsteht, wird er nicht kommen. Warum sollte er grundlos Selbstmord begehen?«

»Das sehe ich genauso«, stimmte Aleander zu. »Und deshalb sollten wir ihn zwar zum Reichstag laden, ihn aber im Unklaren darüber lassen, was ihm hier bevorsteht. Lassen wir ihn doch in dem Glauben, er könne mit uns über seine Schriften diskutieren. Denn er ist von ganzem Herzen Theologe, und diese lieben das Disputieren. Auf Disputationen hat er sich schon früher eingelassen, so in Leipzig, als er gegen Johannes Eck antrat. Wenn er erst vor Eurer Kaiserlichen Majestät steht, erfährt er noch früh genug, was die Stunde geschlagen hat. Denn natürlich werden wir nicht mit ihm diskutieren, sondern ihn einfach unmissverständlich auffordern, seine Schriften zu widerrufen. Haben wir ihn erst so weit, dann steht er zwischen Szylla und Charybdis und ist verloren! Widerruft er, werden sich seine Anhänger von ihm abwenden. Beharrt er auf seinen Irrtümern, können wir ihn an Ort und Stelle als Ketzer zur Rechenschaft ziehen …«

Kapitel 13

Anna verbrachte eine unruhige Nacht und fand kaum Schlaf. Ihr Gehirn arbeitete fieberhaft. Wie sollten ihre nächsten Schritte aussehen? Sie spielte so viele Möglichkeiten durch, bis sie nicht mehr wusste, wo ihr der Kopf stand. Gegen Morgen schlief sie ein, und es war schon lange hell, als sie erwachte. Sie sah nun etwas klarer.

Das Gespräch mit Zainer wollte sie für sich behalten. Weder Lucas noch sonst jemand sollte davon erfahren, sie musste allein damit fertig werden. Schließlich durfte sie Marthas Leben unter keinen Umständen gefährden. Aber Zainers Forderung würde sie nicht erfüllen! Die Frage war höchstens, ob sie zum Schein darauf eingehen sollte. Sie hatte, als er bei ihr war, weder Ja noch Nein gesagt. Der Gedanke, Luther zu töten, kam ihr völlig abwegig vor.

Zunächst musste sie Zeit gewinnen. Hielt er Martha in Wittenberg versteckt – oder hatte er sie an einen anderen Ort verschleppt? Ob es wohl einen Helfer gab, einen verborgenen Auftraggeber? Lebte Martha überhaupt noch? Dies war die schlimmste Frage, die sich nicht immer unterdrücken ließ. Sie musste nach einem Lebenszeichen verlangen!

Anna ging hinunter und überquerte den Hof, in dem noch Schnee lag. Eine Krähe mit schwarzem, glänzendem Gefieder pickte an einem verschimmelten Apfel. Sie betrat die Küche, in der die beiden Mägde Gudrun und Judith das Mittagessen vorbereiteten. Anna schnitt sich eine Scheibe Brot von einem großen Laib und streute ein wenig Salz darauf. Gudrun erklärte, Cranach sei allein in der Werkstatt. Er habe die Gesellen beauftragt, weiter in den umliegenden Dörfern und am Fluss nach Martha zu suchen. Am Fluss, dachte Anna ... Sie suchen also bereits nach ihrer Leiche! Gudrun biss sich auf die Unterlippe, als sie Annas Gesichtsausdruck bemerkte.

Anna verließ den Cranachhof. In den Gassen schaufelten winterlich gekleidete Männer und Frauen Schnee, der sich an manchen Stellen zu Miniaturgebirgen auftürmte. Ein Söldner kam ihr entgegen, sie hatte ihn einmal bei Cranach gesehen und wusste, dass er der Mann war, den der Fürst beauftragt hatte, Luthers Leben zu schützen. Sie begegneten sich am Eingang zum Marktplatz; im Hintergrund ragte die Stadtkirche in den Schneewolkenhimmel.

Möglicherweise seien seine Männer auf eine Spur gestoßen, sagte der Söldner. Er war offenbar ein Mensch, der ohne Umwege zur Sache kam. Er begrüßte sie nicht einmal. Als er hörte, was passiert sei, habe er fünfzehn Mann losgeschickt, sich an der Suche zu beteiligen. Einer seiner Männer sei gerade zurückgekehrt, er habe mit einem Zigeuner gesprochen und dieser habe ein Mädchen gesehen, auf das die Beschreibung von Martha passe.

»Wo war das?«

»In einem Dorf Richtung Süden. Etwa zwei Stunden von hier.«

»War Martha denn allein? Was hat sie dort gemacht?«

Der Söldner mahnte zur Vorsicht; sein Name fiel ihr wieder ein, er hieß Gessner. Seine Nase war etwas verbogen, sonst sah er eigentlich nicht übel aus.

»Wir können natürlich nicht mit Sicherheit sagen, dass es sich um Martha handelte. Wir wissen nicht, wie zuverlässig der

Zeuge ist, und außerdem gibt es noch viele andere Mädchen, die etwa sieben Jahre alt sind und blonde Haare haben. Aber wir werden der Sache nachgehen. Was wir bisher herausgefunden haben ist Folgendes: Einer meiner Männer hat eine Gruppe Zigeuner, die mit dem Wagen über Land fuhren, auf Martha angesprochen. Ein kleiner Junge hat behauptet, sie gesehen zu haben – und zwar auf einem Pferd zusammen mit einem Mann. Sie hat vor dem Mann gesessen, und der hat sie festgehalten.«

»Wie hat der Mann ausgesehen?«, fragte Anna. »Und in welche Richtung sind sie geritten?«

»Der Junge konnte sich leider nicht daran erinnern, wie der Mann aussah. Dafür sind ihm die blonden Haare des Mädchens aufgefallen. Wohin sie ritten, wusste er auch nicht.«

»Das kann nur Martha gewesen sein!«

»Es ist möglich, aber nicht sicher«, wiederholte Gessner. Seine skeptische Art ging ihr auf die Nerven. Wollte er ihr nun helfen oder nicht?

»Und was gedenkt Ihr jetzt zu tun?« Ihre Frage klang gereizter als beabsichtigt, aber er blieb ruhig.

»Ich habe Cranach und die Stadtwache informiert. Man wird dort in der Gegend, von der der Junge sprach, nachforschen. Vielleicht führt diese Spur ja zum Ziel. Ich wünsche es sehr ... Aber bitte ... Macht Euch nicht allzu große Hoffnungen!«

Eigentlich hätte sie ihm dankbar sein müssen, doch ihre Gemütslage ließ keinen Raum für solche Gefühle. Sie bat ihn nur, Bescheid zu sagen, wenn er Neues erfahren würde. Er gab ihr sein Wort darauf.

Anna verabschiedete sich von ihm. Mit weit ausholenden Schritten überquerte sie den Marktplatz Richtung Gasthof, aber die Wirtin sagte, der Pilger sei ausgegangen. Enttäuscht machte Anna sich auf den Rückweg zum Cranachhof.

Sie ging in ihre Kammer. Die Schuldgefühle waren fast unerträglich, und das nicht nur, weil sie Martha ins Freie geschickt hatte. Wahrscheinlich, überlegte Anna, hätte er sie früher oder später sowieso entführt; wenn nicht heute, dann bei einer anderen Gelegenheit. Trotzdem hätte sie Martha nicht gehen lassen dürfen. Sie hätte mehr Geduld mit ihr haben sollen; der Brief hätte warten können. Seit Bertholds Tod musste sie Vater und Mutter in einer Person sein.

Luther töten! Was für ein absurder Gedanke! Warum kam sie immer wieder darauf zurück? Der Pilger hatte ihr versichert, es sei ganz leicht, sie brauche sich nicht die Finger schmutzig zu machen, wie er sich ausdrückte. Ich wäre vielleicht fähig, diesen Pilger zu töten, überlegte Anna, aber nicht einen Unbeteiligten. Weshalb benutzte Zainer ausgerechnet sie als Werkzeug? Hatte sie in seiner Gegenwart etwas Abfälliges über Luther gesagt? Oder hatte ihm jemand erzählt, dass sie den Mönch nicht mochte?

Sie wusste genauso gut wie jeder andere Wittenberger, dass Luther zahlreiche Feinde hatte: Rom war gegen ihn, ebenso die Reichskirche und viele Fürsten. Noch einmal stellte sie sich die Frage, ob Zainer im Auftrag eines anderen handelte oder aus eigenem Antrieb. Luther töten? Und falls sie es täte – würde der falsche Pilger Wort halten?

Kapitel 14

Jost und Hanna spazierten am Ufer der Elbe entlang. Der Fluss war frei von Eis, und bis auf ein paar Reste in Ufernähe war auch der Schnee weggetaut. Vogelgesang hing über dem schnell fließenden Strom, der das Sonnenlicht spiegelte, ebenso wie die verzerrten Formen schneeweißer Wolken mit grauen Rändern. Kinderschreie lärmten in der Nähe, während kühle, frische Luft den Fußgängern ins Gesicht blies.

Der Treidelpfad war aufgeweicht und das Laufen nicht angenehm. Jost ging links vom Treidelpfad und Hanna rechts, weil der Boden dort fester war; sie sprachen wenig und schauten vor ihre Füße. Bei einer Weide beobachteten sie Blaumeisen, die sich an den Zweigen und Ästen zu schaffen machten.

»Bald fangen sie an und bauen Nester«, sagte Jost. In der Ferne sahen sie ein Schiff, das Holz geladen hatte, flussabwärts fahren.

»Wie kommst du mit Luther aus?«, erkundigte sich Hanna.

»Anfangs war es schwierig«, sagte Jost, »aber so langsam gewöhnt er sich an mich und meine Leute. Natürlich halten wir uns weitgehend im Hintergrund, aber letztens hatten wir sogar ein richtig gutes Gespräch miteinander.«

»Ich wollte mit dir über etwas reden, Jost. Es geht um einen meiner Kunden, der noch nicht lange zu uns kommt, vielleicht seit zwei oder drei Wochen. Er behauptet, Pilger zu sein auf dem Weg nach Santiago de Compostela …«

Sie kehrten um und liefen zurück Richtung Stadt. Es war Sonntagnachmittag, und hier und da begegneten ihnen andere Spaziergänger. Jost dachte an Luthers Predigt, die er heute gehört und die ihn beeindruckt hatte. Es war um das Gewissen des Menschen und sein Verhältnis zu Gott gegangen.

»Weshalb beschäftigt dich dieser Pilger?«, fragte er geistesabwesend.

»Weil ich glaube, dass er kein Pilger ist!«

Mit einem Mal war Jost bei der Sache. »Du glaubst, er verstellt sich? Wie nennt er sich und wo wohnt er?«

Hanna hob den Saum ihres Rocks etwas höher. »Er nennt sich Zainer und wohnt im Gasthof am Markt.«

»Weshalb verdächtigst du ihn?«

Hanna blieb stehen und wandte sich ihm zu. Sie strich mit dem kleinen Finger der linken Hand eine Locke aus der Stirn und wirkte nachdenklich. »Das ist eher so ein Gefühl«, sagte sie, aber er wusste, dass Hanna eine exzellente Menschenkennerin war und sich selten täuschte.

»Könntest du das genauer beschreiben?«

»Schwierig«, sagte sie und bewegte die Finger, als könne sie aus ihnen die treffende Formulierung herausschütteln. »Er will immer zu mir, die Mädchen interessieren ihn nicht. Dabei verhalte ich mich regelrecht abweisend. Aber je deutlicher ich ihn von mir stoße, desto hartnäckiger klebt er an mir. Er wirft mit seinem Geld nur so um sich ... und ohne dass ich ihn auffordere, fängt er an zu erzählen und stellt Fragen. Ich habe den Eindruck, er spielt mir etwas vor. Er gibt sich als Kunstschreiner aus, aber ich glaube nicht, dass das sein wahrer Beruf ist.«

»Was für Fragen stellt er?«

»Meistens geht es um Luther.«

Plötzlich war Jost hellwach.

»Er trägt ein Geheimnis bei sich«, sagte Hanna. »Ich glaube, er ist krank. Es ist eine schlimme Krankheit, aber keine körperliche. Die Art wie er spricht und wie er denkt ...« Sie klopfte sich mit der flachen Hand mehrmals gegen die Stirn. »In seinem Kopf stimmt etwas nicht.«

»Was genau will er über Luther wissen?«, fragte Jost.

»Er will wissen, was ich und die Leute über ihn denken. Er gibt vor, sich mit seinen religiösen Thesen befasst zu haben. Aber wenn ich ihm auf den Zahn fühle, bleibt er wortkarg. Außerdem fragt er mich aus über das gesellschaftliche Leben der Stadt und über Luthers Gewohnheiten. Verstehst du, was ich sagen will, Jost? Er ist verrückt – und ist es auch wieder nicht. Manchmal habe ich den Eindruck, dass er ein Ziel verfolgt und genau weiß, was er will. Dann wirkt er sehr vernünftig und klar. In anderen Momenten wiederum scheint er nicht ganz bei sich zu sein.«

»Kommt er häufig zu dir?«

»Etwa jeden zweiten Abend.«

Sie beschleunigten ihre Schritte, weil es zu nieseln begann. Jost begleitete Hanna bis zum Badehaus und verabschiedete sich von ihr. Dann ging er weiter zum Schloss, wo er und seine Männer in einem Nebengebäude untergebracht waren.

Der stärker werdende Regen fiel schräg gegen die Fassade. Die Wolken hingen so tief, dass sie fast den Turm der Schlosskirche berührten.

Er ging sofort in seine Kammer, die er mit seinem Stellvertreter teilte. Helmut war auch mit Jost in Italien gewesen und der Einzige, der schon bei der Ermordung Brangenbergs dabei war. Beide verband eine enge Freundschaft. Obwohl Jost sein Vorgesetzter war, nahm sich Helmut die Freiheit, manchmal deutliche Worte mit ihm zu sprechen. Jost akzeptierte das, sofern es nicht in Gegenwart seiner Männer geschah.

»Gibt's was Neues?«, fragte Jost. Helmut saß am Tisch vor einem Schachbrett, auf dem nur noch wenige Figuren standen.

»Luther soll vor dem Kaiser erscheinen«, sagte er beiläufig und bewegte einen Läufer um zwei Felder nach vorn.

»Was?!« Jost hatte das Gefühl, ihn träfe ein Blitzschlag. Es konnte nicht wahr sein. »Über so was macht man keine blöden Witze«, fuhr er seinen Kameraden an.

»Ich mache keine Witze.« Helmut vergrub das Kinn in der rechten Hand und rieb sich mit den Fingern die Wange. »Wenn ich jetzt nicht aufpasse, ist der Turm in Gefahr.« Er war ein Mensch, den nichts aus der Ruhe brachte. Mit seinen vollen, leicht geröteten Backen wirkte er gute zehn Jahre jünger, als er tatsächlich war; dabei hatte er im Gegensatz zu Jost die Mitte der vierzig bereits überschritten. Seine gutmütigen Augen waren ständig in Bewegung und ließen erahnen, wie aufmerksam er war. Tatsächlich arbeiteten seine Gedanken blitzschnell.

Jost schätzte ihn als Ratgeber. Stand eine wichtige Entscheidung an, besprach er sie zuerst mit Helmut.

»Ich schlage dir deinen Turm gleich um die Ohren«, sagte Jost. »Willst du mich zum Narren halten?«

Helmut schüttelte den Kopf. »Luther hat eine Vorladung zum Reichstag erhalten und muss sich dort verantworten.«

Jost spürte wie sein Mut sank. Manchmal brachte die betuliche Art seines Freundes ihn zur Weißglut. Jost zog einen Stuhl heran und setzte sich. Er stützte die Ellbogen auf den Tisch und betrachtete die Figuren auf dem Brett, als analysiere er die Stellung. In Wirklichkeit sah er nur verschwommene helle und dunkle Flecken.

Helmut zog das Pferd vor den Turm. »Der Reichsherold ist auf dem Weg nach Wittenberg. Er wird Luther nach Worms vorladen.«

»Woher weißt du das, und wann wird er hier sein?«

»Er wird morgen oder übermorgen hier ankommen. Markus, der immer noch nach dem verschwundenen Mädchen sucht, hat es von einem Kaufmann erfahren.«

Eine schlimmere Nachricht konnte Jost sich kaum vorstellen. Das war der Alptraum schlechthin! Hier in Wittenberg konnte er die Situation einigermaßen kontrollieren, auch wenn es schwierig genug war. Aber wie sollte er Luther schützen, falls er sich auf den Weg nach Worms machte? Unterwegs lauerten tausend Gefahren. Und dann erst in Worms, wo es während des Reichstags von Menschen nur so wimmelte! Falls wir ihn überhaupt begleiten, überlegte Jost. Das muss der Kurfürst entscheiden. Wenn Luther in Worms schuldig gesprochen wurde, erledigte sich der Auftrag ohnehin von selbst: Dann landete er nämlich auf dem Scheiterhaufen.

Kapitel 15

Es kam Anna vor, als sei Martha bereits seit Ewigkeiten verschwunden, dabei waren es erst drei Wochen. Vor zwei Tagen hatte der Pilger ihr einen Brief von Martha gegeben: das geforderte Lebenszeichen. Anna sah keinen Ausweg mehr. Da sie nicht wusste, wo Zainer ihre Tochter versteckt hielt, konnte nur Luthers Tod ihr Martha zurückgeben.

Anfangs hatte sie den Gedanken strikt abgelehnt. Aber je mehr Zeit verstrich, desto stärker wuchsen ihre Zweifel, und sie ertappte sich dabei, wie sie immer häufiger mit dem Gedanken spielte, der Forderung nachzukommen. Wenn Zainer die Wahrheit sagte, dann war es ganz leicht, ein Kinderspiel. Er hatte ihr ein Pulver gegeben, das sie in einem schwarzen Ledersäckchen verwahrte. Zuerst hatte sie es nicht nehmen wollen, aber Zainer hatte ihr die Hand hingehalten und kein Wort gesagt. Er hatte sie nur aus seinen tief liegenden, nussbraunen Augen angestarrt. In seinem Blick lag eine unglaubliche Kraft. Es kam ihr so vor, als könne er allein mit den Augen einem anderen Menschen seinen Willen aufzwingen. Da hatte sie die Hand ausgestreckt.

Wenn es so etwas wie einen persönlichen Sündenfall gibt, dachte Anna, dann war es der Moment, als ich nachgab. Als sie das abgegriffene Ledersäckchen mit dem Pulver in ihren Fingern hielt, kam es ihr vor, als nehme ihr Leben nun eine andere Richtung. Sie hatte sich immer als eine ganz normale Frau betrachtet, aber nun schien nichts mehr »normal« zu sein.

Seit etwa einer Woche bewahrte sie das Gift in ihrer Kammer auf. Sie hatte den winzigen Beutel, der in ihrer Truhe lag, immer vor Augen, konnte kaum noch an etwas anderes denken. Das Gift lockte wie eine bittere Medizin, die Heilung bringt … Es konnte Freiheit für Martha bedeuten – aber sie würde Schuld auf sich laden.

Zainer verkehrte noch immer in Cranachs Werkstatt. Statt des Jesus-Bildes hatte er nun eine »Lukretia« in Auftrag gegeben. Anna selbst hatte ihre Mithilfe angeboten. Wenn das Licht am besten war – meistens vormittags – stand sie Lucas Modell. Viel Kleidung brauchte sie dazu nicht; nur ein Halsband, einen Schleier und einen langen, spitzen Dolch, den sie auf ihr Herz richtete.

An einem Nachmittag ging Anna in die Stadt, um einige Dinge zu besorgen. Die Luft war mild und frühlingshaft, und an den

Bäumen zeigten sich grüne Knospen, während die Tage länger und heller wurden. In der Nähe des Marktplatzes sah sie Zainer auf sich zukommen. »Wir wollen ein Stück zusammen gehen«, sagte er. »Es gibt Neuigkeiten. In Worms findet unter den Augen des Kaisers ein Reichstag statt, heute kam sein Herold nach Wittenberg.« Anna war überrascht; davon hatte sie nichts mitbekommen. »Luther muss nach Worms, um seine Schriften zu rechtfertigen. Ich aber will, dass er nie nach Worms aufbricht.«

Anna ahnte, was gleich folgen würde. Der Pilger sagte: »Ich habe erfahren, dass Luther die Ostertage noch in Wittenberg verbringen und sogar predigen will. In spätestens einer Woche aber muss er aufbrechen, um dem Kaiser Rede und Antwort zu stehen.«

Ihr Herz schien stillzustehen.

»Ich habe mich lange hinhalten lassen, aber meine Geduld ist zu Ende. Wenn Ihr Eure Tochter lebend wiedersehen wollt, müsst Ihr nun handeln.«

Sie umrundeten die Stadtkirche. Anna betrachtete sein Gesicht, während er leise sprach. Er hob den Kopf und erwiderte ihren Blick. Seine Augen machten ihr Angst.

»Ich werde ihn töten«, sagte sie.

Anna stand in der Stadtkirche vor einem Altar. Lucas Cranach hatte ihn entworfen, aber der größte Teil des Gemäldes stammte von Berthold. Kerzen brannten dort und hatten den unteren Teil des Triptychons schwarz gefärbt. Anna betrachtete Maria mit dem Jesuskind auf dem Arm. Auf dem linken Altarflügel war die Kreuzigung Christi zu sehen; dort hielt ein Mann einen Kelch in die Höhe, mit dem er das Blut Christi auffing. Die Szene wies auf das Abendmahl hin – aber irgendwie wurde sie dadurch an ihren Auftrag erinnert. Der Kelch schien das Gift zu enthalten, mit dem sie Luther töten sollte. Er hat mir nichts getan, dachte sie, aber trotzdem ist er schuld an meinem Unglück. Der Kaiser würde Luther in Worms ohnehin zum Tod verurteilen, redete sie sich ein. Also verkürzte sie lediglich sein Schicksal, ersparte ihm Folter und langes Leiden. Martha war erst sieben: Sie hatte das Leben noch vor sich.

Wenn ihr vor einem Monat jemand gesagt hätte, sie sei fähig, einen Menschen zu töten, dann hätte sie ihn ausgelacht. Aber war es überhaupt Mord? Welche Mutter würde nicht alles tun, ihr Kind zu retten? Sie hätte für Martha ihr eigenes Leben gegeben. Bisher waren es nur Gedanken, aber eigenartigerweise wuchs mit jeder Stunde ihr Zorn auf Luther – als habe *er* ihr die Tochter geraubt.

Anna schaute Maria direkt in die Augen. »Ich werde es tun«, flüsterte sie. »Niemand soll davon erfahren. Und mein Gewissen? Ich habe keins mehr. Wem gegenüber soll ich verantwortlich sein? Gott? Ich weiß nicht einmal, ob es ihn gibt. Wenn es ihn gibt, hat er mich verraten, hat zugelassen, dass Berthold stirbt und dass man mir Martha nimmt. Früher dachte ich, der Mensch sei berufen, selbst göttlich zu sein; aber wir sind Tiere: Fressen oder gefressen werden! Also werde ich töten, damit Martha lebt. Es ist ganz einfach, und ich befolge nur die älteste Regel der Welt.«

Ihr Kopf schmerzte, und da sie lange nichts gegessen hatte, spürte sie plötzlich einen gewaltigen Hunger – offenbar war das Planen eines Mordes anstrengende Arbeit.

Kapitel 16

Wulf wartete mit Spannung auf Luthers Predigt. Zum ersten Mal würde er sich ein eigenes Bild davon machen können, wes Geistes Kind dieser Mann war. Aus allen Richtungen strömten sonntäglich gekleidete Menschen bei kaltem, sonnigem Wetter auf das Kirchenportal zu.

Er betrat die Stadtkirche und setzte sich auf eine seitlich stehende Bank, von der aus er sowohl den Altar als auch die Eintretenden im Blick behielt. Die besten Plätze wurden von den Honoratioren der Stadt eingenommen. Auch Lucas Cranach war im Hermelinmantel erschienen, neben ihm seine Frau und die Kinder. Barbara trug die Haare hochgesteckt und eine Haube mit langem Schleier. In der Nähe von Cranach saßen Mitglieder des Stadtrats mit ihren Familien und Professoren der Universität, weiter hinten Handwerker und ganz am Ende Bauern aus der Umgebung, Mägde, Knechte, Tagelöhner und Studenten. Sie waren an ihrer einfachen Kleidung unschwer zu erkennen. Die Reihen waren gut gefüllt.

Luther erschien, und der Gottesdienst begann. Die Gesänge und Gebete rauschten an Wulf vorbei, ohne dass er ihnen Beachtung schenkte. Dann war es endlich so weit: Luther betrat die Kanzel.

»Ich möchte zu euch vom Glauben sprechen«, begann er mit fester Stimme. »Der Glaube vermag alle Dinge im Himmel, auf der Erde, in der Hölle und im Fegefeuer.«

Bereits diese wenigen Worte genügten Wulf, um Bescheid zu wissen. Das klang so harmlos, was Luther da redete ... Die meisten merkten wahrscheinlich gar nicht, was für eine Ketzerei sich hinter den schönen Worten verbarg. *Der Glaube vermag alles!* Wozu bedurfte es da der Heiligen? Wozu der Schwarzen Jungfrau? In Wirklichkeit behauptete dieser Mann doch: Die Vermittler zwischen Gott und Mensch werden überflüssig!

»Der Glaube ist das rechte priesterliche Amt«, fuhr Luther fort. »Ich behaupte: Der Glaube macht uns alle, die wir uns hier versammelt haben, alt und jung, Mann und Frau, arm und reich, ohne Ansehen des Standes und der Bildung – zu Priestern.«

Wulf begriff, dass er es mit einem Ketzer allerersten Ranges zu tun hatte – in diesem Punkt hatte Brangenberg zweifellos recht –, vielleicht sogar mit dem Antichristen in Person! An dieser Stelle hätte nach Wulfs Empfinden ein Raunen durch die

Reihen gehen müssen. Die Menschen hätten die Köpfe zusammenstecken und entsetzt miteinander reden müssen. Aber offensichtlich waren sie bereits von den Predigten dieses Ketzers verdorben oder völlig abgestumpft. Ob ihnen nicht klar war, welche Schlussfolgerungen sich aus dem Gehörten ergaben?

»Ihr habt richtig gehört«, bekräftigte Luther, »jeder von euch, jeder Einzelne, ist zum wahren Priestertum berufen. Dieses Priestertum bedarf keiner jahrelangen Ausbildung, sondern einzig des Glaubens an Christus. Unsere Not, unser Gebet, unser Lob und unseren Dank bringen wir ihm dar. Dadurch opfern wir uns Christus außerhalb des Sakraments.«

Wieder so ein Satz, den sie ohne Murren schluckten ... Und dabei riss er die Säulen ein, auf denen die Kirche ruhte! Wahrscheinlich verstanden sie überhaupt nicht, was er sagte: Luther verhieß den Menschen Heil *außerhalb* der Sakramente. Welch eine Irrlehre! Trotzdem hingen sie alle wie gebannt an seinen Lippen.

Wulfs Wunsch, den Ketzer in aller Öffentlichkeit hinzurichten, wurde so stark, dass es ihn kaum noch auf seiner Bank hielt. Unwillkürlich hielt er Ausschau nach einem geeigneten Ort für ein Attentat. Er betrachtete sehnsüchtig jenen Teil der Empore, der den Kirchgängern nicht zugänglich war: Dort, hinter der Säule postiert, mit seiner Armbrust, wäre er dem Blick der Menschen entzogen, die gebannt auf den Prediger starrten. Wäre er nur in diesem Moment mit seiner Waffe dort oben – er würde den Dämon vor den Augen seiner Gefolgschaft hinrichten!

»Christus ist der direkte Weg zu Gott, er hat sich für uns geopfert. Das Vertrauen auf die sogenannten guten Werke, mit dem die Ablasshändler ihre Geschäfte betreiben, wird uns nicht weiterhelfen. Stattdessen wollen wir mit priesterlichem Glauben alle uns bedrängende Not auf Christus legen. Nur so können wir gewiss sein, dass unsere Seele erlöst wird: Der Glaube, der auf die Zusagen Christi gegründet ist, kann nicht trügen noch fehlgehen.«

Nun hatte Wulf es mit eigenen Ohren gehört. Luther war schlimmer als sein Ruf, denn dieser Mann stellte die Leiden der Märtyrer, die Sakramente, die Messe, um es kurz zu machen, alles was heilig war, in Frage. Er war ganz gewiss der Antichrist der Endzeit, dessen Kommen schon vor Jahrtausenden verkündet worden war! Wulf sah eine große, eine heilige Mission vor sich: Er würde diesen Mann töten! Sollte der Plan mit Anna scheitern, waren andere Maßnahmen erforderlich. Das hatte nichts mehr mit Brangenberg zu tun. Hier ging es darum, dem Teufel – dem Teufel *persönlich* – Einhalt zu gebieten!

Kapitel 17

Wenn sie Marthas Leben retten wollte, musste Luther heute sterben. Heute! Morgen wäre er bereits auf dem Weg nach Worms.

Cranach hatte zu einer Feier geladen, um im familiären Kreis von Luther Abschied zu nehmen. Die Ostertage waren ruhig verlaufen. Luther hatte in der Stadtkirche gepredigt, als sei nichts geschehen. Seine Vorladung zum Reichstag hatte er nicht direkt erwähnt; nur wer genau hinhörte, entdeckte Anspielungen. Cranachs Einladung hatte er zunächst abgelehnt – man solle die Angelegenheit nicht dramatisieren, und er brauche noch Zeit, um sich vorzubereiten. Aber Cranach war hartnäckig geblieben: Luther könne sich noch während der Reise überlegen, was er dem Kaiser sagen wolle. Seine Freunde seien wichtiger, die würden ihm den Rücken stärken, unter allen Umständen. Er möge sich bitte einen Abend frei halten. Luther hatte noch eine Weile gezögert, aber schließlich zugesagt.

Der Reichsherold und Luther hatten vereinbart, am 2. April die Reise anzutreten. Um Luther die Fahrt zu erleichtern, stellte der Magistrat eine offene Kutsche samt Pferdegespann zur Verfügung. Am Vorabend sollte die Abschiedsfeier im Cranachhof stattfinden, und Lucas hatte entschieden, dass kein Aufwand zu scheuen sei.

Barbara Cranach plante die Feier – bei ihr liefen alle Fäden zusammen. Etwa fünfzig Gäste wurden für den Abend erwartet. Es war Vormittag, und Anna hörte Barbaras Stimme aus der Küche, wo sie den Mägden Gudrun und Judith und der Köchin Anweisungen gab.

Sie betrat den Raum. Überall auf den Tischen lagen Würste, Gemüse, Kräuter, Messer und Schöpfkellen; riesige Töpfe und Krüge standen einsatzbereit daneben.

»Aber das ist zu viel für uns beide«, jammerte Gudrun gerade. »Das können wir unmöglich allein bis heute Abend bewältigen.«

Ein besseres Stichwort hätte sich Anna kaum wünschen können; manchmal brauchte man eben Glück.

»Ich kann gern mithelfen«, erklärte sie der Hausherrin.

Barbara schaute sie überrascht an. »Das kommt ja wie gerufen …«

»Ich könnte den Wein ausschenken«, schlug Anna vor.

Judith zog die Brauen zusammen. »Dafür bin ich zuständig!«

»Genau. Der Wein ist Judiths Sache«, entschied Barbara. »Aber wenn du möchtest, dann hilf doch beim Auftragen der Speisen.«

Anna willigte sofort ein. Sie ging in ihre Kammer und zog sich um. Den Beutel mit dem Pulver versteckte sie in einer Innentasche ihres Rockes. Das Gift brauche Stunden, bis es wirke, hatte Zainer gesagt, niemand würde Anna verdächtigen. Wenn alles gelang, würde man glauben, Luthers Herz habe versagt, was angesichts der bevorstehenden Reise und aller Aufregungen durchaus glaubhaft wäre. Außerdem klagte er schon seit längerer Zeit, er könne kaum noch atmen und etwas drücke ihm aufs Herz. Wenn man ihm eine Weile zuhörte, konnte man glauben, sein Tod stünde kurz bevor. Dabei trank er kräftig Wein und ließ es sich schmecken ...

Wie würde es sein, wenn alles gelang? Könnte sie zusammen mit Martha ein normales Leben führen? Oder würde sie büßen für das, was sie tat? Würde sie nachts aufwachen, geplagt von Geistern? Wartete das Fegefeuer? Im Moment handelte sie rein mechanisch, wie in einem Alptraum. Aber wenn sie aufwachte – was dann?

Nachmittags half sie in der Küche und bereitete zusammen mit der Köchin und den Mägden das Festessen vor. Zu viert ging ihnen die Arbeit gut von der Hand. Zwischendurch sprach Anna noch einmal mit Judith, aber die wollte nicht nachgeben: Nein, *sie* sei für den Wein zuständig. Es war einfach lächerlich, wie ernst die Magd ihre Aufgabe nahm; sie machte förmlich eine Wissenschaft daraus. Anna musste aufpassen, sonst machte sie sich verdächtig. Oder war sie bereits zu aufdringlich gewesen? Der Abend rückte näher.

Anna hantierte in der Küche, als die ersten Gäste eintrafen: zwei Klosterbrüder. Einer der beiden hieß Johann Pezensteiner und würde Luther nach Worms begleiten. Das galt auch für Peter Swaven, einen Edelmann aus Pommern, der kurz nach den beiden erschien. Der Raum füllte sich, die Gäste nahmen an fünf Tischen Platz. Derweil trafen in der Küche die Köchin, Gudrun, Judith und Anna letzte Vorbereitungen. Die Tür stand offen, sodass Anna zwischendurch immer wieder in den Gästeraum schauen konnte. Dort saß Jost Gessner, der ebenfalls eingeladen war.

Würde der Pilger Wort halten? Was, wenn Martha bereits zu viel wusste? Wenn sie Dinge gesehen hatte, die sie nicht sehen durfte? Etwas mit Annas Wahrnehmung stimmte nicht: Es betraf im Moment vor allem ihr Gehör. Obwohl die Küchengeräte klirrten, Gudrun und Judith laut plapperten und draußen im Gastzimmer tausend Stimmen durcheinanderschwirrten – Anna empfand den Lärm so, als käme er von sehr weit her. Alles klang seltsam gedämpft, als hätte man die Geräusche in einen weichen Stoff gewickelt. Als Judith vor lauter Aufregung einen Topf auf die Steinfliesen fallen ließ, drang das scheppernde Geräusch erst mit Verspätung zu ihr durch – und dann fiel ihr auf, dass es sich mit allen Geräuschen so verhielt. Vielleicht bin ich schon verrückt, überlegte sie, und weiß es nicht?

Die meisten Gäste waren eingetroffen. Judith eilte hin und her, um ihnen das Warten mit einem Becher Wein zu verkürzen; einige vermischten ihn mit Wasser. Auch Gudrun war nervös, denn Barbara Cranach, um das Wohl der Gäste besorgt, hielt die Dienerschaft scharf im Auge.

»Da kommt er!« Gudrun krallte ihre Finger förmlich in Annas Arm – aber sie spürte nichts! Wovon redete Gudrun? Anna schaute ins Gastzimmer, alle standen von den Tischen auf und drängten zur Tür. Anna konnte sich das Durcheinander nicht erklären, bis ein kräftiger, dunkel gekleideter Mann sich einen Weg durch die Menge bahnte. Ein Augustiner! Wie hieß der Kerl noch gleich? Man feierte ihn wie einen Volkshelden.

Mit einem Mal kam Anna zu sich. Schlagartig empfand sie den Lärm, der ohrenbetäubend war. Die Gäste ließen Luther hochleben und er bemühte sich vergeblich um Ruhe. Anna fasste an ihren Rock, tastete nach dem Lederbeutel in der Innentasche.

Als der Tumult sich endlich legte, hielt Cranach eine kleine Rede; anschließend dankte Luther kurz und unspektakulär. Die Gäste setzten sich an die Tische, Barbara kam in die Küche und gab ein Zeichen: Das Festessen konnte beginnen.

Judith hatte Wein aus einem großen Krug in kleinere gefüllt, die sie den Gästen auf die Tische stellte. Jeder bediente sich selbst, nur den Ehrengästen schenkte Judith ein. Anna und Gudrun verteilten das Essen in Holzschalen: Es gab ein Mus aus dicken Bohnen mit Zwiebeln und Äpfeln vermischt, dazu geräucherte Würste; außerdem wurde eine Eierspeise gereicht und gefülltes Huhn. Als Nachspeise warteten in der Küche feine Lebkuchen, aus Honig, Mehl, Nelken, Zimt und Kardamom zubereitet.

Während die Gäste sich über das Hauptgericht hermachten, wurde es ruhiger in der Küche. Bisher hatte Anna nicht die geringste Gelegenheit gehabt, an Luther heranzukommen. Nachdem er mit Appetit eine Wurst verzehrt hatte, machte er sich jetzt über das Huhn her. Sein Kinn glänzte von Fett, er trank vom Wein, war bester Laune und plauderte mit seinen Tischnachbarn. Kein Außenstehender wäre auf die Idee gekommen, dass ihm eine lebensbedrohliche Reise bevorstand.

Annas Unruhe wuchs. Die Köchin reichte ihr gefüllte Schüsseln, die sie in den Gastraum hinübertrug und gegen die leeren austauschte. Wenn das so weiterging, würde der Abend ungenutzt verstreichen. In Gedanken war alles viel leichter gewesen.

Luther trank immer aus demselben Becher, bemerkte Anna. Ein kleiner Krug mit Wein stand in seiner Nähe. Sobald er ein paar Schluck genommen hatte, schenkte die aufmerksame Judith ihm schon nach. Jost Gessner saß am selben Tisch wie Luther, redete aber wenig.

Schon ordnete Barbara an, alle leeren Schüsseln wegzuräumen und die Lebkuchen zu servieren. Man stürzte sich auf die Süßspeise, die es sonst nur zu Weihnachten gab. Die Köchin durfte sich zurückziehen; von nun an wurden nur noch zwei Hilfen gebraucht. Anna gab vor, überhaupt noch nicht müde zu sein, woraufhin Gudrun die Gelegenheit ergriff und sich ebenfalls davonmachte. Nun waren Anna und Judith allein.

Veit Stemmer, ein Mitglied des Stadtrats und Anhänger Luthers, hob einen leeren Krug in die Höhe. Judith eilte los, ihn mit Nachschub zu versorgen. Zum ersten Mal an diesem Abend war Anna allein in der Küche. Auf dem Tisch standen ein halbvoller großer Weinkrug und drei kleine, die leer waren. Nun hätte sie das Gift in einen der leeren Krüge schütten können – aber würde der richtige an Luthers Tisch landen? Und wie konnte sie verhindern, dass ein anderer davon trank? Judith kam in die Küche. Sie musste die kleinen Krüge aus dem großen nachfüllen.

Die Eingebung, was sie zu tun hatte, kam Anna blitzartig. Es war, als sei ihr der Gedanke von außen zugeflogen.

»Warte, ich helfe dir!«

»Nein, nein, nicht nötig, das geht schon.«

Aber Anna achtete nicht auf Judiths Worte, griff nach dem großen Krug und zerrte ihn Judith förmlich aus der Hand – dabei stellte sie sich so ungeschickt an, dass der Wein nicht im kleinen Krug landete, sondern auf Judiths Rock und Schürze.

»Um Gottes Willen! Was hast du gemacht?« Judith schaute an sich herunter: Anna hatte ihr den halben Krug übergegossen, sogar Judiths Strümpfe schwammen in der roten Flüssigkeit, auf dem Boden bildete sich eine Lache.

»Das tut mir leid«, sagte Anna und gab sich Mühe, beschämt zu wirken. »Ich wollte dir nur helfen.«

»Auf solche Hilfe kann ich gern verzichten!«

Barbara Cranach kam in die Küche. »Was ist das für ein Lärm?« Sie sah, was geschehen war. »Judith, geh in deine Kammer und zieh dich um. Wasch das sofort aus.«

»Aber da ruft schon wieder jemand nach Wein.«

»Es war meine Schuld«, sagte Anna. »Ich wollte helfen und habe dabei den Wein verschüttet.«

»Darüber werden wir morgen noch reden. Judith, du gehst jetzt! Anna – übernimm den Ausschank! Wenn noch jemand etwas essen will, musst du dich auch darum kümmern!«

Judith ging davon.

»Beeil dich, Anna, sie rufen nach Wein«, sagte Barbara und kehrte zu ihren Gästen zurück. Anna füllte den kleinen Krug und trug ihn eilig hinüber. Der Buchdrucker Hans Lufft streckte schon die Hand danach aus und füllte seinen eigenen Becher und den des Lizenziaten Nikolaus von Amsdorf, der ein Ordensfreund Luthers war.

Kurz darauf war Anna allein in der Küche, sie tupfte sich mit dem Handrücken gegen die Stirn. Zum ersten Mal an diesem Abend hatte sie eine reelle Chance, aber die Aufgabe war noch immer schwierig. Sie konnte das Pulver nicht in den Krug schütten, von dem auch Lucas und andere tranken. *Das Gift musste in Luthers Becher!* Anna hielt sich die Hände vors Gesicht, und als sie die Augen öffnete, sah sie verschwommen, dass jemand in der Tür stand. Sie fuhr sich mit der Hand über die Augen, als sei sie müde.

»Fehlt Wein?«

Jost Gessner schüttelte den Kopf. »Ich wollte nur sehen, wie es Euch geht.«

»Da habt Ihr einen schlechten Moment ausgesucht.«

»Macht eine Pause. Es sind alle versorgt.«

Am liebsten hätte sie ihn hinausgeworfen, denn ihre Nerven lagen blank, aber sie durfte jetzt keinen Fehler begehen. Er schaute ihr forschend in die Augen. Bemerkte er, dass sie geweint hatte?

»Werdet Ihr Luther nach Worms begleiten?«, fragte Anna.

Er nickte. »Wir brechen morgen auf. Ich habe kein gutes Gefühl, unterwegs kann so viel passieren!«

Für einen Moment spielte sie mit dem Gedanken, ihm alles zu enthüllen. Aber nein, sie durfte nicht den Kopf verlieren. Sie wechselten ein paar belanglose Worte, und endlich ging er zurück zu den anderen. Die ersten Gäste verabschiedeten sich. Als Anna neuen Wein brachte, war ihre Zahl auf ungefähr vierzig zusammengeschrumpft. Bei einigen zeigte der Wein bereits deutliche Wirkung. Der Apotheker hatte Nikolaus von Amsdorf den Arm um die Schulter gelegt und lallte ihm etwas ins Ohr. Die meisten Gäste aber hörten Luther zu, der von seiner Romreise erzählte. Anna ging in die Küche zurück und beobachtete von dort aus das Geschehen. Auch Barbara Cranach hatte tief in den Becher geschaut, wie ihre roten Wangen verrieten.

»Ich habe Rom in jungen Jahren verklärt«, sagte Luther. »Es war für mich der heiligste Ort im Abendland. Hier hatten unzählige Märtyrer ihr Blut vergossen. Ich warf mich zu Boden, als ich die Stadt zum ersten Mal aus der Ferne sah. Doch bald kamen mir erste Zweifel …«

Anna überschlug ihre Chancen, aber sie wollte noch ein wenig warten. Sie hoffte, dass ein kleiner Kreis um Luther zurückblieb und alle zu tief ins Glas geschaut hatten. Ihre Schläfen pochten, als sei ihr Kopf eine Hammermühle.

»Es war nicht mal das weltliche Treiben der Stadtbewohner«, sagte Luther gerade, »das mich entsetzte. Die Sitten und Laster dieser Stadt glichen jenen, wie man sie überall in der Welt antrifft. Damit hätte ich mich abfinden können …«

Irgendwann hielten sich kaum mehr als zwanzig Leute im Raum auf; es ging bereits auf Mitternacht zu. Anna beschloss, nun an Luthers Tisch zu gehen und nachzuschenken, denn alle waren von seinen Anekdoten abgelenkt. Sie griff nach dem Ledersäckchen in ihrer Rocktasche, schob es unter den umgeschlagenen Ärmel ihrer Jacke und trat ins Gastzimmer. Einzig Kerzen sorgten für Licht, sie waren heruntergebrannt, und alle Gegenstände warfen lange Schatten. Auch in Luthers Nähe standen zwei Kerzen.

»Was mich entsetzte«, sagte Luther gerade und wackelte mit beiden Händen vor seinem Gesicht, sodass die Schatten seiner Finger an der weiß getünchten Wand hinter ihm wie Krallen wirkten, »war das Verhalten der Priester. Man sollte vermuten, sie seien dort gebildeter und frommer – aber das Gegenteil war der Fall. Nie habe ich erlebt, dass man die Messe so seelenlos und oberflächlich zelebrierte wie in den berühmtesten und heiligsten Kirchen Roms. Ich fragte mich, ob das überhaupt Priester waren. Hatte man die Messgewänder vielleicht Wasserträgern oder Tagelöhnern übergestreift?«

Anna näherte sich dem Tisch. Barbara Cranach schaute auf und auch Jost Gessners Blick haftete auf ihr. »Und das

Schlimmste war«, rief Luther, »was für ein schreckliches Latein die Burschen sprachen. Man stelle sich das vor: in Rom!«

Anna füllte Cranachs Becher mit Wein, stellte ihn zurück auf den Tisch, und Lucas nickte ihr geistesabwesend zu. Barbara hob abwehrend die Hand. Gerade in diesem Moment geriet Luther in Wut und zog mit glühenden Worten über die römischen Priester her. Alle Augen richteten sich auf ihn.

»Die römische Kurie ist verkommen«, wetterte Luther. »Sie ist verantwortlich für den Untergang der Stadt, die sich zu einem zweiten Babel entwickelt hat.«

Anna, die schräg hinter Luther stand, griff nach seinem Becher und schaute flüchtig in die Runde. Sie hatte genau den richtigen Moment gewählt, alle hingen an seinen Lippen. Sie handelte wie in Trance, hielt den Krug in der linken und den Becher in der rechten Hand hinter seinem Rücken; zum Glück hatte er breite Schultern. Anna spürte keine Nervosität mehr, auch keine Angst. Sie kramte das Ledersäckchen einhändig unter ihrem Ärmel hervor und öffnete es. Schon sah sie das Pulver in Luthers Becher rieseln wie Schnee. Sie schob den winzigen Beutel zurück unter ihren Ärmel und füllte den Becher mit Wein. Das Pulver löste sich sofort auf. Sie sah ein paar Körnchen auf der Oberfläche schwimmen, aber es war höchst unwahrscheinlich, dass Luther etwas bemerken würde. Er war zu sehr mit seiner Erzählung beschäftigt.

Das ist also der Moment in meinem Leben, der mich zur Mörderin macht, schoss es ihr durch den Kopf. Es war ganz einfach. Heute Nacht würde er sterben durch ihre Hand, und sie fühlte nichts bei dem Gedanken. Nur in den Tiefen ihres Bewusstseins schlummerte die Ahnung einer schrecklichen, unauslöschlichen Schuld, die sie bis ans Ende ihrer Tage quälen würde. Sie könnte nie mehr glücklich sein, auch das ahnte sie in diesem Augenblick – selbst wenn es ihr gelang, Martha zu retten. Glück war so flüchtig und zerbrechlich.

Gerade wollte sie den Becher zurück auf den Tisch stellen, da fasste sie jemand am Arm. Sie blickte zur Seite, bemerkte Jost Gessner, und nun zitterte ihre Hand doch. Er nahm ihr den Becher aus der Hand. Sie dachte blitzartig daran, dass kürzlich in Leipzig eine Giftmischerin auf dem Scheiterhaufen brannte.

»Ich sterbe vor Durst«, sagte Gessner. Er ging an ihr vorbei. »Und Hunger habe ich auch. Sicher ist in der Küche noch etwas übrig.«

Barbara Cranach hob kurz den Kopf, aber da Luther gerade eine Schimpfkanonade auf den Papst losließ, sagte sie nichts, sondern hörte ihm zu. Luther bezeichnete den Papst als *Hure Babylon.* Jost Gessner verschwand in der Küche, und Anna eilte ihm hinterher; niemand beachtete die beiden.

Gessner stellte den Becher auf den Tisch und schnitt sich eine Scheibe Brot ab, zwischen die er eine gebratene Wurst klemmte.

»Die schmeckt auch kalt noch gut«, sagte er. Es klang, als müsse er sich entschuldigen. Der Becher stand neben dem Brot.

»Ich schneide mir auch noch eine Scheibe ab«, sagte Anna.

Sie langte nach dem Brot und stieß wie versehentlich den Becher um. Die rote Flüssigkeit ergoss sich über den Tisch. »Was für ein Jammer!«, sagte Gessner. Sie mache das gleich sauber, entschuldigte sich Anna – und außerdem werde sie den Becher neu füllen.

Sie ging zu dem Tisch an der Wand, auf dem die Krüge standen und einige Becher. Sie nahm einen neuen und füllte ihn mit Wein. Mit einem Lappen, der bereits zahlreiche Weinflecken aufwies, wischte sie den Gifttrank vom Tisch. Der Söldner trat zur Seite und schaute zu, wie das Tuch die Flüssigkeit aufsog.

»Das war für Euch sicher ein anstrengender Abend?«, meinte er.

Anna, über den Tisch gebeugt, hielt in ihrer Arbeit inne und warf ihm über die Schulter einen forschenden Blick zu. Die Art, wie er sie anschaute, war ihr unangenehm; sie richtete sich auf und verschränkte die Arme vor der Brust.

»Sicher habt Ihr den ganzen Abend an Eure Tochter gedacht.«

Ihr entging nicht, dass die Beiläufigkeit, mit der er sprach, gespielt war.

»Ich glaube, dafür muss man kein großer Menschenkenner sein«, erwiderte sie. »Ich denke ununterbrochen an meine Tochter.«

»Ihr wäret bereit, Euer eigenes Leben zu geben, um das von Martha zu retten, nicht wahr?«

»Ich würde nicht einen Moment zögern.«

»Wärt Ihr auch bereit, ein fremdes Leben zu opfern?«

»Ich wäre bereit, die ganze Welt zu opfern«, sagte Anna.

»Oder einen Mann, der sie verändern kann.«

»Meinetwegen den Kaiser persönlich.«

Sie sah keinen Sinn mehr darin, sich zu verstellen. Er wusste alles. Merkwürdig erschien ihr jedoch, wie unauffällig er den Anschlag vereitelt hatte.

Plötzlich fasste Jost sie am Arm. Mit einer schnellen Bewegung kramte er das Ledersäckchen unter ihrem Ärmel hervor. Ein Rest des Pulvers war übrig geblieben, den er auf den Tisch schüttete.

»Was ist das?«

»Gift.«

»Wo habt Ihr es her?«

»Gestohlen.«

»Lügt mich nicht an!«

»Ich sage die Wahrheit.«

»Wisst Ihr, was darauf steht?

»Der Scheiterhaufen.«

Er schwieg eine Weile, dann sagte er: »Vor einiger Zeit ist ein Mann in die Stadt gekommen und im Gasthaus am Markt abgestiegen. Er gibt sich als Pilger aus und nennt sich Zainer.«

»Ich kenne ihn«, sagte Anna. »Er verkehrt bei Cranach.«

»Auch nachdem Martha verschwunden war, habt Ihr Euch einige Male getroffen.«

Sie fragte ihn, woher er das alles wisse.

»Eine gute Bekannte hat mich auf die Spur gebracht. Hat der Pilger Martha entführt?«

»Ja.«

»Was hat er verlangt? Luthers Leben gegen das Eurer Tochter?«

»Das Pulver ist von ihm«, sagte Anna. »Er behauptet, dass es nicht sofort wirkt, sondern erst nach einigen Stunden.« Ihre Stimme zitterte: »Jetzt wird er Martha töten.«

Jost schwieg. Anna wischte sich über die Wangen; im Nebenraum erzählte Luther von Rom.

»Warum habt Ihr verhindert, dass ich von dem Wein trinke?«, fragte Gessner.

»Am liebsten würde ich ihn selbst trinken, wenn noch etwas übrig wäre.«

Er fasste sie an der Schulter und zog sie an sich. Sie barg ihren Kopf an seinem Hals – so wie sie es früher bei ihrem Bruder getan hatte, und spürte plötzlich wieder diese Geborgenheit, die aus einem anderen Leben, einem anderen Zeitalter zu kommen schien. Sie fühlte seine Hand, die mehrmals über ihr Haar fuhr und dann den weichen und sanften Druck seiner Lippen.

»Ich bringe dir Martha zurück«, sagte er leise. »Ich verspreche es dir.«

Kapitel 18

Luther redete laut im Gastzimmer, während Jost und Anna sich leise in der Küche unterhielten. Sie berichtete, was bisher geschehen war. Das Feuer im Herd brannte herunter, und die Kerzen erloschen eine nach der anderen; ihr Geruch vermischte sich mit dem von gebratenem Fleisch, Bohnen und Wein.

»Ich lasse den Pilger seit einiger Zeit beobachten«, erklärte Jost, während er abwesend die leeren Teller, Schalen und Becher betrachtete, die sich auf den Tischen stapelten. »Auch momentan ist einer meiner Männer auf ihn angesetzt. Wir werden ihn festnehmen und zum Sprechen bringen. Lass uns gehen!«

»Wenn du das alles gewusst hast, warum hast du dann so lange gezögert?«, fragte Anna.

»Weil ich es eben nicht wusste! Das waren doch alles nur Vermutungen, ausgelöst durch die Warnungen einer Freundin.«

Anna ließ die Sache auf sich beruhen. Sie verließen die Küche durch jene zweite Tür, die in den Innenhof führte. Das Hoftor stand offen. Als sie auf die Gasse traten und um die nächste Häuserecke bogen, sahen sie fünf oder sechs Männer, in eine Prügelei verwickelt. Einer von ihnen war riesengroß, sein langer Bart, wie ihn sich Jost beim Patriarchen Abraham vorstellte, wehte ihm über die Schulter.

Inmitten eines Knäuels aus Armen und Beinen erkannte Jost seinen Freund Helmut. Und obwohl es ihn ärgerte, dass dieser Zwischenfall ihn unnötig aufhielt, eilte er ihm zu Hilfe. Nur mit Mühe gelang es, die Streithähne zu trennen.

»Was zum Teufel ist denn hier los?«, schimpfte Jost.

»Das übliche Lied«, erwiderte Helmut, »Cranachs Gesellen

haben sich mit den Studenten geprügelt. Ich habe versucht, sie auseinanderzubringen.«

Die Studenten, zwei schmächtige, junge Männer und nicht daran interessiert, sich mit Söldnern anzulegen, machten sich davon. Nun baute sich Vater Abraham, einer von Cranachs Gesellen, trotzig vor Jost auf: Die Taugenichtse hätten angefangen, erklärte er. Diese Burschen lägen bis zum Mittag im Bett, statt zu arbeiten! Was dieses Volk überhaupt in Wittenberg suche? Das Schlimme sei, dass der Fürst die Faulenzer über Gebühr belohne. Und damit sie nicht nach Leipzig gingen, dürften sie hier leben wie die Maden im Speck. Er wisse aus zuverlässiger Quelle, dass dieses Lumpenpack nur drei Groschen pro Woche an Essenskosten bezahle; dafür bekämen sie zwei Mahlzeiten am Tag und noch Bier dazu ... Das mit dem Bier ärgerte ihn wohl besonders.

»Verschwindet jetzt!«, befahl Jost.

Daraufhin steuerten Vater Abraham und sein Begleiter, der einen Kopf kleiner war, Arm in Arm den Cranachhof an, sichtlich mit sich und der Welt zufrieden. »Denen haben wir es gegeben!«, prahlte der Kleinere.

»Verdammt«, fluchte Helmut, »mein Zahn ist hinüber.«

»Geh mir jetzt nicht mit deinem Zahn auf die Nerven«, erwiderte Jost. »Zainer hat Annas Tochter entführt – wir müssen ihn sofort finden und festnehmen. Wer überwacht ihn zurzeit?«

»Rudolf ... Aber da kommt er ja gerade.«

Ein breitschultriger Mann kam hinkend auf sie zu. Aus der Nähe erkannten sie, dass seine Kleidung zerrissen war.

»Was ist passiert?«, fragte Jost ärgerlich.

Rudolf räusperte sich. »Ich war gerade auf dem Weg zum Cranachhof, um dich zu benachrichtigen ... Also ... Schuld ist dieser blöde Nachtwächter.«

»Moment – eins nach dem andern«, verlangte Jost. »Du hast vor der Herberge des Pilgers Wache geschoben – richtig?«

»Ja.«

»Was ist dann passiert?«

»Ich habe plötzlich Geräusche gehört«, sagte Rudolf, »aber sie kamen nicht vom Haupteingang her, denn den habe ich ja im Blick gehabt. Da das Gebäude einen zweiten Ausgang zum Hof hin hat, bin ich um den ganzen Block gelaufen. Der Platz vor dem Gasthof ist ja schön gepflastert, aber die Seitenstraße natürlich nicht … und kurz zuvor hat es tüchtig geregnet. Kurz und gut, das Pflaster endet abrupt, ich merke es zu spät, rutsche aus und lande der Länge nach im Dreck!«

»Großartig!«, sagte Jost. »Dich kann man schicken!«

»Du verstehst nicht: Das eigentliche Problem ist nämlich die Katze gewesen.«

»Was für eine Katze?«

»Also die Katze ist die ganze Zeit neben mir hergelaufen. Na ja, ich habe sie ein wenig gestreichelt, während ich Wache schob … Vermutlich bin ich auf sie draufgefallen, als ich ausrutschte, so genau weiß ich das nicht. Vielleicht habe ich sie auch nur erschreckt, jedenfalls fing sie plötzlich an zu kreischen.« Rudolf packte Jost am Arm. »Dann ist jemand losgerannt. Der Kerl muss ganz in meiner Nähe gewesen sein, aber ich habe es nicht bemerkt.«

Anna bat den Mann, doch endlich zur Sache zu kommen. Er solle sagen, wo der Pilger sei und sich den Rest schenken!

»Das stellt ihr euch zu einfach vor«, erwiderte Rudolf und lachte bitter. »Der Flüchtende ist nämlich zur Stadtkirche gerannt … ich hinterher und die Katze neben mir. Dort war es sehr finster, und ich sehe gerade noch, wie der Kerl die niedrige Steinmauer überspringt, die die Kapelle und den Kirchhof umgibt. Ich also hinterher. Mitten im Kirchhof steht doch diese große Linde – und über eine ihrer Wurzeln, die aus dem Boden ragen, muss der Mann wohl gestürzt sein. Ich sehe ihn so am Boden liegen und werfe mich auf ihn. Der Mann war übrigens nicht viel größer als ein Kind.«

Rudolf umklammerte erneut Josts Arm. »Jetzt habe ich

ihn«, denke ich, »aber von wegen! Jost, du weißt, dass ich kein Kind von Traurigkeit bin; ich habe manchen Strauß gefochten und kann mich meiner Haut wehren. Aber irgendwie schlüpft er unter mir weg, kriegt mich mit beiden Händen am Hals zu fassen und drückt zu. Ich will mich befreien, aber seine Hände sind wie Eisenklammern. Dieser Mann besitzt übermenschliche Kräfte, das geht nicht mit rechten Dingen zu! Ich sehe rote und gelbe Lichtflecken und glaube, mein letztes Stündlein hat geschlagen, da fliegt ein Schatten an mir vorbei, und in dem Moment springt ihm die Katze ins Gesicht. Gott segne das Vieh! Sie kratzt und beißt und kreischt – und er lässt mich los! Kriegt sie zu fassen, wirft sie von sich, und ehe ich mich versehe, ist er schon wieder auf den Beinen und rennt los. Ich hinterher. Schon haben wir den Kirchhof hinter uns gelassen und jagen durch die engen Gassen, vorbei am Collegium. Er steuert das Eremitenkloster an – und dann kommt dieser blöde Nachtwächter auf den Plan! Das ist wirklich ein Nachtwächter, der verdient seinen Namen!«

»Um Himmels Willen, Rudolf, fass dich kurz und sag uns, wohin er entwischt ist.«

»Der verdammte Nachtwächter ... Ich sehe ihn auftauchen mit seiner Laterne und der lächerlichen, verbogenen Hellebarde; das muss ein Erbstück sein und er weiß nicht mal richtig, wie man sie hält. Wahrscheinlich hat man ihm eingeschärft, heute ein Auge auf das Kloster zu haben wegen Luthers Abreise. ›Halt ihn auf‹, schreie ich, ›da läuft er!‹ Aber der Blödmann begreift nichts, sieht nur mich – und das ist mein Verhängnis. Er ruft etwas wie: ›Halt! Stehen bleiben!‹ Seine Stimme zittert. Ich achte nicht weiter auf ihn und verfolge Zainer, der schon um die Ecke ist und das Elstertor ansteuert. Er will aus der Stadt, denke ich, das musst du verhindern ... Da wirft mir dieser Nachtwächter seine Hellebarde zwischen die Beine, denn er denkt wohl – sofern dieser Mensch zum Denken fähig ist –, ich sei ein Dieb. Und zum zweiten Mal an diesem Abend, aber jetzt aus vollem Lauf, fliege ich aufs Maul. Dass ich mir nicht alle Knochen gebrochen habe, ist ein Wunder. Ich war wie betäubt ...«

»Komm jetzt endlich zur Sache!«, unterbrach Jost seinen Redeschwall. »Sonst passiert es dir gleich ein drittes Mal!«

»Ich war wie betäubt«, nahm Rudolf unbeeindruckt den Faden seiner Erzählung wieder auf, »und dieser Nachtwächter nutzt meinen schwachen Moment, um mir die Hände zu fesseln. Bis ich ihm begreiflich mache, wer ich bin, ist von Zainer nichts mehr zu sehen. Wir sind noch zum Elstertor gegangen, und dort stand die kleine Pforte offen. Er hat sich aus dem Staub gemacht!«

Eine Katze, den Schwanz steil aufgerichtet, kam angelaufen und steuerte schnurstracks auf Rudolf los. Sie schnurrte zufrieden und rieb ihr Fell an seinem Bein. Er hob sie hoch, küsste sie zwischen die Ohren, und während er ihr Fell streichelte, versprach er seiner Lebensretterin Futter bis ans Ende ihrer Tage: »... und wenn ich die Mäuse selber fangen muss!«

»Helmut«, sagte Jost, »wir müssen den Kerl verfolgen! Trommle alle Männer zusammen, besorgt euch Pferde und reitet zum Elstertor. Dort verteilt ihr euch, bildet drei Gruppen!«

Helmut eilte davon. Jost wusste, dass die Chancen schlecht standen, bei Nacht einen Flüchtenden zu finden. Aber sie mussten es wenigstens versuchen.

»Was ist, wenn er uns entkommt?«, fragte Anna. »Wie sollen wir dann jemals Martha befreien?«

Jost rieb seine Nase, die höllisch schmerzte. »Wir haben Zainer bewacht, seit Hanna mich vor ihm warnte. Die meiste Zeit war er entweder im Gasthof, im Badehaus oder bei Cranach. Nur einmal ist er aus der Stadt hinausgeritten, und wir haben seine Spur verloren. Auch damals verließ er Wittenberg durch das Elstertor. Bestimmt hat er den Ort aufgesucht, wo er Martha versteckt hält. Ich vermute, dass er mindestens einen Helfer hat, vielleicht mehrere. Wenn wir nur wüssten, in welche Richtung er geritten ist! – Aber warte … mir kommt eine Idee … das heißt, eigentlich bringt mich die Katze darauf. Erinnerst du dich: Als ich dir und Martha zum ersten Mal im Hof begegnete, da spielte sie mit einem Hund. Ich habe das Bild noch genau vor mir, weil die beiden sich so prächtig verstanden.«

»Das ist Cranachs Hund. Er heißt Caspar und gehört mehr oder weniger zur Familie.«

»Caspar?«

»Lucas malte gerade ein Bild der Heiligen Drei Könige, als er den Welpen bekam …«

»Dann lass uns den Hund holen! Und besorg uns ein Kleidungsstück von Martha, an dem er schnuppern kann … außerdem brauchen wir Pferde!«

Kapitel 19

So sehr Jost sich auch bemühte, er konnte Caspar keiner bestimmten Rasse zuordnen; mochte der Himmel wissen, welche Elternteile sich da einst gepaart hatten, aber das war ja auch egal. Er hatte lange Beine und ein helles, zottiges Fell mit rotbraunen Einsprengseln. Anna wusste, dass Cranach, der den Kurfürsten manchmal bei Jagdausflügen begleitete, den Hund wegen seiner feinen Nase schätzte.

Sie verließen die Stadt durch das Elstertor und ritten durch Obstgärten und Felder, die den Wittenberger Bürgern gehörten. Der Hund, begeistert über die Abwechslung, lief an der Leine neben den Pferden her.

»Hier in der Nähe hat Wilfried ihn aus den Augen verloren«, sagte Jost.

Sie stiegen von ihren Pferden, und während sie zu Fuß weitergingen, umfing sie der Geruch von frischer Erde und feuchtem Gras. Bald erreichten sie eine Kirche, die unvermittelt aus der Einöde emporwuchs. Daneben standen zwei Fachwerkhäuser mit steilen Dächern, von einer Mauer umgeben. Den winzigen Kirchturm krönte ein Wetterhahn, dessen Silhouette sich vor der Mondscheibe abzeichnete. Bis auf Caspars Keuchen herrschte vollkommene Stille.

»Lass ihn noch mal schnuppern«, sagte Anna. Jost zog Marthas Nachthemd aus seinem Lederbeutel und hielt es Caspar vor die Schnauze. Der Hund wurde unruhig und jaulte.

Jost blickte sich um: Eine Nische in der Mauer, wie ein Turm gestaltet, umschloss ein Heiligenbild oder eine Skulptur, dahinter wiegten sich die Äste und Zweige hoher Bäume im Nachtwind. Weiter links, über ein Feld hin, bemerkte er eine Gruppe von vier Häusern, aufgereiht wie Figuren auf einem Schachbrett, dazwischen standen Bäume. Ein Flechtzaun schützte das vor den Gebäuden liegende Feld.

Jost führte Caspar noch immer an der Leine. Er lief an der Mauer entlang und dann schnurstracks hinüber zu der Häusergruppe. Als sie sich dem Haus am rechten Ende näherten, wurde der Jagdhund unruhig. Verglichen mit der ausladenden Giebelseite, deren Fachwerk sich im Mondlicht wie gespenstische Adern abzeichnete, war das Haus insgesamt schmal gebaut. Die Balken bildeten ein Muster, das zusammen mit zwei Fensterläden an ein Gesicht erinnerte. Caspar blieb knurrend vor dem Haus stehen.

»Sei still! Du verrätst uns noch«, flüsterte Jost, doch die Botschaft kam nicht an.

»Still!«, zischte Anna, und diesmal reagierte das Tier sofort. Jost schüttelte den Kopf, während sie die Zügel der Pferde an einen Haselnussstrauch banden. Anna kniete neben Caspar nieder. »Such Martha! Wenn du sie findest, bekommst du einen Riesenknochen.«

»Glaubst du vielleicht, er versteht das?«, fragte Jost.

Caspar aber eilte schnurgerade auf das Haus zu, sodass Anna und dem kopfschüttelnden Jost nichts anderes übrig blieb, als ihm zu folgen. Sie passierten ein Gestrüpp, bogen um die Ecke des Gebäudes und fanden an der Schmalseite eine Tür, die verschlossen war. Jost und Anna lauschten, hörten aber nichts. Auf der Rückseite des Gebäudes befand sich ein zweiflügeliges, ebenfalls verschlossenes Tor, allerdings konnte Jost kein Schloss entdecken. Caspar zerrte an der Leine und ließ sich kaum noch bändigen.

»Das sieht mir nach einer Werkstatt aus.«

»Sieh mal, Jost, da scheint Licht durch die Ritze – ganz schwach.«

Nun bemerkte auch er den rötlichen Schimmer. Er zog seinen Dolch, den er am Gürtel trug, und fuhr damit in die Spalte zwischen den Torflügeln, bis er auf einen Riegel stieß, der sich nicht bewegen ließ. Jost steckte den Dolch weg und zog sein Schwert, schob es unter die Tür und benutzte die Waffe als Hebel. So ließ sich der rechte Flügel aus den Angeln heben; da er durch eine Metallstange mit dem linken Flügel verbunden war, kippte er nicht um. Von drinnen drang kein Laut. In vollkommener Finsternis glühte ein roter Fleck. Die Feuerstelle?

»Jost, da ist jemand, ich spüre es.«

Er hatte im Krieg gelernt, auf Eingebungen zu achten, auch wenn sie sich nicht erklären ließen. »Dann warte hier!«

»Pass auf dich auf!«

Jost zwängte sich durch den Türspalt nach innen. Es dauerte lange, bis er Umrisse erkannte und ihm klar wurde, dass er sich in einer Schmiede befand. Er ertastete ein an die Wand gelehntes Wagenrad. Ein dunkler Block in der Nähe des Ofens musste der Amboss sein.

Jost machte einen Schritt auf die Glut zu und blieb stehen; dann ein zweiter Schritt – er horchte, nichts geschah. Jost wurde mutiger und näherte sich nun etwas schneller dem Schmiedeofen. In diesem Moment schien die Welt zu explodieren! Zunächst lautlos – es kam ihm so vor, als tauche aus dem Nichts unvermittelt ein Feuerball auf. Ein gleißend heller Lichtblitz, dem erst viel später der Knall folgte.

Jost trug nach Art der Landsknechte eine eng anliegende Panzerjacke, Koller genannt; darüber eine aus Segeltuchlagen bestehende Steppjacke mit eisernem Schutz am Ellbogen. Seine gesamte Ausrüstung war in die Jahre gekommen, denn die Panzerjacke hatte er vor zwanzig Jahren nach einer Schlacht erbeutet und ihretwegen schon manchen Spott eingesteckt. Nun rettete sie ihm das Leben!

Als er den Feuerball sah, wich Jost unwillkürlich zur Seite, spürte aber fast im gleichen Moment einen fürchterlichen Schlag am Arm, während seine Rippen Feuer fingen (so jedenfalls kam es ihm vor). Er taumelte gegen den Amboss und stürzte zu Boden. Panisch fasste er sich an die Seite und fühlte mit seinen Fingerspitzen, dass der Schuss die Steppjacke und den Koller zerrissen hatte. Jost spürte keinen Schmerz, wusste aber, dass dieser mit Verzögerung kam. Er fasste sich an den Ellbogen; der Eisenschutz, über eine Kette mit dem Schulterstück verbunden, hatte sich gelöst. Verzweifelt hörte er sich Fetzen eines Gebets stammeln.

Jost hatte durch den Sturz die Orientierung verloren und konnte kaum oben von unten unterscheiden. Er streckte den Arm aus und berührte etwas Kaltes: Metall, der Amboss! Er umklammerte ihn mit beiden Händen und zog sich hoch – aber wo war sein Gegner? Er legte den Kopf schief, denn er hörte ein lautes Rattern, das alles andere übertönte. Erst nach einer ganzen Weile merkte er, dass der Lärm nicht von außen kam, sondern in ihm selbst tobte, in seinem Kopf. Sein Herz raste vor Angst. Er fasste sich wieder an die Seite, tastete mit zittrigen Fingern nach dem Einschuss. Wenn er nur etwas sehen könnte!

Noch immer hatte er keine Ahnung, wo sich der Angreifer befand. Nur der Amboss bot ihm ein wenig Schutz; davon abgesehen, fühlte er sich völlig hilflos. Jost umklammerte den Amboss mit beiden Händen und versuchte sich aufzurichten, hatte aber nicht hinreichend Kraft dazu. Erneut fiel er zu Boden.

Alles drehte sich, ihm wurde übel und er glaubte, sich gleich übergeben zu müssen. Mit dem Hinterkopf auf hartem Boden liegend, beobachtete er scheinbar teilnahmslos, wie die Bretter der Holzdecke durcheinanderwirbelten – aber wieso konnte er sie sehen? Schatten flogen über das Holz – da stimmte etwas nicht. Aus den Augenwinkeln entdeckte Jost einen Lichtschein und wandte den Kopf zur Seite, wobei sein Nacken höllisch schmerzte. Die Helligkeit kam von einer Kerze oder Öllampe und beleuchtete seltsame Gegenstände: In einem hohen, aus Holz gefertigten Ständer sah er Stangen mit breitem Ende. Zuerst dachte er an Paddel, aber gleich darauf war ihm klar, dass es sich um Vorderladerbüchsen handelte, unterschiedlich lang, mit Schulterstützen. Auf einer Werkbank direkt daneben lagen Pulverbüchsen, Kugeln, Ladestangen und Einzelteile von Abzügen. Dies war keine normale Schmiedewerkstatt, wie zunächst gedacht. Hier arbeitete ein Waffenschmied, ein Büchsenmacher.

Das Licht bewegte sich immer noch, es kam näher, direkt auf ihn zu. Eine Kerze beleuchtete das Gesicht eines stämmigen Mannes, der die Lichtquelle in seiner linken Hand trug. Ein Bart verdeckte fast den ganzen unteren Teil des Gesichtes, und die Flamme spiegelte sich in seinen Augen. In der rechten Hand des Mannes bemerkte Jost eine Büchse mit abgesägtem Lauf.

Hielt der Bewaffnete ihn für tot oder bewusstlos? Noch vier oder fünf Schritte trennten die beiden Männer. Jost drehte den Kopf zur Seite und sah den Amboss. Wenn er nur klar denken könnte, wenn da nicht diese Lähmung in seinem Kopf, in seinen Gliedmaßen wäre! Noch zwei Schritte. Endlich erkannte er einen Holzstil, der über das Metall ragte. Der Stil eines Hammers. Der Fremde stand jetzt vor ihm und hob das Gewehr.

Jost, mit dem linken Ellbogen auf die Erde gestützt, griff mit der rechten Hand nach dem Hammer und bekam den Stil zu fassen. Der Lauf war jetzt direkt auf ihn gerichtet. Jost schleuderte den Hammer nach oben. In diesem Moment löste sich der Schuss – und erneut erblindete Jost in einem Meer aus Licht.

Als er wieder sehen konnte, lag der Bärtige am Boden. Aus einer klaffenden Wunde in seiner Stirn strömte dunkles Blut – von der direkt neben seinem Kopf liegenden und wie durch ein Wunder nicht erloschenen Kerze flackernd beleuchtet.

Jost kniete am Boden und hob die Kerze auf, die in seinen Fingern zitterte. Im Schein der Flamme sah er, dass sein Gegner nicht mehr atmete. Dann begutachtete er seinen Koller. Der Schuss hatte die vordere linke Seite seiner Schutzjacke nahezu vollständig zerstört. Aber das war der erste Schuss gewesen, denn der zweite hatte ihn verfehlt – wie er ungläubig und mit endloser Erleichterung feststellte. Mit Fingern, die ihm kaum gehorchten, knöpfte Jost die Jacke auf, aber er fand keine Wunde. Seit diesem Tag glaubte er an Wunder. Er atmete tief durch und beschloss, das Haus nach Martha zu durchsuchen.

Links vom Ofen, bei dem Zangen, Haken und Hämmer hingen, entdeckte Jost eine angelehnte Tür. Er ging darauf zu, schob sie sachte mit der Fußspitze auf und leuchtete in den Raum: die Küche. Mit einem kräftigen Tritt stieß Jost die Tür ganz auf und leuchtete den Raum aus. Die Feuerstelle lag etwas höher als der ungeflieste Boden, dort sah er einen Dreibock, einen Schürhaken und mehrere Töpfe. An der Wand lehnte ein Blasebalg. Eine plötzliche Bewegung erschreckte ihn, aber das war nur eine verängstigte Maus, die über den unebenen Boden flitzte, Haken schlug und schließlich unter einer Holztreppe verschwand, die ins Obergeschoss führte.

Zögerlich folgte Jost den ausgetretenen Holzstufen ins obere Stockwerk. Von einem Treppenabsatz aus konnte er zwei Holztüren sehen, die beide offen standen. Er ging zu der ersten und leuchtete in einen kleinen, menschenleeren Raum, in dem ein Bett und zwei Truhen standen. Hier war keiner. Das angrenzende, größere Zimmer diente als Wohnraum, doch auch hier entdeckte er niemanden.

Plötzlich hörte er leise Schritte auf der Treppe. Er blickte sich nach einem Versteck um, aber da hörte er schon Annas Stimme: »Jost?« Sie kam die Treppe hoch. »Was ist passiert? Bist du verletzt?«

Er legte einen Finger auf seine Lippen. »Später. Erst müssen wir nach Martha suchen. Lass uns unter dem Dach nachschauen!«

Eine zweite Holztreppe, kürzer zwar, aber genauso steil, führte ins Dachgeschoss. Jost leuchtete mit seiner Kerze den Weg, hatte aber Mühe, einen Fuß vor den anderen zu setzen. Der Schwindel war zurückgekehrt. Vor seinen Augen drehte sich alles, und er fürchtete, die Treppe hinunterzustürzen. Oben angekommen, fanden sie erneut zwei Türen vor, von denen eine verriegelt war, während die andere sich öffnen ließ.

Sie blickten in eine Rumpelkammer mit einem Bett darin, das den Eindruck machte, als habe vor kurzem noch jemand darauf gelegen. Von Martha keine Spur. An der anderen Tür gelang es Jost, das Schloss zu zertrümmern. Mit klopfendem Herzen nahm Anna die Kerze an sich und leuchtete ins Zimmer: Dort stand ein Bett, und darauf saß, mit dem Rücken gegen die Wand gelehnt ... Martha! Sie hatte die Beine angezogen und vergrub ihr Gesicht zwischen den Knien. Erst nach einiger Zeit blickte sie mit großen, verängstigten Augen zur Tür. Jost trat zur Seite, und Anna lief zu ihrer Tochter.

Was sie sagte, schien Martha erst gar nicht zu begreifen. Jost fürchtete schon, das Mädchen habe den Verstand verloren. Sie schreckte zurück, presste den Rücken gegen die Wand und hob ihre Hände abwehrend vors Gesicht. Es sah so aus, als ob sie ihre Mutter nicht erkannte. Anna setzte sich zu Martha und redete beruhigend auf sie ein, bis die Kleine endlich zu weinen begann und ihr um den Hals fiel.

Anna streichelte Marthas Haar. »Tut dir etwas weh?«

Das Mädchen schüttelte den Kopf. Nach und nach erzählte sie, die Männer hätten ihr Angst gemacht, sie aber sonst gut behandelt.

Anna schaute zu Jost, der noch immer etwas unbeholfen im Türrahmen stand, mit seiner linken Hand gegen den Pfosten gestützt. »Du hast Wort gehalten«, sagte sie. »Das vergesse ich dir nie.«

Jost fand eine zweite Kerze, zündete sie an und verließ den Raum, um die beiden eine Weile allein zu lassen. Er ging ins Erdgeschoss zurück und untersuchte die Leiche am Boden. Kleidung und Hände ließen vermuten, dass es sich um den Büchsenmacher handelte, dem wohl das ganze Haus gehörte. Jost durchsuchte die Werkstatt und fand in einer Truhe ein Geschäftsbuch, aus dem hervorging, dass der Büchsenmacher fast ausschließlich für Bischof Brangenberg – den Jost einmal auf einem Fürstentag gesehen hatte – und dessen Leibwache arbeitete. Hatte der Bischof, der ohne Zweifel zu Luthers Gegnern zählte, etwas mit der Entführung zu tun?

Jost ging wieder nach oben, wo die völlig überdrehte Martha mittlerweile ihre Angst abgelegt hatte und wie ein Wasserfall redete. Jost stellte ihr einige Fragen und erfuhr, dass der Mann, der sich als Pilger ausgegeben hatte, in Wirklichkeit Wulf Kramer hieß.

»Woher weißt du das, Martha?«

»Weil der Büchsenmacher ihn so genannt hat.«

»Weißt du noch mehr über diesen Wulf Kramer?«

»Nein. Oder doch … Er stellt Armbrüste her. Darüber haben sie einmal gesprochen.«

»Das ist sehr wichtig. Was du gerade gesagt hast, kann uns vielleicht helfen, ihn zu finden.«

Jost wandte sich an Anna. »Im Moment gibt es für uns hier

nichts mehr zu tun. Am besten bringen wir Martha nach Hause. Ich schicke dann so bald wie möglich meine Leute her, damit sie das ganze Haus auf den Kopf stellen. Vielleicht entdecken sie noch Spuren, die mir vorhin entgangen sind.«

Jost nahm Martha auf die Arme. Sie schlang ihre Arme um seinen Hals, dann war sie plötzlich eingeschlafen. Er küsste ihre geschlossenen Augenlider und trug sie nach unten.

In Wittenberg steuerten sie ohne Umweg den Cranachhof an. Luthers Abschiedsfeier war längst beendet. Anna öffnete die Tür zu ihrer Kammer, und Jost legte Martha aufs Bett. Sie schlief dort gleich weiter.

Er setzte sich auf die Bettkante und betrachtete schweigend das Gesicht des Kindes, das durch die offene Tür vom Mondlicht beschienen wurde. Wieder empfand er dieses merkwürdige Gefühl von Wärme, wie er es noch nie erlebt hatte.

Da wurde er plötzlich in seinen Gedanken unterbrochen, denn Anna schloss die Tür, und es wurde stockfinster. Ihre Schritte kamen leise näher. Sie setzte sich neben ihn.

Es raschelte. »Was machst du da? – Doch nicht hier! Das Kind …«

»Ach, ich kenne meine Martha. Die schläft jetzt wie ein Murmeltier. Da könnte das ganze Haus einstürzen, sie bekäme es nicht mit.«

»Na ja, ich weiß nicht so recht …«

»Sind Söldner immer so zimperlich?«

»Ich bin nicht zimperlich.«

»Dann küss mich endlich …«

Und so verging die Zeit bis zum nächsten Morgen wie im Flug.

Zweiter Teil

Kapitel 20

Im Mondlicht erkannte Wulf einen Bachlauf, der sich silbern durch Weideland schlängelte und schließlich in ein enges, bewaldetes Tal überging. Stand dort am Waldrand nicht ein Gebäude? Wulf war sich nicht ganz sicher. Er ging darauf zu, blieb manchmal stehen und lauschte, hörte aber keinen Hufschlag. Solange die Nacht währte, würde man ihn nicht entdecken. Aber bald graute der Morgen, und dann würden sie mit Pferden kommen und Hunde auf ihn hetzen, damit rechnete er fest. Er hasste Hunde, seit ein streunender Köter ihn fast zu Tode gebissen hatte – damals war er noch ein Kind gewesen.

Die Flucht aus Wittenberg hatte Wulf völlig unvorbereitet getroffen. Er hatte nicht gewusst, dass man ihn beobachten ließ. Wer mochte wohl dahinterstecken? Als er den Gasthof durch den Hinterausgang verließ, um beim Cranachhof nachzuschauen, wie die Dinge standen, hatte sich der Mann, der auf ihn angesetzt war, durch ein Geräusch verraten. Wulf war nur mit knapper Not entkommen und hatte sich bei dem Scharmützel eine tiefe Wunde am Hals zugezogen. Lebte Luther noch? Wahrscheinlich war sein Plan gescheitert.

Wulf brauchte ein Pferd, so viel stand fest, sonst würde er bald am Galgen baumeln. Mit schweren Beinen näherte er sich dem Eingang zum Tal: Zwischen hohen Bäumen zeichnete sich ein schwarzer Block ab – eine Mühle, wie er erkannte. Hoffentlich ein wohlhabender Müller, der ein Pferd besaß! Wulf trug keine Waffe bei sich, und der Verlust seiner Armbrust schmerzte ihn.

Ein Hund knurrte, der Hof war also bewacht. Wulf blieb stehen. Der Hund knurrte erneut, aber als Wulf ein Pferd wiehern hörte, schlug sein Herz schneller. Nun würde er alles auf eine Karte setzen. Er brach einen Ast von einer Weide, die am Bach stand, griff ins Wasser und bekam einen Stein mit scharfen Kanten zu fassen. Damit spitzte er den Ast an, bis er einem Speer glich. Er musste den Hund lautlos töten und schnell handeln, denn die Zeit drängte!

Wulf erreichte das Mühlrad, das stillstand; linkerhand lag das Wohnhaus, daneben ein weiteres Gebäude, aus dem zuvor das Wiehern gekommen war. Er wusste, dass manche Müller, die weit abseits wohnten, eine Abdeckerei betrieben – hoffentlich handelte es sich um keine Schindmähre! Er näherte sich dem Stall. Wieder bellte der Hund, diesmal kam es von links, vom Wohnhaus her. Hätte in dieser Nacht nicht der Mond geschienen, wäre es ihm schlecht ergangen, aber so sah er etwas auf sich zufliegen: schemenhaft, wie ein Schatten. Wulf fasste seinen Spieß mit beiden Händen und flehte im hintersten Winkel seines Unterbewusstseins die Schwarze Jungfrau an, dass sie ihn erretten möge. Dann stieß er zu. Das Tier jaulte und fiel zu Boden, aber sein Schmerzensgeheul zerriss die Stille der Nacht. Schon drangen Stimmen aus dem Haus. Wulf rannte auf das Stallgebäude zu, schob den Riegel zurück und stieß das Tor weit auf. Der Boden war mit Stroh bedeckt, das in verschiedenen Ecken raschelte, und es roch nach Dung. Offenbar waren hier Tiere untergebracht, die nun aufschreckten.

Plötzlich türmte sich rechts von Wulf ein Ungetüm auf. Er konnte gerade noch rechtzeitig zur Seite treten, sonst hätten ihn die Hufe eines Pferdes getroffen, das an seiner Leine zerrte, mit der es an einen Metallring gebunden war. Wulf redete beruhigend auf das Tier ein, aber er war selbst viel zu aufgeregt. In seiner Verzweiflung löste er den Knoten vom Metallring und fasste das Pferd bei der Mähne. Wie er auf den Rücken des Tieres gelangte, wusste er später selbst nicht. Das Pferd bäumte sich erneut auf, sodass er sich am Hals festklammern musste.

Im Nachbargebäude wurde eine Tür aufgestoßen, Schritte

polterten heran. Das Pferd drehte sich noch zweimal um die eigene Achse, dann gehorchte es Wulf. Er trat ihm in die Flanken, und es preschte aus dem Stall. Eine Heugabel flog durch die Luft, verfehlte jedoch ihr Ziel. Ohne dass Wulf das Pferd dorthin gelenkt hätte, galoppierte es am Bach entlang, folgte einem Weg, der breit genug war für einen Karren. Über die Flüche, die man ihm nachrief, lachte Wulf: Alles würde gut werden, er war jetzt in seinem Element.

Am Tag vermied es Wulf, sich auf der Straße blicken zu lassen. Von Müdigkeit übermannt, verbarg er sich schließlich in einem Wald. Er band das Pferd an einem Baum fest, legte sich ins kühle Laub und schlief wie ein Toter. Später, wieder unterwegs, stahl er in einem abseits gelegenen Bauernhaus, dessen Bewohner auf dem Feld arbeiteten, Heu und verschimmeltes Brot mit steinharter Kruste, das köstlich schmeckte.

Am nächsten Tag erreichte er Eisleben. Er zögerte lange, entschied sich dann aber, in die Stadt zu reiten. Es gelang ihm, Geld und Proviant zu stehlen; außerdem erfuhr er, dass Luther auf dem Weg nach Worms sei. Wulf hatte also richtig vermutet: Sein Plan war misslungen. Luthers Reise erhitzte die Gemüter der Menschen, in den Gassen und vor den Geschäften – überall wurde darüber gestritten.

Wulf verließ die Stadt wieder und rastete in einem alten Steinbruch. Nachdem er seine Seele vor der Schwarzen Jungfrau ausgebreitet hatte, stand für ihn fest: Auch er würde nach Worms reisen. Die Niederlage, die er erlitten hatte, spornte ihn nur zusätzlich an. Es ging längst nicht mehr um Brangenberg. Nein, der Auftrag war zu seiner persönlichen Angelegenheit geworden, denn die Schwarze Jungfrau enthüllte ihm, was er längst ahnte: Luther war der Antichrist ... und seine, Wulfs, Aufgabe bestand darin, ihn zu vernichten! Er blickte verträumt zum Himmel und in das frische Grün erster Blätter, in denen sich Sonnenstrahlen fingen, danach setzte er seinen Weg fort.

Selbst nach Tagen blieb Wulf wachsam und hütete sich vor Verfolgern. Er wurde immer geschickter darin, sich und sein Pferd zu versorgen, ohne Städte zu betreten. Eisenach sah er nur von fern. Als Fulda vor ihm auftauchte, kam ihm eine Idee; er beschloss, sich der Stadt Worms in weitem Bogen zu nähern. Triftige Gründe sprachen dafür; der wichtigste war, dass er die Hilfe eines Menschen brauchte, auf den er sich verlassen konnte. Der kurze und direkte Weg nach Worms hätte ihn in südwestliche Richtung geführt, über Gelnhausen. Wulf aber ritt schnurgerade nach Westen. Er dankte der Jungfrau, dass er in jungen Jahren herumgekommen war und sich in dieser Gegend auskannte.

Auch der Vogelsberg bewegte ihn zu keiner Richtungsänderung. Das dünn besiedelte Gebirge kam ihm sogar recht, obwohl er kaum noch an Verfolger glaubte. Wulf stieg häufig vom Pferd und kletterte über Geröll bergauf. Eichen und Buchen bedeckten die herbe Steinkulisse voller Basaltbrocken und -säulen. Immer wieder überquerte er kleine Flüsse, die das Gebirge durchschnitten, bis er schließlich in flachere Regionen kam. In einsam gelegenen Gehöften wurde er von gastfreundlichen Bewohnern mit Mahlzeiten versorgt, obwohl sie selbst nur das Nötigste zum Leben hatten. Er erzählte dann, er trage kein Geld bei sich, weil man ihn überfallen habe – was ja in gewisser Weise auch stimmte. Endlich erreichte er die Lahn und übernachtete im Schutz eines Weidengebüschs.

Am nächsten Morgen brach Wulf früh auf. Er ritt flussabwärts und erreichte bald darauf die Mündung der Dill. Während er sich der Stadt Wetzlar näherte, wuchs seine Nervosität. Er erkannte die alte Lahnbrücke, die er vor mindestens zwanzig Jahren zuletzt passiert hatte. Im Stadtzentrum fielen ihm Veränderungen auf – es gab Gebäude, die er von früher nicht kannte. Die Michaeliskapelle, die Franziskanerkirche und der Dom sahen aber noch genau so aus, wie er sie in Erinnerung hatte; auf dem Marktplatz standen wie früher Einheimische und unterhielten sich.

Das schmale Fachwerkhaus in der Gasse hinter dem Dom, vor dem Wulf mit seinem Pferd unschlüssig stehen blieb, machte einen ansehnlichen Eindruck. Es hatte ein neues Dach bekommen, besaß Glasfenster und war frisch gestrichen. Hinter der Glasscheibe im ersten Stock bemerkte er das Gesicht eines Kindes. Er winkte und lächelte ihm zu.

Schließlich gab Wulf sich einen Ruck und pochte gegen das Holz. Das Kind öffnete ihm, ein Junge von vielleicht sechs Jahren, aber schon fragte eine Männerstimme im Hintergrund, wer da sei.

»Weiß ich nicht, ein Fremder«, rief der Junge zurück und schaute Wulf fragend an. Er hatte blonde Haare, die ihm fast bis in die blaugrauen Augen fielen.

»Wie heißt du?«, fragte Wulf.

»Jonathan.«

»Ich bin Wulf. Geh zu deinem Vater und sag ihm das.«

Der Junge verschwand. »Wulf? Hast du Wulf gesagt?« Er hörte eilige Schritte, dann stand sein Bruder vor ihm. Sie starrten sich eine Weile ungläubig an, dann fielen sie sich in die Arme. Wulf spürte, dass sein Bruder Walther ihn aufmerksam musterte, und es kam ihm so vor, als stünde er nackt vor ihm. Er kniff die Augen zusammen und blinzelte. Zwei Frauen traten hinzu und ein weiteres Kind.

Walther hatte sich kaum verändert und stellte dem Bruder nun seine Familie vor: Marianne, seine Ehefrau, Hiltraud, die Schwiegermutter, und die Söhne Jonathan und Heinrich. Sie versammelten sich alle in der Küche um einen großen Tisch und erzählten, was seit ihrem letzten Treffen alles geschehen war. Wulf ließ vieles beiseite. »Ich will auf den Reichstag und dort Geschäfte machen, aber man hat mich überfallen und ausgeraubt«, erzählte er.

Sie tauschten Erinnerungen aus. Walthers Familie hörte interessiert zu, denn Wulf erzählte Schwänke, die seinen Bruder in ein günstiges Licht rückten. Die Kinder und die Frauen waren

Wulf sympathisch. In der Familie, so spürte er, ging es harmonisch zu; er freute sich darüber.

Als das Gespräch auf die Eltern, insbesondere auf die Mutter kam, merkte Wulf, dass ihm Tränen in die Augen traten. Er hatte nie einen Menschen so sehr geliebt wie seine Mutter. Nicht einmal Renata und Cornelia, die beiden Frauen, die er liebte, bevor sie ihn betrogen. Damals hatte er zum ersten Mal diese seltsamen Stimmen in seinem Kopf gehört.

»Weißt du noch«, sagte Walther, »wie Mutter mit uns im Mai vor die Tore der Stadt ging (Wulf fuhr sich mit der Hand über die Augen, als sei er müde – natürlich erinnerte er sich!), wie es in allen Farben blühte und wir am Bach entlangliefen. Sie lehrte uns, Kräuter und Pflanzen mit einem Namen zu benennen. Erst wenn die Dinge einen Namen tragen«, Walther blickte seine Söhne an, »messen wir ihnen Bedeutung bei.«

Die wenigen Worte seines Bruders stellten das Bild mit einer solchen Klarheit vor Wulfs inneres Auge wie seit vielen Jahren nicht. Eine Ewigkeit mochte es her sein, dass er sich seiner Mutter so nah gefühlt hatte. Und in diesem Moment schwirrten wieder die Stimmen in seinem Kopf durcheinander, diesmal von verschiedenen Personen. Er hörte gar nicht mehr, was die anderen redeten … diese Stimmen löschten alles um ihn her aus.

Wulf presste die Handinnenflächen gegen die Schläfen, in denen es hämmerte, als müsse sein Schädel gleich in Stücke bersten. Verschwommen und wie aus großer Ferne sah er Walther aufspringen, auch die beiden Frauen eilten zu ihm. Wulf schrie vor Schmerzen; er warf den Kopf hin und her, presste ihn gegen die Tischplatte, barg ihn zwischen den Armen, ohne dass es die Schmerzen linderte; er warf sich auf den Boden und wälzte sich hin und her. Dann versank alles in Dunkelheit.

Wie lange hatte er hier gelegen? Die Schreie von Kindern, die draußen spielten, lärmten in seinem Kopf. Von irgendwoher kam der Geruch von gebratenem Fleisch. Ihm war übel. Wenn er nicht aufpasste, musste er sich gleich übergeben.

Es war längst dunkel, ehe Wulf sich in der Lage fühlte, aufzustehen. Sein Bruder erzählte, was geschehen war – auch ihm schien der Vorfall peinlich zu sein. Es war wohl besser, wenn er sich schnellstens auf den Weg machte. Aber vorher brauchte er Walthers Hilfe, denn deswegen war er schließlich gekommen.

Er wolle weiter nach Worms, erklärte Wulf, aber er brauche neue Kleidung, sonst werde ihm niemand einen Auftrag erteilen.

»Das erledige ich für dich«, versprach ihm Walther, der von Beruf Gewandschneider war und die Honoratioren der Stadt belieferte. Wulf beschrieb ihm, was er sich wünschte.

»Es müsste aber schnell gehen, ich bin schon in Verzug.«

»Morgen nehme ich Maß.«

Kapitel 21

Erfurt, im April 1521

War das alte Gotteshaus dem Ansturm gewachsen? Das Gebälk ächzte und knarrte, ängstlich starrte Jost zur Empore, auf der sich Zuhörer drängten. Und wenn sie nun einstürzte? Josts Blick schweifte durch das Kirchenschiff: Hunderte von Menschen lauschten Luthers Predigt.

»Ich möchte zu euch vom Glauben sprechen«, begann Luther. »Der Glaube vermag alle Dinge im Himmel, auf der Erde, in der Hölle und im Fegefeuer. Der Glaube ist das rechte priesterliche Amt, er macht uns alle, die wir uns hier versammelt haben, ohne Ansehen des Standes und der Bildung – zu Priestern.«

Jost kannte die Predigt, er hatte sie schon einmal in Wittenberg gehört. Die Erfurter hatten Luther triumphal empfangen, und so war es selbst in den kleinsten Dörfern gewesen: Überall liefen die Menschen zusammen, um Luther zu sehen. Manchmal nahm die Verehrung groteske Züge an. Einmal warf sich gar eine Frau vor ihm nieder und berührte mit ihren Lippen den Saum seines Mantels, als sei er ein Wunderheiler oder der neue Messias.

Die Erfurter betrachteten ihn als einen der Ihren, denn hier war er einst ins Kloster eingetreten, in ihrer Stadt hatte er wichtige Jahre verbracht. Professoren und Studenten waren ihm entgegengeritten, man hatte ihm sogar Asyl angeboten, aber Luther hatte abgelehnt. Der Rummel um seine Person beunruhigte ihn, wie er Jost anvertraute.

Wieder wanderte Josts Blick unruhig nach oben zur Empore. Das Gebälk knarrte. Es kann nicht sein, dachte er, doch nicht ausgerechnet jetzt! Andererseits: Die Wirklichkeit hatte noch immer jede Schreckensvision übertroffen. Wenn die Empore einstürzte, würde die Kirche zu einem Massengrab – sie saßen hier wie eingesperrt.

Jost bemerkte, dass er mit seinen Sorgen nicht allein war. Immer mehr Menschen schauten nach oben. So ist unser Leben, dachte er ... Es ist zerbrechlich, von einem Moment auf den anderen können wir alles verlieren. Es ist uns nur nicht so bewusst wie Luther, der weiß, dass die Fahrt nach Worms eine Reise in den Tod sein kann. Nicht umsonst sprach er jeden Abend von Hus. Der Böhme hatte einen Geleitbrief des Kaisers besessen; trotzdem wurde er während des Konstanzer Konzils als Ketzer verurteilt und zusammen mit seinen Schriften verbrannt. Luther aber setzte einen Ruf des Kaisers mit einem Ruf Gottes gleich. Er sei bereit, hatte er noch am Vorabend zu Jost gesagt, sein Blut für das Evangelium zu opfern. Wolle Gott ihn schützen, so sei es ein Leichtes; das zeige das Beispiel der drei Jünglinge im Feuerofen. Wolle Gott ihn nicht schützen, so folge er Christus. Dabei beurteilte Luther die Lage durchaus pessimistisch: Man habe sicher nicht die Absicht, ihn in Worms eines Besseren zu belehren – also werde man wohl Gewalt anwenden.

Wieder schaute Jost nach oben. Nun knackte es nicht mehr im Holz, sondern es klang, als habe jemand mit einem Prügel gegen die Balken geschlagen. Wahrscheinlich hatte die Empore noch nie so viele Menschen getragen. Jost vermutete, dass sie bei normalen Messgottesdiensten leer blieb und nur an den hohen Feiertagen als Ausweichmöglichkeit diente für jene, die unten keinen Platz fanden; aber selbst dann würden die Menschen nicht so dicht gedrängt stehen wie heute.

Luther hatte mittlerweile Mühe, sich verständlich zu machen, denn die Unruhe unter den Zuhörern wuchs. »Christus ist der direkte Weg zu Gott. Er hat sich für uns geopfert, opfern wir uns mit ihm für Gott!«

Die Bedrohung konnte Luther nicht entgehen, er stand direkt unter der Empore, aber er sprach einfach weiter. Das erinnerte Jost an Ostern. Auch in Wittenberg war die Kirche brechend voll gewesen, weil jeder wusste, was Luther bevorstand, denn der Herold des Kaisers befand sich unter seinen Zuhörern. Die Wittenberger hatten darauf gewartet, dass Luther in seiner Predigt auf den Ruf nach Worms einging, aber stattdessen sprach er von der Auferstehung und der Überwindung des Todes. Nur wer genau hinhörte, entdeckte Anspielungen, die sich auf seine Situation bezogen.

Kannte er keine Angst? Jost war Soldat. *Er* kannte Angst. Er wusste, was es hieß, dem Tod ins Gesicht zu schauen. Dann hatte *jeder* Angst, aber manchen gelang es, sich nichts anmerken zu lassen, und das traf seiner Meinung nach auf Luther zu. Er wirkte stark und gefasst, seit Wochen meisterte er den Druck, der auf ihm lastete. Jost hatte während der Feldzüge in Italien ähnliche Situationen erlebt; wenn es auf Leben und Tod ging, wuchs mancher über sich hinaus, aber irgendwann kam der Tag, an dem man dafür Tribut zollte. Wenn alles vorüber war, kam die Angst zurück, schlich sich herein wie ein Dieb und raubte Schlaf und Ruhe. Vielleicht, überlegte Jost, musste man Soldat sein, um zu begreifen, was Luther durchmachte; auch wenn er nicht mit der Hellebarde und dem Schwert kämpfte – denn seine Waffe war das Wort.

Ein erneuter Schlag im Holz, wie bei einem Gewitter! Ein Mann sprang auf und schrie um Hilfe. Seine Frau fasste ihn beim Arm, konnte ihn aber nicht zurückhalten, er riss sich los und stürzte zum nahegelegenen Fenster. Dies konnte der Funke sein, der auf andere übersprang und dann alle mitriss. Aber Jost saß zu weit entfernt, um den Mann aufzuhalten. Neben ihm saßen kleine Kinder und alte Leute. Wenn die Masse in Panik geriet, würde man sie niedertrampeln.

Das Beispiel des Mannes fand sofort Nachahmer. Weitere Menschen zwängten sich durch die Fenster und sprangen in den Kirchhof. Erst in diesem Moment reagierte Luther auf den Tumult: Sie sollten sich nicht fürchten, sagte er und breitete die Arme aus, woraufhin einige stehen blieben und zu ihm hinüberschauten; das sei der Teufel, der ihn abhalten wolle, das Evangelium zu predigen. Es wurde wieder ruhiger.

Zögernd folgten die Menschen Luthers Aufforderung, sich zu setzen. Auch Jost nahm wieder auf der harten Holzbank Platz und atmete durch. Als Söldner kannte er die Magie, die eine starke, zum Führen geborene Persönlichkeit auf die Masse ausüben konnte. Durch sein entschiedenes Auftreten, seine Rhetorik, seine Gestik hatte Luther gerade eine Katastrophe verhindert. Er besaß die Fähigkeit, andere in seinen Bann zu ziehen. Wenn er will, dachte Jost, kann er das ganze Volk auf seine Seite bringen, und kein Fürst, kein Kaiser wird ihn aufhalten.

Luther brachte seine Predigt mit wenigen Sätzen zum Abschluss und forderte nun alle auf, ruhig und geordnet hinauszugehen. Die Menschen gehorchten ihm, diszipliniert erhoben sie sich von ihren Sitzen und traten vor die Tür in einen milden Aprilabend.

Viele Erfurter begleiteten Luthers Wagen bis vor die Tore der Stadt, als der Trupp am nächsten Morgen wieder aufbrach. Der

Reichsherold, im Wappenrock mit Fahne, ritt ein Stück voraus. Er sympathisierte mit Luther, hatte ihn sogar mehrfach gewarnt, auch wenn sein Amt eigentlich verlangte, dass er die Interessen des Kaisers vertrat. Jost, sein Stellvertreter Helmut und die anderen Söldner hielten mit ihren Pferden Abstand zur kleinen Reisegruppe. Sie sollten unauffällig bleiben, hatte der Kurfürst verlangt, als er Jost beauftragte, Luther nach Worms zu begleiten. Der Reiseweg führte über die westlich gelegenen Städte Gotha und Eisenach. Auch dort drängte man Luther, in der Kirche zu predigen.

Mitte April, etwa zwei Wochen später, trafen Luther und seine Begleiter in Frankfurt ein, wo sie in einem Gasthof am Kornmarkt abstiegen; von hier war es nicht mehr weit bis Worms. Der Herold – indem er seine offiziellen Pflichten nun endgültig über Bord warf – forderte Luther auf, Vernunft anzunehmen und umzukehren, ehe es zu spät sei. Luther lehnte dies ab.

Bald erreichten sie den Rhein und machten in Oppenheim Station, wo Luthers Anhänger einen letzten Versuch wagten, ihn umzustimmen. Ein gewisser Martin Butzer redete eindringlich auf ihn ein. Dieser Butzer, so erfuhr Jost, stammte aus dem Elsass und war in jungen Jahren dem Dominikanerorden beigetreten. Er hatte in Heidelberg studiert, galt als Humanist und war ein Anhänger des berühmten Erasmus von Rotterdam. Butzer begeisterte sich für Luthers Lehren und war deshalb in Konflikt mit seinem Orden geraten; vor einem halben Jahr hatte er das Kloster verlassen und war auf die Ebernburg nahe Bad Kreuznach geflüchtet, die dem Ritter Franz von Sickingen gehörte.

Butzer warnte: Wenn Luther erst einmal in Worms angekommen sei, könne ihm keiner mehr helfen. So sehr er auch seinen Stolz und Mut bewundere – aber Luther sei im Begriff, einen ganz entscheidenden Fehler zu begehen. Er schade sich selbst und seiner Sache. Franz von Sickingen lade ihn ein, auf die Ebernburg zu kommen. Luther könne dem Ritter, der ganz auf seiner Seite stehe, keine größere Freude bereiten. »Franz möchte zwischen dir und dem Kaiser vermitteln, ohne dass du dein Leben gefährdest. Du sollst Gelegenheit bekommen, dich auf seiner Burg mit dem Beichtvater des Kaisers zu beraten.«

Jost hoffte auf Luthers Einwilligung. Franz von Sickingen hatte in Söldnerkreisen einen vorzüglichen Ruf; Jost kannte ihn persönlich. Auf der Ebernburg wäre Luther sicher.

»Wenn der Beichtvater des Kaisers etwas mit mir besprechen möchte«, widersprach Luther, »so hat er in Worms dazu Gelegenheit.«

Sie reisten weiter und erreichten Worms am 16. April 1521.

Kapitel 22

Wulf, in Kaufmannskleidern, verkaufte sein Pferd für zehn Gulden. Er überließ Walther einen Teil des Geldes; danach verabschiedete er sich von seinem Bruder und dessen Familie und setzte die Reise auf der Lahn fort. Schiffsleute nahmen ihn gegen Entlohnung an Bord, und er fuhr mit ihnen flussabwärts. So kam er schnell voran und machte Zeit gut, die er durch den Umweg verloren hatte. Im Bauch des Schiffes lagerten graue Steinquader, die man in Köln, dem Endziel der Reise, beim Bau einer Kirche verwenden würde, erzählte der Kapitän. Die Schiffer führten auch Stoffe und Hölzer an Bord und tausend kleine Dinge, mit denen sie Handel trieben. Sie machten in Weilburg Station, in Limburg und in Nassau; in jedem Hafen war der Kapitän bekannt wie ein bunter Hund. Viele Menschen warteten schon auf die Güter, mit denen er sie belieferte.

In Lahnstein verließ Wulf das Schiff, das nun rheinabwärts fuhr, während er die Reise rheinaufwärts fortsetzen musste. Er trieb sich im Ort herum, bis er beim Zoll einen Kapitän fand, dem ein Nebenverdienst recht kam und der bereit war, ihn nach

Worms mitzunehmen. Der Mann hatte ein glatt rasiertes Gesicht und eine lange, schiefe Nase; unter einer Wolljacke wölbte sich sein Bauch wie eine Halbkugel. Er redete gern, und Wulf, der viel Zeit allein verbracht hatte, fand ihn unterhaltsam.

Sie lösten die Taue des Schiffes und legten frühmorgens ab, als sich kaum ein Streifen Helligkeit am Himmel zeigte. Wulf hatte auf dem Schiffsdeck übernachtet, in eine warme Decke gehüllt. Die Nächte waren noch kalt, und seine Nase fühlte sich an wie ein Stück Eis. Außer dem Kapitän, der Hans hieß, befanden sich zwei weitere Schiffer an Bord. Ein vierter Mann sorgte dafür, dass sie gegen die Strömung vorankamen, indem er auf einem steinigen Pfad am Ufer entlang zwei Pferde führte, welche mit Hilfe dicker Seile das Schiff zogen. Zunächst mühten sich die Pferde und sie kamen nur schleppend vom Fleck. Dann aber, schon am Vormittag, erhob sich ein günstiger Wind, über den sich die Schiffsleute freuten; er blies von Norden, von der See her, wie sie sagten, in das enge Rheintal hinein. Sogleich wurde ein Segel aufgespannt, um den Rückenwind zu nutzen.

Das Schiff hatte Tuche und Stoffe aus Brabant geladen, größtenteils in Ballen verpackt, von allerbester Qualität, wie der Kapitän versicherte. Er sei zuversichtlich, seine gesamte Ware auf dem Reichstag abzusetzen. Zum Teil gebe es bereits Vorbestellungen, den Rest werde er so unter die Leute bringen. »Wo sich Fürsten und Bischöfe versammeln«, sagte Hans, »findet man immer Liebhaber feiner Stoffe.«

Wulf sagte, er hoffe ebenfalls auf gute Geschäfte; er führe zwar keine Ware bei sich, nehme aber Aufträge für Armbrüste entgegen, deren Herstellung sein Beruf sei. Der Kapitän zeigte sich interessiert, und während sich ein langes Gespräch über Waffen entspann, kamen sie an Braubach vorbei. Auf der Spitze eines bewaldeten Hügels oberhalb des Ortes, von Bäumen umringt, lag die Marksburg, ein wehrhafter Bau mit zweigeschossigem Saalbau über der Mauer und einem hoch aufragenden Bergfried.

»Dieser Wind!«, sagte der Kapitän und wandte seinen Kopf nach hinten, sodass seine langen, schwarzen Haare flatterten. »So etwas habe ich selten erlebt. Bald können wir auf die Pferde verzichten.«

Schon auf der Lahn hatte Wulf begonnen, sich für seine neue Umgebung zu interessieren und sie genau zu beobachten. Das Schiff, auf dem er nun fuhr, war in einem besseren Zustand als das vorherige. Es hatte nicht den Charakter eines fahrenden Trödelladens, und auch die Ware war wertvoller. Den Rhein kannte Wulf von früher, er liebte das enge Flusstal und fand die Landschaft, die sanften, mit Eichen und Buchen bestandenen Hügel zu beiden Seiten, einfach großartig. War die Nacht noch sternenklar gewesen, so trieb nun der Wind viele Wolken vor sich her, in denen sich Sonnenlicht brach und manchmal wie ein Strahlenkranz aufleuchtete.

»Wir wollen heute noch die Loreley erreichen, dort gibt es eine Zollstation und einen Gasthof; beide betreibt seit dem Tod ihres Mannes die dicke Johanna – eine gute, alte Freundin.« Hans lächelte vielsagend. »Dort wollen wir übernachten und morgen dann in aller Frühe aufbrechen.«

»Mir soll's recht sein«, sagte Wulf. »Je schneller wir vorankommen, desto besser.«

»Dafür wird allein schon jener Geist dort oben sorgen, der so kräftig die Backen aufbläst«, sagte der Kapitän mit einem Blick zum Himmel.

Sie hatten sich in Lahnstein mit Proviant eingedeckt. Wulf aß ein paar Scheiben Brot mit Käse und trank von einem seltsam sauer schmeckenden Apfelwein, den ihm der Kapitän aufdrängte, woraufhin es verdächtig in seinem Magen zu rumoren begann. Der Himmel hatte sich mittlerweile fast ganz mit Wolken bezogen, und der Wind blies noch kräftiger.

»Holt das Segel ein!«, rief Hans seinen Leuten zu. »Es zieht uns ins tiefere Gewässer, sonst landen uns noch die Pferde im Wasser.« Er schüttelte den Kopf. »So ein verrücktes Wetter!«

Die Wolken, vorher weiß, hatten die Farbe gewechselt in ein helles, manchmal dunkleres Grau. Etwa auf der Höhe von Boppard bemerkte Wulf Anzeichen von Unruhe bei den Schiffsleuten, auch die Pferde zeigten eine gewisse Reizbarkeit. Ab und an kam ihnen ein Schiff, das stromabwärts fuhr, entgegen, manche tief im Wasser liegend, andere ohne Ladung in der Mitte des Flusses unterwegs. Ein ganzes Stück voraus fuhr ebenfalls ein von Pferden gezogenes Schiff, ein weiteres folgte hinter ihnen. Wulf staunte, wie häufig sie an Zollstationen Halt machen und Wegesteuer entrichten mussten. Jeder Lokalfürst, jede freie Stadt wollte von der bedeutendsten Wasserstraße im Reich profitieren.

»Wenn das so weitergeht, erreichen wir lange vor Einbruch der Dunkelheit die Loreley«, sagte Kapitän Hans, der es sich im Heck bequem gemacht hatte und den Wolken zuschaute. Dann aber, schon am Nachmittag, wehte der Wind noch heftiger und das Schiff schaukelte auf den Wellen.

Wulf wurde übel, er wollte sich aber keine Blöße geben und bot alle Willenskraft auf, um sich nicht übergeben zu müssen. Zum Glück waren die anderen damit beschäftigt, ihr Gefährt in Ufernähe auf Kurs zu halten – so verging die Zeit, und es gelang Wulf, seinen Zustand einigermaßen stabil zu halten. Sie waren kurz vor der Loreley, bald hatte er es überstanden. Wenn er so aussah, wie er sich fühlte, musste sein Gesicht ganz grün oder gelb sein.

Wulf schaute nach oben – und erstarrte. Der Himmel hatte schon vorher erneut sein Aussehen verändert, sodass die geschlossene Wolkendecke aus einem Gemisch dunkelgrauer und dunkelblauer Farbtöne bestand. Man musste damit rechnen, dass es bald kräftig regnen würde, aber der Kapitän wollte die Fahrt fortsetzen. »Wir sind nur ein paar Meter vom Ufer entfernt«, sagte er. »Wenn es nötig wird, legen wir an. Aber wir sind fast am Ziel, ich rieche schon das gute Essen, das uns meine Johanna bereiten wird.« Es gab Wulf allerdings zu denken, dass man schon seit einiger Zeit keine anderen Schiffe mehr sah. Als er die Augen zum Himmel hob, bemerkte er über einem der Hügel, dessen Bäume sich mit zartgrünem Laub bedeckten, eine Wolke – oder was immer das sein mochte. Das seltsame Gebilde hatte entfernt die Form einer Feder, war lang gestreckt, mit einer seitlich abbiegenden Spitze und tiefschwarz. So schwarz wie die Hölle, dachte Wulf – und er sollte Recht behalten.

Die Wolke bewegte sich mit atemberaubender Geschwindigkeit. Wulf traute seinen Augen nicht. Was er da sah, war zu unwirklich, nicht einmal in einem Alptraum hätte er sich solche Bilder vorstellen können. Sämtliche Naturgesetze schienen außer Kraft gesetzt. Auf dem Hügel knickten die Stämme der Bäume weg, ganz schnell hintereinander, als seien sie Getreidehalme. In den ersten atemlosen Momenten schien das lautlos zu geschehen, nur der Wind brauste Wulf in den Ohren. Zunächst entstand ein Loch, dann eine Schneise. Wulf konnte kaum bis drei zählen, als auf dem Hügel kein Baum mehr stand. Erst dann erreichte der Lärm das Schiff.

Der Kapitän und seine beiden Helfer fuhren herum, als sie das Donnern der berstenden Stämme hörten; es hallte im Tal wider, um ein mehrfaches Echo verstärkt. Schlagartig wurde es Nacht. Der ganze Himmel war pechschwarz. Wulf spürte, wie ihm ein Schauer über den Rücken lief. Er begriff, was wirkliche Todesangst von normaler, alltäglicher Angst unterschied. So sah der Weltuntergang aus, das war die Apokalypse!

Alles ging viel zu schnell, um Details wahrzunehmen. Plötzlich kochte das Wasser, es brodelte und schäumte in die Höhe wie bei einem Topf, der überläuft. Dann packte ein Wirbel das Schiff, riss es nach oben und die über Seile mit ihm verbundenen Pferde ebenfalls. Das Schiff hob sich über das Wasser und schien für einige Augenblicke zu fliegen. Die kräftigen, schweren Pferde wirkten wie kleine Tonfiguren, mit denen Kinder spielen – jegliche Schwerkraft schien außer Kraft gesetzt. Wulfs Schreie, die seiner Begleiter, die Agonie der Tiere, das Krachen und Bersten der Holzteile, das Heulen des Sturms – alles floss zusammen in diesem Höllenspektakel. Wulf ahnte, dass gleich alles vorbei sein würde, dass er in einen Abgrund fiel, aus dem es kein Zurück gab.

Aber noch war es nicht so weit, das Schiff schlug wieder auf dem Wasser auf, sein Bug neigte sich fast senkrecht nach unten. Wulf war, ohne zu wissen wie, in der Mitte des Schiffes gelandet. Seine Rippen fühlten sich an, als habe man ihm mit dem Hammer dagegengeschlagen. Er war gegen ein Holzteil gerammt: Es war der Mast, der seine Spitze nicht zum Himmel, sondern auf das Wasser richtete. Wulf umklammerte ihn mit beiden Armen. Etwas flog an ihm vorbei in den Abgrund: Kapitän Hans.

Als Wulf glaubte, das Schiff versinke im Wasser, riss es eine Welle – höher als der Turm einer Kathedrale – wieder nach oben. Das Schiff bäumte sich auf wie ein Pferd. Auch die beiden Kameraden des Kapitäns waren verschwunden. Wulf schaute sich verzweifelt um. Die im Schiffsbauch gelagerte Ware hatte sich aus ihrer Befestigung befreit und schoss über das Deck. Einer der schweren Stoffballen schlug Wulf gegen das Bein, aber er spürte keinen Schmerz mehr, auch nicht in den Rippen. Er nahm seinen Körper nicht mehr wahr, während er um sein Leben kämpfte.

Plötzlich erreichte der Bug den Wellenberg. Nachdem zuvor alles schwarz ausgesehen hatte, verwandelte sich nun die Welt in weißgrauen Schaum, dessen Zischen Wulf deutlich hörte. Sein Herzschlag stockte, weil das Schiff für einen Moment nach hinten zu kippen, sich zu überschlagen drohte, doch wie durch ein Wunder ritt es über den Wellenkamm und tauchte sofort auf der anderen Seite senkrecht nach unten. Stunden mochten vergangen sein oder nur wenige Augenblicke. Wulf hatte jegliches Zeitgefühl verloren.

Kaum zwei Hand breit von seinem Kopf entfernt schlug der schwere, völlig zersplitterte Quermast auf die Holzplanken des Decks. Wulf schrie in Todesangst auf. Dann begann das Boot auch noch seitwärts zu kippen, und er schloss die Augen. Schutzsuchend presste er seinen Kopf gegen den Mast. Er würde sich nicht mehr lange halten können. Als er die Augen öffnete, umklammerten seine Arme immer noch das Holz. Eines der Pferde erschien kurz neben der Bordwand: ein wiehernd aufgerissenes Maul mit unglaublich großen Zähnen. Wieder peitschte ihm ein Wasserschwall ins Gesicht. Hatte er das Pferd wirklich gesehen oder es sich nur eingebildet?

Seine Kräfte schwanden. Einer seiner letzten klaren Gedanken war, dass er nicht mehr klar denken konnte. Er sah eine Frau auf sich zukommen. Das Bild ähnelte einer seiner Visionen von der Schwarzen Jungfrau, war allerdings undeutlicher und verschwommener. Er erkannte die Frau aus dem Wittenberger Badehaus, die er sehr begehrt hatte. Dann sah er sie nicht mehr, und auf einmal war sie wieder da, nur wenige Schritte von ihm entfernt. Er spürte den unwiderstehlichen Impuls, den Mast loszulassen, zu ihr zu gehen und sie zu umarmen. Erneut schlug ihm Gischt ins Gesicht. Die Frau war wieder verschwunden. Kam erneut zurück. *Lass los, geh zu ihr!* Sie lächelte ihm aufmunternd zu und öffnete die Hand in einer erwartenden, einladenden Geste. Irgendwo an den Grenzen zum Unbewussten riet ihm eine Stimme, noch zu warten.

In den kurzen Momenten, wenn das Bewusstsein zurückkehrte, wurde ihm klar, in was für einer Gefahr er schwebte. Aber die Dunkelheit und auch die Sehnsucht nach dem Nichts waren so stark, dass er nicht wach blieb. Das ging hin und her, bis wieder etwas gegen sein Bein schlug und er sich fühlte wie jemand, den man aus tiefem Schlaf riss. Es kam ihm wie ein Wunder vor, dass er immer noch am Masten klebte und dass die Wellen das Schiff noch immer nicht verschlungen hatten. Er konnte sich sogar fragen, was da gerade mit ihm geschah. Das war ganz gewiss kein normaler Sturm, so etwas mochte es hier noch nie gegeben haben.

Plötzlich kehrte der Wirbel zurück, dieser seltsame, vom Himmel bis zum Wasser reichende Schlauch. Wulf konnte sich nicht mehr halten, Wassergewalt packte ihn, trug ihn nach oben, gab nach und warf ihn so heftig herab auf etwas Festes, dass es ihm vorkam, als müssten sämtliche Knochen in seinem Leib nun gebrochen sein.

Er war an Land, am Ufer! Doch schon brauste die nächste Welle heran und türmte sich gewaltig hinter ihm auf. Wenn er hier liegen blieb, würden die Wassermassen ihn zurück in den Fluss werfen. Fluss? Der Rhein kam ihm schon lange nicht mehr wie ein Fluss vor, sondern schien endlos, machtvoll und unberechenbar wie das Meer, das er jedoch nur von Erzählungen kannte. Wulf sprang auf und rannte los, fiel aber sofort wieder hin, weil ihm seine Beine nicht gehorchten. Er kroch weiter, da schlug das Wasser über ihm zusammen; in Todesangst streckte er die Arme aus und suchte nach einem Halt. Er bekam etwas zu fassen, und es gelang ihm, sich aufzurichten.

Mit letzter Kraft kroch Wulf eine Böschung hinauf. Er fürchtete, ohnmächtig zu werden. Krampfhaft zwang er sich, die Augen offen zu halten – da sah er in einiger Entfernung ein Gebäude. Das musste die Zollstation sein. Dort musste Johannas Gasthof liegen. Wulf mobilisierte seine letzten Kräfte und ging schwankend auf das Haus zu.

Kapitel 23

Er hatte wenige Schritte zurückgelegt, als er lautes Wiehern hörte. Wulf blieb wie angewurzelt stehen und drehte sich um; eines der beiden Zugpferde, ein Schimmel, kletterte flussabwärts ans Ufer. Der Anblick kam so unerwartet und wirkte so märchenhaft, dass Wulf gebannt zuschaute. Er musste an einen Bänkelsänger denken, der einmal auf einem Markt Szenen aus einer alten Sage vorgetragen hatte. Die Mähne klebte dem Tier am Hals und Wasser troff aus dem Fell. Ein Stück des abgerissenen Seils, das lose baumelte, trug das Pferd noch bei sich. Mühsam kletterte es über Steinbrocken und näherte sich Wulf. Er tätschelte ihm den Hals und fuhr ihm über die Kruppe. Das Pferd schüttelte sich, sodass ihm die Tropfen ins Gesicht spritzten, dann rieb es seine Nüstern an Wulfs Schulter. Er fasste das Seil. Nebeneinander, wie zwei alte Freunde, gingen sie auf den Gasthof zu.

Noch bevor er klopfen konnte, wurde die Tür von innen geöffnet. Sogleich erkannte er die Frau, von der der Kapitän gesprochen hatte: Johanna stand in ihrer ganzen Fülle vor ihm; über ihrer roten Jacke und dem blauen Rock leuchtete eine weiße Schürze. Als sie sah, dass Wulf stolperte und zu fallen drohte, packte sie ihn an der Schulter und stützte ihn. Er klammerte sich mit der linken Hand an ihre Jacke, während er mit der rechten das Seil nicht loslassen wollte.

Sie brachte ihn in den Gastraum und setzte ihn auf einen Schemel; Wulf sackte zur Seite und wäre fast heruntergekippt. Johanna nahm seinen Kopf in beide Hände und betrachtete aufmerksam sein Gesicht. »Du kannst ja kaum noch die Augen offen halten, mein Kleiner«, sagte sie. Etwas an ihr erinnerte ihn an seine Mutter, die allerdings schmal und klein gewesen war. »Du musst das nasse Zeug ausziehen, sonst holst du dir den Tod. Kannst du aufstehen?«

Wulf begriff erst jetzt, dass er an einem Tisch saß. Er stützte sich mit den Handflächen auf die Holzplatte und versuchte sich aufzurichten, knickte aber weg und wäre mit dem Gesicht auf das Holz geschlagen, hätte Johanna ihn nicht abgefangen.

»So geht das nicht«, sagte sie und begann, ihn im Sitzen auszuziehen. Zuerst machte sie seinen Oberkörper frei.

»Schöne neue Sachen trägst du … Du musst einen guten Schneider haben.«

Wulf wollte ihr erklären, von wem die Sachen stammten. Er öffnete die Lippen, aber die Worte formten sich nicht. Sie zog ihm seine Schuhe aus und die Hosen, bis er ganz nackt war, drückte ihn hier und da und fragte, ob er das spüre und ob es wehtue. Dann schüttelte sie den Kopf. »Du hast offenbar mehr Glück gehabt als Verstand. Du hast Prellungen an den Rippen, aber es ist nichts gebrochen. Bleib sitzen! Ich bin gleich wieder da.« Sie kam mit einem großen Tuch zurück und rieb ihn von oben bis unten trocken. Die Kleider hatten kalt und unangenehm am Körper geklebt, erst jetzt, während sie ihn rieb, ihn mit dem rauen Stoff kratzte und seine Haut sich rötete, drang Wärme in seinen Körper. Wulf fühlte sich plötzlich geborgen, es war ein herrliches Gefühl.

Eine Kerze brannte auf dem Tisch und auf der Kommode stand eine Öllampe; sonst war es dunkel. Das Draußen existierte nicht mehr, alle Geräusche hörten sich gedämpft an, der Sturm brauste und heulte nicht länger, er klang nur noch wie ein fernes Echo in den Ohren. Der Geruch von Essen hing verlockend in Johannas Kleidung und Wulfs Magen knurrte, aber selbst der Hunger war machtlos gegen die alles überwältigende Müdigkeit, nun, da er sich in Sicherheit wusste.

Er hörte Johanna noch sagen: »Schlaf, mein Kleiner!« Dann fielen ihm die Augen zu. Als Letztes nahm er wahr, wie sie ihn mit ihren starken Armen unterfasste und hochhob; ganz leicht kam er sich vor. Roch sie nicht wie seine Mutter? Er glaubte sogar einen feuchten Kuss auf der Stirn zu spüren, dann schwand sein Bewusstsein.

Als er wieder erwachte, war es immer noch dunkel. Er lag in einem warmen und weichen Bett; wahrscheinlich das herrlichste Bett aller Zeiten. Er schloss schnell die Augen, um die Köstlichkeit des Augenblicks zu bewahren. So gut hatte er sich seit Jahrzehnten nicht gefühlt, seit er ein kleines Kind gewesen war. Wo befand er sich? Das wusste er im Moment nicht. Aber bei wem, das wusste er, bei der guten Johanna. Von wem stammte die Bezeichnung noch gleich? Richtig, der Kapitän. Nun erinnerte er sich an den Sturm und sein Glück im Unglück, aber was jenseits des Sturms lag, interessierte ihn nicht, weil er spürte, dass es unangenehm war, er verdrängte die Gedanken daran. Ein Gasthof, richtig, davon hatte der Kapitän erzählt, und eine Zollstation.

Wulf schaute sich um, er lag in einer kleinen Kammer; auf einer Kiste bei der Tür brannte eine Öllampe, die ihren Geruch im ganzen Zimmer verbreitete und flackernde Schatten an die Wand warf. Er hörte etwas poltern, Schritte auf einer Treppe offenbar. Lag er im oberen Stock? Johanna öffnete die Tür, sie hielt eine Öllampe in der Hand und stellte sie neben die andere: Nun warfen die Gegenstände und auch Johanna zwei Schatten, die sich teilweise überlagerten.

Sie setzte sich auf das Bett und schuf eine tiefe Kuhle, in die er hineinrutschte, nun war er ganz nah bei ihr; sie fasste mit der Hand nach seiner Stirn: »Schon besser!«

Hatte er Fieber gehabt? Er erinnerte sich nicht. Wulf schob seinen Arm unter der Decke hervor und bemerkte, dass er nackt war. Er fasste sich an den Kopf. Seine Stirn war nicht heiß, aber die Haare an den Schläfen verklebt. Johanna schlug die schweren Decken zur Seite – die angenehme Wärme wich sofort. Sie fasste seine Schenkel, beugte die Beine und beobachtete dabei sein Gesicht. Das rechte Knie tat ihm weh, aber der Schmerz war erträglich. Sie forderte ihn auf, die Bewegungen selbst auszuführen, und er gehorchte. Noch einmal sagte sie: »Du hast mehr Glück gehabt als Verstand!« Schnell zog er die Decken wieder über sich.

»Wie lange habe ich geschlafen?« Es waren seine ersten Worte seit langer Zeit. Die Lippen fühlten sich spröde und vertrocknet an, die Zunge klebte am Gaumen; außerdem hatte er einen ekelhaften Geschmack im Mund, nach Erbrochenem – obwohl er sich auch daran nicht erinnern konnte.

»Die ganze Nacht und den ganzen Tag.«

»Einen *ganzen Tag*?«

»Und geschnarcht, dass die Wände wackeln.«

»Wo ist der Kapitän?«

»Hier ist kein Kapitän, mein Kleiner.«

»Und das Schiff?«

»Was für ein Schiff? Irgendwo tief unten, fürchte ich. Wahrscheinlich hast du als Einziger überlebt.«

»Das Pferd?«

»Ist gut versorgt.« Sie legte wieder ihre Hand auf seine Stirn und nickte zufrieden.

»Ich habe Hunger«, sagte er, »und Durst.«

»Dann steh auf und komm nach unten.«

»Ich brauche etwas zum Anziehen.«

Sie stellte die zwei Öllampen auf den staubigen Boden, öffnete die Kisten und kramte Kleidungsstücke hervor. »Das hier sind Sachen von meinem verstorbenen Mann. Wahrscheinlich passt du zweimal hinein, aber ich habe nichts Besseres – und deine Gewänder sind noch nicht trocken.«

Er stand auf, und seine Knie fühlten sich weich an, als er auf Johanna zuging. »Lass mal sehen!« Als Wulf die grauen Hosen anzog, waren sie oben so weit, dass Johanna laut lachen musste. Er biss die Zähne zusammen, denn er konnte es nicht ausstehen, wenn man sich über ihn lustig machte. Er kramte einen braunen Ledergürtel aus der Kiste und band ihn um die Hose; den Saum musste er dreimal umschlagen, damit der Stoff nicht auf dem Boden schleifte. Das ehemals hellblaue, an manchen Stellen geflickte Leinenhemd reichte ihm bis zu den Knien, und wieder brach Johanna in Gelächter aus. An ihrem tiefen Lachen störte Wulf am meisten, dass es nicht enden wollte, in Stößen kam ihr Hohoho, Hohoho, als werfe die Loreley ihr berühmtes Echo.

»Ist ja gut«, sagte Wulf, schlug die Hemdsärmel mehrfach um und klemmte das Hemd, so gut es ging, unter den Gürtel.

Auch ein paar Schuhe mit dünner Sohle fanden sich, und Wulf und Johanna gingen die Treppe hinunter.

Zum ersten Mal nahm Wulf die Gaststube bewusst wahr. Er zählte drei Tische mit einigen Stühlen dabei, und auf zwei Brettern an der Wand sammelte sich das Geschirr. Neben der Tür stand eine große, offenbar sehr schwere Glocke mit hölzernem Griff. Sie bemerkte seinen Blick.

»Das ist mein Warnungsglöckchen«, sagte sie, »für die Schiffe bei Nebel.« Sie fasste den Griff und schwang die Glocke mühelos hin und her wie ein Weihrauchgefäß, was in dem winzigen Raum einen derart höllischen Lärm auslöste, dass sich Wulf beide Hände gegen die Ohren presste. Zum dritten Mal lachte sie ihn aus.

»Bring mir was zu essen und zu trinken!«, sagte Wulf, der mittlerweile sehr verärgert war, sich aber bemühte, es nicht zu zeigen.

»Setz dich dort hin, mein Kleiner, ich will für dich sorgen.«

Wulf setzte sich auf einen der niedrigen Hocker und reichte mit den Schultern kaum über die Tischplatte, auf der nun die beiden Öllampen standen. Johanna verschwand in der nebenan liegenden Küche, und bald zog Wulf der Duft von Zwiebeln, Speck und Bohnen in die Nase. Er betrachtete die beiden Flammen, die manchmal ruhig und gleichmäßig brannten, dann wieder von irgendwo einen Luftzug auffingen, sodass sie sich wanden und bogen, quälten und flatterten. Während er sie betrachtete, kam die Erinnerung an jene Dinge zurück, die vor dem Sturm lagen.

»Läuft dir schon das Wasser im Mund zusammen?«, rief Johanna aus der Küche.

»Ich habe auch Durst.«

Johanna kam und stellte einen Krug und einen Becher auf den Tisch. »Das wird dich stärken.«

Wulf war froh, dass sie nicht schon wieder *mein Kleiner* sagte. Vielleicht, überlegte er, hat mich das im Sturm gerettet: Besäße ich einen schweren Körper, wäre ich jetzt tot. Endlich kam Johanna mit dem Essen, sie trug mit beiden Händen eine schwere Pfanne und stellte sie vor Wulf auf den Tisch; daneben legte sie einen groben Holzlöffel. Wulf füllte den Löffel mit Speck, Bohnen und Getreidekörnern und verbrannte sich den Mund, weil er so gierig war; danach ging er vorsichtiger zu Werke. Er spürte Johannas Blicke, während er schweigend aus der Pfanne aß, bis nichts übrig blieb.

»So gut hat mir ein Essen noch nie geschmeckt.«

»Das Rezept stammt von meinem Mann. Der war früher Landsknecht, und das aßen sie auf langen Märschen, denn es ist einfach zu kochen und hält lange vor.«

»Sag mal, dieses Unwetter – das war doch kein normaler Sturm!«, erkundigte sich Wulf.

»Als ich die schwarzen Wolken heranfliegen sah, flüchtete ich ins Haus und verriegelte alle Türen und Fenster.«

»Kamen heute Schiffe?«

»Nein, denen steckt noch die Angst in den Knochen.«

Wulf erzählte ihr von Kapitän Hans. »Er ist tot«, sagte er.

»O mein Gott!!!« Johanna starrte ins Leere und schlug beide Hände vors Gesicht; daraufhin stand Wulf auf, ging um den Tisch herum und legte ihr eine Hand auf die Schulter, mit der anderen fuhr er über ihr graues, hinten zu einem Knoten zusammengebundenes Haar, das sich straff und zart anfühlte. Nun schob sie die Hände zur Seite und schaute zu ihm auf; im Kerzenlicht glänzten ihre Augen feucht. Er beugte sich zu ihr und küsste sie auf die Wange.

Wulf dachte an sein Leben vor dem Sturm, an das Ziel seiner Reise. In diesem Moment verspürte er überhaupt keine Lust, den Faden wieder aufzunehmen. Warum blieb er nicht hier? Vielleicht würde sie ihn bei sich aufnehmen. Er hatte den Eindruck, dass er ihr gefiel. Gleichzeitig wusste er, dass er zu einem solchen Leben nicht taugte und dass er bald wieder aufbrechen und seine Reise fortsetzen würde. Er hatte eine Aufgabe zu erledigen – unwiderstehlich zog es ihn nach Worms.

Dritter Teil

Kapitel 24

Worms, im April 1521

Die Menschen in den Gassen von Worms sprachen nur von Luther, man kannte kein anderes Thema. Irgendwann schallten Trompetenstöße vom Turm des Doms herunter. Die Nachricht, dass Luthers Wagen sich der Stadt näherte, verbreitete sich wie ein Lauffeuer.

Jost stand nahe beim Tor. Hier drängten sich die Menschen so dicht, dass er selbst mit fünfzig Helfern nicht für Luthers Sicherheit hätte sorgen können. Er musste daran denken, dass Luther bereits in Erfurt gesagt hatte, es gebe keine Sicherheit außer bei Gott. In der gegenwärtigen Lage konnte man wirklich nur noch hoffen und beten. Jost wies Helmut an, sich mit fünf Männern in das Menschengewühl vor dem Tor zu mischen, während er selbst mit dem Rest der Truppe hinter dem Tor blieb. Jost stieg auf die Stadtmauer, weil er glaubte, von dort aus die Situation am besten zu überschauen.

Eine Wormser Delegation ritt Luther entgegen. Söldner, die Franz von Sickingen zum Geleit geschickt hatte, begleiteten Luthers Wagen. Jost schaute sich um, die Menschen vor und hinter der Stadtmauer jubelten Luther zu und riefen seinen Namen, als sei er ein germanischer Held. Es mochten Hunderte sein, die ihn beim Tor erwarteten. Jost schaute zurück ins Stadtinnere; Schaulustige kletterten auf Dächer; man hörte Geschrei, das Schmettern von Trompeten, das Trampeln von Schritten – es erinnerte ihn an die Geschichte vom Einzug Jesu in Jerusalem.

Er durfte sich von der Begeisterung nicht blenden lassen; neben ihm standen zwei seiner Männer, Georg, der seit zwei

Jahren zu seiner Truppe gehörte, und Hermann, ein entfernter Verwandter von Helmut. »Achtet besonders auf Bewaffnete und behaltet die umliegenden Häuser im Auge!«, befahl er.

Jost spürte die Nähe einer Gefahr, die er nicht orten konnte. Intuitiv dachte er an einen Einzelnen, der in der Masse aufging und von ihr unsichtbar gemacht wurde. »Gebt mir sofort Bescheid, wenn euch etwas auffällt.«

Luther und seine Begleiter erreichten das Stadttor. Der anschließende Zug durch die engen Gassen von Worms entwickelte sich für Jost zum Alptraum. Luther winkte in die Menge, aber fröhlich wirkte er nicht. Vor Kaiser und Reich erscheinen! Luther stammte aus einfachen Verhältnissen, er war der Sohn eines Bergmannes. Wie sollte er sich auf einem Terrain bewegen, das er nicht kannte? Josts Mut sank, während er darüber nachdachte.

Dann sah er die Spanier, die sich aber im Hintergrund hielten. Sie trugen Helm und Rüstung und waren mit Schwertern und Hellebarden bewaffnet. Hatte der Kaiser sie damit beauftragt, die Ankunft Luthers zu überwachen? Fürchtete Karl das aufgebrachte Volk, war er besorgt um seine persönliche Sicherheit und die der Stadt? Dass mit den Spaniern nicht zu spaßen war, hatte Jost in Italien am eigenen Leib erfahren.

Luther würde im Johanniterhof unterkommen, aber der Weg dorthin war noch weit und führte am Dom vorbei. Jost war nie zuvor in Worms gewesen, und die Kathedrale zählte zu den schönsten, die er je gesehen hatte; besonders das Portal mit zahlreichen Figuren stach ins Auge, obwohl er nur einen flüchtigen Blick darauf werfen konnte.

Der Zug stockte, und Luthers Wagen kam zum Stehen. Es gab kein Vor und kein Zurück mehr, Männer und Frauen jeden Alters streckten die Hände nach Luther aus, eine Wormserin kletterte sogar auf den Wagen und fiel ihm um den Hals. Endlich setzte sich der Zug wieder in Bewegung. Die Stadtväter bahnten Luther einen Weg zum Tor des Johanniterhofes. Bald darauf zog er sich in seine Kammer zurück; der Trubel vor seiner Unterkunft legte sich aber nur allmählich.

Die Stadt war voller Fremder und die Gasthöfe wegen des Reichstags überfüllt. Der Sekretär des sächsischen Kurfürsten hatte für Jost und seine Männer ein ganzes Haus mieten lassen, sodass sich Jost und Helmut wie üblich eine Kammer teilten. Nachdem er Wachen eingeteilt hatte, kehrte Jost dorthin zurück. Es war bereits Nacht und Helmut lag schon im Bett, aber Jost konnte nicht einschlafen. Angesichts der verworrenen Lage fühlte er sich völlig hilflos.

Als er endlich einschlief, irrte er im Traum durch irgendeine Stadt, die er nicht kannte, bis er schließlich vor der gigantischen Fassade einer Kathedrale stand. Er lief durch das Kirchenschiff, aber in dem riesigen Bauwerk war keine Menschenseele, obwohl es noch heller Tag war. Graues Licht fiel schräg durch hohe Fenster. Er fühlte sich unbehaglich und schaute zum Gewölbe hoch, als suche er etwas, wusste aber nicht, was. Hinter einem Seitenaltar lag etwas Dunkles. Er hob es auf und hielt ein langes, schwarzes Kleid in Händen. Was für eine unheimliche Bewandtnis hatte es mit der Frau, die es getragen hatte? Er bekam eine Gänsehaut.

Ein Schatten fiel auf den Gang, er kam aus einem Erker; dort, mitten in einem Rechteck aus grauem Licht, zeichneten sich schemenhaft die Umrisse von Locken ab und ein Rock, wie ihn kleine Mädchen tragen. Erleichtert ging er darauf zu und schaute in den Erker; dort stand im Dunkeln das Kind. Er breitete die Arme aus und trat näher, aber es war kein Mädchen, sondern ein sehr klein gewachsener Mann, der ein Messer in der Hand hielt. Die Klinge war auf Jost gerichtet …

Jost erwachte früh und dachte einmal mehr über den Mann nach, der Martha entführt hatte. Er versuchte aus dem, was Anna, Hanna, Cranach und die Wirtin ihm erzählt hatten, ein Bild zu gewinnen, aber es wollte ihm nicht gelingen. Vielmehr schienen sich ihre Aussagen zu widersprechen. Weshalb wollte der falsche Pilger Luther töten? War der Mann ein Einzelgänger, ein streng religiöser Mensch, der an Luthers revolutionären Lehren Anstoß nahm? Oder handelte er im Auftrag von Bischof Brangenberg, wofür es ja Hinweise gab? Cranach hatte fast wohlwollend über Wulf Kramer gesprochen, beschrieb ihn als gebildeten Mann und Kunstliebhaber; er habe mit ihm längere Gespräche geführt, das sei ein kluger Kopf, besonders Kramers Frömmigkeit habe ihn beeindruckt. Diese müsse echt und aufrichtig sein, denn er stehe auf vertrautem Fuß mit den Erzählungen der Bibel, habe wiederholt aus der Heiligen Schrift zitiert, einen Psalm sogar auswendig vorgetragen, das sei keine Schauspielerei gewesen; auch verehre Kramer die Heiligen.

Ein ganz anderes Bild ergab sich aus Hannas Schilderungen, die sich selten täuschte, wenn es um den Charakter ihrer Kunden ging. Er habe nichts Außergewöhnliches verlangt, nein, daran liege es nicht, ihr Unbehagen habe mit seiner Ausstrahlung zu tun. »Von ihm ging etwas Bedrohliches aus: eine Aura des Todes!« Früher schon hatte sie Kramer als geistig krank bezeichnet. Das passte so gar nicht zu Cranachs Wahrnehmung und zu dem, was die Wirtin über ihren Gast berichtet hatte. Jost fragte sich, wie derselbe Mensch so gegensätzliche Eindrücke hinterlassen konnte. Wulf Kramer zeigte kein Gesicht, weil er es ständig wechselte.

Und plötzlich erinnerte sich Jost wieder an seinen Traum …

Kapitel 25

Wulf fühlte sich beobachtet, obwohl es Nacht war. Aber die Schwarze Jungfrau würde ihn schützen, schon mehr als einmal hatte sie ihn aus höchster Not befreit. Ihn und die Jungfrau verband ein Geheimnis, das so süß, kostbar und herrlich war, dass er es verschlossen in seinem Herzen trug. Sie hatte ihn in jener Nacht in Wittenberg gerettet und später in dem Sturm.

Nun war er endlich in Worms angekommen – und musste doppelt aufmerksam und vorsichtig sein. Er bat die Schwarze Jungfrau um ihren Beistand; schwarz nannte er sie wegen der Kleider, die sie trug. Ihren Namen kannte er nicht, er wusste nur, dass sie nicht Maria war … auch ihr Gesicht hatte er nie gesehen, höchstens einmal blitzartig und schemenhaft; es wäre Sünde gewesen, ihr Gesicht zu kennen.

Wulf wusste, dass die Gegenseite gewarnt war, man würde Ausschau halten nach einem ungewöhnlich kleinen Mann, also durfte er sich so wenig wie möglich in der Öffentlichkeit zeigen. Andererseits waren die Gassen voller Menschen während des Reichstages, sogar nachts: Spielleute und Schausteller waren unterwegs, Bären, Akrobaten, Feuerschlucker, Riesen und Zwerge. Da fiel man nicht so leicht auf. Um sich der Öffentlichkeit zu entziehen, brauchte er dringend ein Quartier, zumindest ein vorläufiges. Während er suchend umherlief, verfolgte er die Gespräche der Menschen aufmerksam und erfuhr, dass man bald den größenwahnsinnigen Mönch im bischöflichen Palais verhören würde; viele erwarteten seine Hinrichtung. Aber er würde ihnen zuvorkommen, denn er handelte in göttlichem Auftrag.

Mit dem großen Reisesack über der Schulter, den er bei Johannas Sachen gefunden hatte, schlenderte Wulf am bischöflichen Palais vorbei und fasste die gegenüberliegenden Häuser scharf ins Auge; die meisten hatten zwei Stockwerke. Während er die Fassaden und die Fenster betrachtete, keimte in seinem Geist eine Idee; plötzlich ahnte er, wie sich die Dinge entwickeln könnten.

Ihm fiel eines der Häuser auf, das die Nachbargebäude überragte, es wirkte wie ein Fremdkörper und musste einer reichen Familie gehören, die zum Stadtadel zählte. Solche Geschlechtertürme kannte Wulf nur aus Erzählungen, es gab sie in Italien, in der Toskana, so hatte er gehört, angeblich auch in Regensburg. Die Lage und die Höhe des Gebäudes waren für Wulfs Zwecke einfach ideal: Der Turm war vollständig aus Stein errichtet, in den unteren beiden Stockwerken wies er jeweils drei Fenster auf, im Stockwerk darüber nur zwei und im vierten und fünften nur eines. Ganz oben befand sich ein metallenes Hebegestell mit einer Rolle; mit Hilfe eines Seils ließen sich schwere Gewichte hinaufziehen. Wulf legte den Kopf in den Nacken, der Turm verwuchs förmlich mit dem Nachthimmel, und auf der Metallstange entdeckte er einen Vogel, der dort übernachtete.

In diesem Moment sah Wulf einen jungen Mann auf die Tür des Gebäudes zugehen, er zog die Brauen zusammen, zögerte kurz, dann eilte er ihm entgegen. Ob er hier wohne, fragte Wulf, woraufhin der Mann ihn von Kopf bis Fuß musterte. Wulf war tadellos gekleidet und vielleicht würdigte er ihn nur deshalb einer Antwort.

»Das Haus gehört meiner Familie.«

Sprach er mit dem Sohn des Besitzers? »Ich bin Kaufmann und habe eine lange Reise hinter mir«, sagte Wulf. »Sämtliche Herbergen sind belegt. Kann ich bei Euch unterkommen? Ich bin todmüde und stelle keine Ansprüche. Das einfachste Lager wird genügen.«

Der junge Mann rieb sich das Kinn. Das könne er nicht entscheiden, sie hätten bereits Gäste im Haus; aber er solle doch mitkommen.

Er öffnete die Tür und winkte Wulf, ihm zu folgen. Im Hausflur brannte eine Öllampe und aus einer angelehnten Tür drangen Lichtschein, Stimmengewirr und der Geruch von gebratenem Fleisch. Wulfs Magen knurrte und zog sich schmerzhaft zusammen, denn er hatte seit Tagen kein vernünftiges Essen bekommen, die letzte warme Mahlzeit mochte eine Woche zurückliegen – ein einfacher Brei im Haus eines Bauern. Neben der Tür bemerkte Wulf eine steile, hohe Treppe.

Sie betraten einen Gastraum, in dem mindestens zwanzig Leute beim Essen saßen und durcheinanderredeten. Wulf konnte den Bratengeruch kaum noch ertragen; wenn er auf die Holzteller schaute, lief ihm das Wasser im Mund zusammen. In diesem Moment hätte er für ein Stück Fleisch alles gegeben. Er zwang sich, den Blick vom Essen zu wenden und betrachtete die versammelte Gesellschaft.

Am Kopf des Tisches saß ein Mann mit grau meliertem Bart, dessen Gesichtszüge denen des jungen Mannes ähnelten: das Familienoberhaupt. Er beugte den Kopf so tief, dass er fast im Teller hing, und aß hingebungsvoll mit beiden Händen, von denen Fett troff. Wulf beobachtete, wie er mit sämtlichen Fingern braune, knusprige Fleischbrocken in den überfüllten Mund schob, während er gleichzeitig ruckartig kaute. Der Patriarch, völlig in seine Tätigkeit versunken, bemerkte weder seinen Sohn, noch würdigte er Wulf eines Blickes. Die zierliche Person nebenan, die ihm mit einem Seitenblick, in dem Ekel mitschwingen mochte, beim Essen zuschaute, war seine Frau, vermutete Wulf. Eine dunkelgrüne, mit Goldfäden durchwirkte Haube bedeckte ihr hochgestecktes Haar. Ihr Teller war fast leer, ohne dass es schien, als habe sie etwas gegessen. Sie sprach kein Wort und Wulf bemerkte, wie ihr Blick ihn durchdrang. Er fühlte sich plötzlich sehr unwohl in seiner Haut und es kam ihm vor, als durchschaue sie seine Verkleidung.

Fünf oder sechs Männer am anderen Ende der Tafel mochten enge Freunde oder Verwandte der Familie sein; zwei waren wie Adlige gekleidet, die anderen nach Art der Kaufleute. Alle sprachen gleichzeitig und fuchtelten stürmisch mit den Händen in der Luft herum. Einer schlug seinem Nachbarn, der ihn am Wams packte, auf die Finger; ein anderer, der ununterbrochen redete, obwohl sein Mund mit Braten und Brot randvollgestopft war, ließ in kunstvollem Bogen Essensbrocken auf die umstehenden Teller rieseln. Ansonsten saßen ein junges Paar am Tisch, ein alter Mann und viele Kinder. Wulf und sein Begleiter blieben neben dem Familienoberhaupt stehen, das aber nicht vom Teller aufschaute.

Seine Frau fasste den Patriarchen beim Arm. »Siegfried!«

Wie aus einem Traum erwacht, hob er den Kopf, zog die Brauen hoch und brummte: »Was ist?«

Sie zeigte auf Wulf. »Andreas hat einen Gast mitgebracht.«

Siegfried starrte Wulf mit offenem Mund an. »Wer ist das?«

»Woher soll ich das wissen?«, gab die Frau zurück. »Bin ich eine Hellseherin?«

»Warum wirst du immer gleich so aufbrausend?«

»Ich? Aufbrausend? Das ist wohl ein Witz!«

»Meine liebe Clothilde, wir sind seit fünfundzwanzig Jahren verheiratet«, sagte Siegfried, »und ich weiß genau, wann du aufbrausend bist.«

»Ach was, du weißt gar nichts.«

Er runzelte die Stirn. »Wie meinst du das?«

»Genau so, wie ich es gesagt habe.«

Er wandte sich an den alten Mann, der das Gespräch mit sichtlicher Genugtuung verfolgte. »Vater, das alles habe ich dir zu verdanken.«

»Nicht vor den Kindern«, mahnte Clothilde.

Siegfried fasste Wulf ins Auge, dann seinen Teller, auf dem der Braten kalt wurde. »Wer seid Ihr und was wollt Ihr?«

»Esst weiter«, sagte Wulf. »Ich bin Kaufmann und habe eine

lange Reise hinter mir. Sämtliche Herbergen sind belegt und ich suche privat ein Quartier. Ein einfaches Lager genügt – und wenn es im Kornspeicher ist. Ich stelle keine Ansprüche und zahle jeden Preis.«

Die letzten Worte machten den Familienvorstand hellhörig, und er legte den Kopf ein wenig zur Seite, um Wulf besser betrachten zu können. Auch der Blick seiner Frau wirkte nun gnädiger.

»Ich würde gerne helfen«, sagte Siegfried, »aber wir haben bereits Gäste im Haus.«

»Der Speicher ist gar keine schlechte Idee«, unterbrach seine Frau. »Wenn er damit zufrieden ist.«

»Meinetwegen. Aber wir können Euch lediglich eine Morgensuppe reichen und einen Schlaftrunk, um die übrigen Mahlzeiten müsst Ihr Euch selbst kümmern. Ein gutes Essen bekommt Ihr zum Beispiel im ‚Schwan' – oder Ihr geht in das Kaufhaus in der Kämmerergasse. Auch für Holz und Licht müsst Ihr selbst sorgen. Seid Ihr zu Pferd gekommen?« Wulf nickte, er hatte es für teures Geld in einem Stall untergebracht. »Einen Stand für das Pferd könnten wir Euch bieten, wenn Ihr Hafer und Stroh selbst kauft. Seid Ihr bereit, zwei Albus pro Nacht zu bezahlen?«

Das war Wucher, aber Wulf ließ sich nichts anmerken. »Selbstverständlich. Für mein Pferd allerdings habe ich schon einen Stall gefunden.«

»Dann sind wir uns einig. – Andreas, zeig ihm den Weg zum Speicher.«

Mit einem letzten Blick auf das Bratenfleisch folgte Wulf dem Sohn des Hauses. Während sie die steile Treppe hinaufkletterten, verfolgte ihn der Duft mit ungebrochener Intensität. Sie erreichten das oberste Stockwerk, wo sich der Kornspeicher befand. Hier könne er sich irgendwo nach Belieben einen Platz suchen, sagte Andreas. Wenn er für sein Pferd Hafer brauche, könne er zum Nachbarn gehen, der verkaufe das Malter für zwölf Albus. Auch Licht, Stroh und Decken gebe es dort sicherlich, allerdings seien die Preise gesalzen. Wulf dankte vielmals, und sein Begleiter verabschiedete sich.

Es war stockfinster hier oben. Wulf tat ein paar Schritte, stolperte und landete in einem Kornhaufen. Vorsichtig erreichte er die Wand, tastete nach dem Fenster und stieß den Holzladen auf. Der Blick von hier oben war überwältigend: Direkt gegenüber lag der Dom mit seinem langen Schiff und verschiedenartig geformten Türmen. Ein Teil der Außenmauern war eingerüstet für Ausbesserungsarbeiten.

Der Dom gehörte zu einem weitläufigen Gebäudekomplex; Wulf hatte sich ein wenig umgeschaut und umgehört und konnte daher die einzelnen Bauteile gut zuordnen, die zum Teil nur als dunkle Schatten zu sehen, teilweise aber auch beleuchtet waren. An den mit der Kathedrale verbundenen Kreuzgang schlossen sich die Stiftsgebäude, Domschule, Domkellerei und Domspeicher an. Dieses Ensemble grenzte an die innere Stadtmauer. Von Wulf aus gesehen links vom Dom befand sich die Pfarrkirche St. Johannes mit einem Friedhof. Die Residenz des Bischofs, der sogenannte Bischofshof, schloss sich an der gegenüberliegenden, rechten Seite an den Dom an.

Der Bischofshof setzte sich aus drei Gebäuden zusammen: der Aula Minor, dem Hoftor und der Aula Major. Besonders Letztere interessierte Wulf, denn er hatte in Erfahrung gebracht, dass Luther im dortigen Festsaal verhört werden sollte. Er schätzte die Entfernung ab: Mit einer Armbrust sollte das kein Problem sein; allerdings musste er sich erst eine besorgen. Im oberen Stockwerk der Aula Major war der prächtige erleuchtete Saal zu sehen.

Während der Reise hatte Wulf in einem einsam gelegenen Kloster Station gemacht, wo er die Bibliothek benutzen durfte; dort ließ er sich die Schedelsche Weltchronik vorlegen und andere Kosmographien. Er wusste, dass der heutige Bischofssitz früher als Kaiserpfalz gedient hatte; dort residierte folglich

Karl V. mit seinem Hof. Da ein Reichstag mehrere Monate dauerte, fanden Sitzungen mit wechselnder Zusammensetzung an verschiedenen Orten statt. Der wichtigste Tagungsort war jedoch der Festsaal der Aula Major. Wie günstig, dass er von hier oben genau daraufblickte!

Den ursprünglichen Plan, Luther unauffällig zu töten, hatte er längst aufgegeben. Selbst wenn die Gelegenheit bestünde, würde er daran keinen Gedanken mehr verschwenden. Brangenberg und dessen Auftrag interessierten ihn nur noch am Rande; er arbeitete längst im Auftrag einer viel höheren Instanz: Die Schwarze Jungfrau persönlich hatte ihm in einem Traum den Weg gewiesen. Er arbeitete gern vor Publikum, so wie damals, als er Brangenbergs Vater richtete. Noch heute lief ihm ein Schauer über den Rücken, wenn er an diesen Moment dachte, den größten in seinem Leben. Er würde Luther in aller Öffentlichkeit töten – das war der Auftrag der Jungfrau! Vor den Augen des Volkes, vor den Augen der Reichsfürsten – vor den Augen des Kaisers!

Kapitel 26

Der päpstliche Legat Aleander hielt beide Arme vor der Brust verschränkt. Fröstelnd ging er im Zimmer auf und ab, wobei er von Zeit zu Zeit einen wütenden Blick auf die viel zu niedrige Holzdecke warf. Es klopfte an der Tür, sein Sekretär betrat die Stube.

»Ihr habt mich rufen lassen?«

Statt einer Antwort hagelte es Flüche. »Weiß der Himmel, was ich verbrochen habe«, polterte Aleander. »Wofür muss ich so schlimm büßen? Welche Schuld habe ich auf mich geladen? Warum hat Gott mich in dieses Barbarenland geschickt?

Schlimmer kann es im Fegefeuer nicht sein ... wenigstens friert man dort nicht.«

»Ein eigenartiges Land«, pflichtete der Sekretär bei. Er war noch sehr jung und hatte einen Buckel.

Aleander blieb stehen und machte eine verächtliche Bewegung mit der Hand. »Schau dich nur um. Bei uns haben die Tiere eine bessere Behausung. Ich weiß nicht, wie man hier leben kann. Das Zimmer ist dunkel, und man wird trübsinnig. Ich neige nicht zur Melancholie, aber noch einen Monat in diesem Loch, und meine Seele nimmt auf ewig Schaden. Das ist eine schwere Prüfung, ich sehne den Tag herbei, wenn wir abreisen.«

Der Sekretär nickte. Was er für ihn tun könne?

»Marcello, ich sage dir, leben kann man nur im Süden«, fuhr Aleander unbeirrt fort, der sich an seiner Wut erwärmte. »Die Sonne, das milde Klima, die Nähe des Meeres. Weißt du, was ich heute gegessen habe zu einem Wucherpreis? Es nannte sich Fisch. Bei uns könntest du dieses Gericht einer Katze vorsetzen: Sie würde naserümpfend davonschleichen – aufs Tiefste beleidigt. Herr im Himmel, schenk mir Geduld! Hab Erbarmen, und lass mich nach Hause kehren! Was ist das für ein Menschenschlag?« Und dann plötzlich, ohne Übergang: »Bitte geh zu Karls Sekretär und besorge mir eine Audienz beim Kaiser; denn ich muss verhindern, dass er den Hurensohn Luther mit Samthandschuhen anfasst.«

»Besteht die Gefahr?«, fragte Marcello.

»Ich weiß es nicht, der Kaiser ist noch so jung, jünger als du. Jeder will ihn beeinflussen, aber er ist streng katholisch erzogen, und deshalb werde ich ihm ins Gewissen reden.«

»Luther ist im Johanniterhof abgestiegen. Habt Ihr seinen Einzug in die Stadt miterlebt?«

»Ein Trauerspiel war das! Eine Schande für den denkenden Teil der Menschheit. Ich bin sicher, sie würden einem Esel nachrennen, wenn man ihnen versichert, das sei Luther. Die Begeisterung, die dieser kranke Mönch im Volk auslöst, ist mir ein völliges Rätsel.«

»Glaubt Ihr, wir bekommen ihn auf den Scheiterhaufen, Exzellenz?«

»Das will ich hoffen, mein Guter. Wenn es noch so etwas wie Gerechtigkeit gibt auf der Welt, kann er nur dort enden. Aber wir leben in schlimmen Zeiten und ich kann für nichts garantieren. Die goldene Ära ist lange vorbei. Früher hätte ein Wink vom Heiligen Vater genügt, um diesen Burschen zu rösten – ohne Verfahren. Aber in Worms haben sich Babylon sowie Sodom und Gomorrha an einem Ort versammelt, und wir wollen es mit List versuchen. Gelingt es mir, den Kaiser auf unsere Seite zu ziehen, wird dem Mönchlein das Lachen vergehen.«

»Ich habe gehört, der Kaiser müsse politische Rücksichten nehmen.«

»Das ist richtig, Marcello, da ist vor allem der Kurfürst von Sachsen, von dessen Stimme er bei der Kaiserwahl abhing. Der spielt in der ganzen Sache eine fragwürdige Rolle. Was will er? Den Professor seiner Universität beschützen – sein Landeskind also? Dazu bekennt er sich nicht offen. Alles an ihm wirkt unentschieden. Bis vor kurzem pflegte er gute Kontakte nach Rom, und wir unterstützten ihn beim Sammeln von Privilegien und Reliquien. Meiner Meinung nach ist er ein Fuchs und gefährlich. – Aber nun mach dich auf den Weg! Wir haben keine Zeit zu verlieren!«

Kapitel 27

Jost stützte die Ellbogen auf einen der groben Balken, die den Turnierplatz säumten, und verfolgte mit halb geschlossenen Lidern das Gedränge von Mensch und Tier. Er hatte viele Ritterturniere erlebt. Wie immer krachten die Lanzen, wenn sie gegen ein gegnerisches Schild prallten. Manchmal barsten sie auch und Splitter flogen durch die Luft und landeten im Schlamm – der Boden war vom anhaltenden Nieselregen durchweicht, von Huftritten zerwühlt. Wie immer schmückten prächtige Decken, auf denen sich bunte Wappen abzeichneten, die Schlachtrösser; wie immer umschlossen dicke Eisenpanzer die Ritter, sodass man sie kaum noch für menschliche Wesen hielt. Und wie immer fragte man sich, wer eigentlich gegen wen kämpfte – ein Laie hätte es kaum zu sagen vermocht. Auf einer Empore, die an das Wormser Tanzhaus grenzte, standen junge Damen von Adel, einige, wie Jost fand, recht ansehnlich (und dann hoben sich seine Augenlider ein wenig), die das Geschehen im eingezäunten Matsch besprachen oder ihrem Liebling Beifall spendeten.

Eine Hand legte sich auf Josts Schulter, und er drehte den Kopf zur Seite.

»Hanna!«

»Nun mach den Mund schon zu!«, sagte sie, sichtlich erfreut, dass es ihr gelungen war, ihn zu überraschen. »Als hättest du mich noch nie gesehen.«

»Wie kommst *du* denn hierher?«

»Genau wie unser Volksheld: auf einem Wagen. In Wittenberg ist nichts los, die Geschäfte laufen schlecht. Also habe ich mit meinen Mädchen beschlossen, einen kleinen Ausflug zu machen. Was verspricht bessere Geschäfte als ein Reichstag? Die Stadt ist voller Männer, die den ganzen Tag in Versammlungen sitzen, dem Geschwätz anderer zuhören oder selbst dummes Zeug reden. Abends sehnen sie sich nach Abwechslung. – Übrigens habe ich noch eine Überraschung für dich. Aber ich verrate sie dir nicht gleich …«

»Worüber sollte ich mich noch wundern?«, fragte Jost und schob sie rasch zur Seite, weil der halbe Schaft einer Lanze über die Absperrung flog.

»Kannst du dich *dafür* noch begeistern?«, fragte Hanna und machte eine Kopfbewegung Richtung Turnierplatz.

Jost breitete die Arme aus. »Hier tummelt sich die männliche Blüte des Kaiserreichs, während die weibliche Buh ruft oder Beifall klatscht … Übrigens ist damit alles über den Zustand unseres Staatswesens gesagt.«

»Früher hattest du nicht diesen Hang zur Philosophie. Aber wo wir gerade dabei sind: Bist du dir im Klaren darüber, dass ihr Söldner die Ritter überflüssig macht? Letztens lag einer bei mir und klagte bitter. Die Zeit der Lanzenstecher und Minnesänger ist ebenso vorbei wie die der Burgfräulein – der Blick auf die Empore täuscht.«

»Mag schon sein, Hanna. Was wir durch Masse erreichen, können die Gepanzerten nicht durch antiquierte Methoden ersetzen. Was nützt dir ein teures Kettenhemd, wenn eine Kanonenkugel auf dich zufliegt. – Aber da sind ja Susanna und Hildegard!«, rief Jost. »Und dort kommt auch noch Delila.« Die Mädchen liefen auf Jost zu und umarmten ihn. »Schön, euch zu sehen! Was für eine Freude! Ich lade euch alle zu einem Bier ein.«

Ob er immer noch Kindermädchen spiele, fragte Hildegard.

»Ja, leider«, erwiderte Jost. »Und wie das so ist: Man wird nicht gern gesehen vom Schutzbefohlenen, er fühlt sich eingeengt und lässt es dich spüren.«

Sie erreichten eine Bude in der Nähe des Turnierplatzes,

wo Bier ausgeschenkt wurde. Jost holte fünf Krüge, und sie standen beisammen, während die Männer in der Nähe sich die Hälse verdrehten. Das Turnier, die stolzen Pferde, die bunten Wappen und die kampflustigen Ritter büßten schlagartig ihre Anziehungskraft ein.

»Ihr sorgt für Aufsehen«, sagte Jost, während sie anstießen. »Sicher macht ihr das Geschäft eures Lebens.«

»Das ist wohl wahr«, antwortete Susanna und verzog ihren schiefen Mund zu einem bezaubernden Lächeln. »Wenn es nach mir ginge, würde man den ewigen Reichstag ausrufen.«

»Das meiste Geld«, sagte die üppige, rothaarige Delila, »verdient Hildegard – allerdings beim Kartenspiel.«

»Du bist eine Lügnerin!«, rief Hildegard erbost und ging auf Delila los. Sie griff ihr in die Lockenmähne und zog kräftig mit beiden Händen, als müsse sie Unkraut jäten. Dabei verschütteten sie Bier auf Susannas gelbes Kleid, die sich daraufhin an der Rauferei beteiligte. Hanna und Jost brachten sie auseinander.

»Ich kann schon ein paar Brocken spanisch«, sagte Hildegard, um das Thema zu wechseln und warf stolz den Kopf zurück, sodass die kurzen, schwarzen Haare ihr in den Nacken flogen. »Die sind aus einem andern Holz geschnitzt als die Landeier bei uns.«

»Schau, schau, sie scheint Spaß dran zu finden«, neckte Delila. »Vielleicht solltest du auswandern.«

Hanna griff Jost beim Arm und zog ihn ein wenig zur Seite. »Übrigens: Anna ist mit uns nach Worms gekommen.«

Jost wollte ihr nicht glauben. »Anna? Aber wie ist das möglich? Was macht sie hier?«

»Sie sinnt auf Rache.«

Luther hatte sich auf seine Stube im Johanniterhof zurückgezogen, um auszuruhen und Briefe zu schreiben. Josts Männer schoben Wache, und so hatte er nun etwas freie Zeit. In der Hoffnung, Anna zu finden, überquerte er den Domplatz, auf dem man während des Reichstages täglich Markt abhielt. Neben den üblichen Ständen mit Lebensmitteln boten Kunsthandwerker ihre Waren feil, auch viele jüdische Kaufleute und Händler bemerkte Jost, die Wechselgeschäfte betrieben. Hannas Mädchen trieben sich zwischen den Ständen herum und warben um Kundschaft.

Die Luft war mild, fast warm, der Himmel überzogen von tiefdunklem Blau, während gleißendes Licht schräg in die Gassen fiel und manchmal dem Schatten einer schnell ziehenden, schneeweißen Wolke wich, um gleich darauf wieder intensiv und blendend hervorzubrechen. Jost blieb vor dem Portal der Kathedrale stehen und betrachtete die Skulpturen, die im prallen Sonnenlicht lagen und lange Schatten warfen. Er konnte den Blick nicht von drei Frauenfiguren wenden: Eine war prächtig gekleidet, ihre ganze Erscheinung strahlte Stolz und Würde aus; eine zweite trug eine Binde um die Augen; die dritte wirkte abstoßend, Kröten und anderes Ungetier in ihrem Rücken deuteten auf einen minderwertigen Charakter. Jost wusste, dass die schöne Frau für das Christentum stand, die blinde für das Judentum: Ecclesia und Synagoge; bei der dritten handelte es sich wahrscheinlich um »Frau Welt«.

Jost ging um den Dom herum, in dessen Innenraum ebenfalls Händler standen. Der Reichstag hatte Kaufleute und Gewerbetreibende aus allen Landesteilen angelockt. Ein Mann bot Falken zum Verkauf an, seine Nachbarin wertvolle Ledertaschen. Auf dem Pflaster und auf Holzböcken lagen Felle in verschiedenen Farben, Jost strich mit der Hand über ein Schaffell und fragte nach dem Preis, doch es war teuer. Schließlich blieb er neben einer Gruppe von Männern stehen, die erregt und lautstark diskutierten.

Eine zahnlose, alte Frau, die ihre hochgebundenen Haare unter einem fadenscheinigen Kopftuch verbarg, trug einen Holzkasten um den Hals, unterteilt in kleine Fächer. Darin lagen Druckschriften – sie war also eine Buchführerin. Auch zu ihren Füßen lagen Schriften: Einblattdrucke mit Holzschnitten, kleine Pamphlete und Broschüren. Bücher konnte Jost nicht entdecken. Eine der Holzschnitt-Illustrationen zeigte den Papst, unschwer an der Tiara zu erkennen, wie er auf dem Donnerbalken saß und jener Beschäftigung nachging, die keine Standesunterschiede kennt.

Jost ließ den Blick hin und her wandern, und ihm fiel auf, dass alle Überschriften sich auf Luther bezogen. Die Frau verkaufte Luther-freundliche Pamphlete, während andere Buchführer gerade irgendwo die päpstliche Propaganda unters Volk brachten. Eine dritte Gruppe von Buchführern, so wusste Jost, scherte sich nicht um den Inhalt und verkaufte die Drucke beider Parteien, solange sie Geld einbrachten.

Dass eine alte, gebrechliche Frau die Schriften vertrieb, war nicht ungewöhnlich, auch Kinder sah man häufiger. Der eigentliche Buchhändler blieb im Hintergrund und vertraute darauf, dass die Obrigkeit ein Auge zudrückte. Einer der Schaulustigen, ein Handwerker, hielt den Holzschnitt in die Höhe, der den Papst verunglimpfte. Er las das dazugehörige Spottgedicht vor und wurde mehrmals von lautem Lachen unterbrochen. Immer wieder deutete er mit dem Zeigefinger auf das Bild. In diesem Moment kamen drei spanische Söldner in voller Bewaffnung auf die Gruppe zu. Sie unterhielten sich in ihrer Landessprache und beachteten die Buchführerin nicht.

Jost sah sie von weitem kommen. Er hatte in Italien gegen Spanier gekämpft und großen Respekt vor ihnen. Die drei wirkten nicht streitlustig, sondern scherzten miteinander – bis der Erste von ihnen das Bild bemerkte.

Er blieb ruckartig stehen und hinderte mit ausgestreckten Armen seine beiden Kameraden am Weitergehen. Nun starrten alle drei auf den Papst: Die Illustration war groß genug, damit man auch von weitem sah, bei welcher Tätigkeit der Heilige Vater abgebildet wurde. Jost bemerkte in ihren Gesichtern zunächst Sprachlosigkeit, dann Entsetzen. Das Lachen innerhalb der Gruppe verstummte. Der Mann, der die Spottverse genüsslich zitiert hatte, ließ sehr langsam die Hand mit dem Blatt sinken, die Blicke der Umstehenden wanderten von ihm zu den Spaniern, in deren Augen Jost beispiellose Wut aufflackern sah. Er wusste, welchen Stellenwert der Papst für sie hatte: Sie fühlten sich in ihrem Glauben und ihrer Religion aufs Tiefste beleidigt und verletzt.

Der Söldner, der die Illustration zuerst bemerkt hatte, zog sein Schwert und seine Kameraden folgten dem Beispiel. Die Gruppe der Schaulustigen teilte sich und gab eine Bahn frei zur Buchführerin und zum Handwerker. Die alte Frau legte ihre Hände an das mit Falten und Runzeln überzogene Gesicht und begann zu weinen und um Gnade zu flehen.

Obwohl sich in Worms die obersten Herrscher und Richter versammelt hatten, herrschte in den Straßen der Stadt eine gewisse Anarchie. Seit Beginn des Reichstages hatte es schon mehrere Tote gegeben. Prügeleien und nächtliche Überfälle gehörten mittlerweile zum Alltag; niemand regte sich sonderlich darüber auf, nicht einmal die überforderte Obrigkeit, die sich wahrscheinlich mit dem Gedanken tröstete, dass bei einem Ereignis dieser Größe und Bedeutung ein gewisser Ausnahmezustand zur Normalität gehörte. Man sah zwar Bewaffnete durch die Gassen ziehen, um für Recht und Ordnung zu sorgen, aber wenn sie gebraucht wurden, schienen sie immer gerade woanders zu sein.

Das wusste auch die alte Frau, die mittlerweile auf die Knie gesunken war und ihre gefalteten Hände von sich streckte, was die drei Söldner jedoch wenig beeindruckte. Der Handwerker wich einige Schritte zurück, in seinem Gesicht stand nackte Angst. Er öffnete seine Hand und das Blatt mit dem Holzschnitt schaukelte zu Boden.

Jost überlegte, ob er eingreifen sollte, aber er war allein und die Spanier zu dritt; auf gute Worte würden sie nicht hören – vom Sprachproblem einmal abgesehen. Er beschloss also, sich aus der Sache herauszuhalten, schließlich musste er Luther schützen und durfte sich nicht auf Nebenschauplätzen verzetteln. Überall zogen Buchführer durchs Land und verbreiteten Schriften, die Streit brachten und Krieg. Wenn er sich in jeden Konflikt einmischen wollte, hätte er viel zu tun. Die Welt ließ sich ohnehin nicht ändern, sie war ein Chaos. Warum zog er also sein Schwert und trat den Söldnern in den Weg, während er sich selbst als hoffnungslosen Fall verfluchte? »Keinen Schritt weiter!«

Die Spanier, sichtlich überrascht, zögerten. Es gab so etwas wie eine Söldnerehre, eine unausgesprochene Bruderschaft, unabhängig von der Nation. Die Fronten und Koalitionen wechselten ständig, und dein Feind von heute konnte morgen dein Freund sein. Außerdem sahen die Spanier an Josts Kleidung, dass er Hauptmann war und im Rang über ihnen stand. Der groß gewachsene, stämmige Anführer der Dreiergruppe, über dessen rechte Wange sich eine tiefe Narbe zog, bedeutete Jost mit einer resoluten, aber wohlmeinenden Handbewegung, zur Seite zu treten und sich aus der Sache herauszuhalten.

In diesem Moment drehte sich der Handwerker um und rannte los, was das Zeug hielt. Zwei Spanier verfolgten ihn, während der dritte, jener mit der Narbe, zurückblieb und die alte Frau ins Auge fasste. Ungeduldig befahl er Jost – der zwar kein spanisch sprach, aber jedes Wort zu verstehen glaubte –, sich endlich aus dem Weg zu machen. Die Buchführerin lag immer noch auf den Knien und flehte um Hilfe. Jost rührte sich nicht vom Fleck, woraufhin der Spanier das Schwert hob und auf ihn losging. Warum riskierte er nur sein Leben für eine Frau, die er nie zuvor gesehen hatte? Vielleicht, weil ihm ein Bild von Anna und Martha durch den Kopf geschossen war. Er parierte den Schwerthieb.

Die Gruppe von Männern, die vorhin bei der Buchführerin gestanden hatte, postierte sich in sicherer Entfernung. Bald kamen neue Schaulustige und riefen Jost Ratschläge zu.

Schon bald spürte er, dass etwas nicht stimmte und dass er sich noch nie in so großer Gefahr befunden hatte. Das lag nicht an seinem Gegner, sondern an ihm selbst. Es war, als habe er das Kämpfen verlernt. Da war keine Wut, kein unbedingter Wille zu siegen, jene Eigenschaften, die ihm immer wieder halfen, seine Haut zu retten und selbst in schwierigsten Situationen noch einmal den Kopf aus der Schlinge zu ziehen. Er kämpfte, obwohl er nicht kämpfen wollte, und das machte ihn anfällig und verwundbar.

Jost war immer in der Defensive, immer war es sein Gegner, der die Initiative ergriff, der angriff, während Jost sich darauf beschränkte, die Hiebe abzuwehren. Lange würde er sich nicht mehr halten können, aber er fand keinen Ausweg. Seine Arme wurden schwächer, und immer noch wich er zurück, bis endlich ein Stoß des Spaniers ins Leere ging. Jost blieb keine Wahl, eine zweite Chance würde sich ihm nicht mehr bieten. Mit dem letzten Rest an Kraft, der ihm verblieb, ging er – zum ersten Mal in diesem Kampf – zum Angriff über. Sein Schwert durchdrang den leichten Schutzpanzer des Spaniers, dieser schrie auf und starrte ihn aus weit geöffneten Augen an. Ein Blick, den Jost gut, nur zu gut kannte.

Ein Gefühl von Ekel stieg in ihm auf, so stark, das es seinen ganzen Körper durchdrang. Der ewige Kampf, das ewige Töten! Es war so unnötig und sinnlos – und er hatte fast sein ganzes Leben damit vergeudet.

Kapitel 28

Anna schlenderte durch die Gassen von Worms und hoffte, dabei zufällig Jost zu treffen. Sie hatte etwas Vergleichbares wie den Reichstag noch nie erlebt. Was für eine kleine Stadt war Wittenberg dagegen! Sie staunte über die Pracht und Vielfalt der Kleidung; jeder Fürst hatte seinen Hofstaat mitgebracht, teilweise mehrere hundert Begleiter. Da sich in der Kleidung der Status spiegelte, sparte man nicht an feinen Stoffen. Die Männer von Rang putzten sich heraus wie Pfauen.

Anna sah eine Gruppe von Schaustellern, die ein Stück aufführten. Neugierig blieb sie stehen. Einer der Spieler trug den Text vor, während drei weitere ihn pantomimisch begleiteten. Erst nach einer Weile begriff Anna, dass sie Szenen aus der berühmten Nibelungensage vortrugen und nachspielten. Siegfried wand sich gerade am Boden, von Hagens Speer durchbohrt, sie legten ihn auf eine Bahre und trugen ihn davon, danach erschien eine Frau.

»An diesem Tag aber«, sagte der Rezitator, »schwor Kriemhild Rache.«

Die Schauspielerin raufte sich ihr blondes, lockiges Haar, bis es wirr und wütend in alle Richtungen stand; ihre Verzweiflung wirkte so echt, dass Anna eine Gänsehaut bekam.

»Rache schwor Kriemhild und ein inneres Feuer verzehrte sie – so wie einst die griechische Zauberin und Königstochter Medea.«

Die Medea-Sage kannte Anna von ihrem Vater. Er hatte sie ihr einst aus den ‚Metamorphosen' des römischen Dichters Ovid vorgetragen.

»So stark war Kriemhilds Wunsch nach Rache«, fuhr der Rezitator in seinem Singsang fort, »dass viele Jahre ins Land zogen, ohne ihn zu löschen. Und um mächtig zu sein, heiratete sie einen König. Der sollte ihr helfen, Hagen zu töten, Siegfrieds Mörder.«

Einer der Schauspieler, auf dessen Kopf eine Papierkrone saß, kam herbei, kniete nieder und hielt um Kriemhilds Hand an, dann küssten sie sich und gingen gemeinsam davon. »In ein fernes Land ging sie mit ihm, ins Land der Hunnen, doch der Hunger nach Rache blieb …«

Anna setzte ihren Weg fort, sie kannte den Rest der Geschichte. Sie würde den Mann finden, der Martha entführt hatte, und selbst Rache nehmen. Anna war überzeugt, dass Wulf irgendwo in Worms auf eine Gelegenheit lauerte, um Luther zu töten, sie fühlte es – als gäbe es ein unsichtbares Bindeglied zwischen ihr und ihm. Er hatte sie und Martha in einer Weise gedemütigt, über die sie nicht hinwegkam. Deshalb durfte er nicht ungestraft davonkommen. Martha hatte seither Alpträume, und auch sie selbst würde das Kapitel erst abschließen, wenn er tot war. Aber wie konnte sie ihn finden?

Sie dachte an den Büchsenmacher, der für Brangenberg Waffen herstellte, und sie wusste, dass der Bischof mit seinem Hofstaat am Reichstag teilnahm. Also musste sie seine Unterkunft finden. Unschlüssig lief sie hin und her, bis ein Junge sie ansprach, der sich den einen oder anderen Albus als Fremdenführer verdiente; er sei aus Worms, sagte er, und könne sie herumführen und ihr die Sehenswürdigkeiten der Stadt zeigen.

Sie fragte ihn, ob er wisse, wo ein gewisser Bischof Brangenberg sein Quartier bezogen habe, und zu ihrer Überraschung kannte er nicht nur den Namen, sondern führte sie ohne Zögern ans Ziel. Vor einem stattlichen Hof angekommen, gab ihm Anna den gewünschten Lohn und der Junge machte sich zufrieden davon.

Da entdeckte sie in einiger Entfernung Jost, der ebenfalls das

Gebäude betrachtete. Sie liefen aufeinander zu und umarmten sich. Eine Weile redeten beide durcheinander, sodass keiner den anderen verstand und Passanten den Kopf schüttelten. Um kein weiteres Aufsehen zu erregen, zog Anna Jost mit sich und bog mit ihm in eine kleine Gasse, wo es einen Gasthof gab, der ihr vorhin aufgefallen war. Er führte eine Eule im Wappen.

Die Wormser Wirtsleute profitierten mehr als jede andere Berufsgruppe vom Reichstag. Der Schankraum platzte förmlich aus allen Nähten – Menschen redeten, aßen zu Mittag, tranken Bier. Drei im Raum verteilte Balken stützten die hohe Holzdecke, und an einem hing, wie draußen neben der Eingangstür, eine kunstvoll aus Metall geformte Eule, die den Neuankömmling aus großen, geheimnisvollen Augen anstarrte. Die Theke bestand aus einer lang gestreckten, auf zwei Eichenfässern ruhenden Holzplatte, auf die der schmächtige Wirt in einem fort Bierkrüge stellte. Zwei Frauen, eine ganz schwarz gekleidet, die andere weiß, trugen sie zu den Gästen.

Alle Plätze waren belegt, aber Jost und Anna fanden in einer Nische beim Fenster eine Holzkiste, auf die sie sich setzten. Die Bedienung beachtete sie nicht, weshalb Jost an die Theke ging und zwei Krüge holte, die er gleich bezahlte. Auf der Kiste war wenig Platz und sie mussten eng zusammenrücken.

Anna trug seit Tagen etwas auf dem Herzen, wusste aber nicht, wie sie das Gespräch darüber beginnen sollte. »Hast du mittlerweile etwas Neues über Wulf Kramer herausbekommen?«, fragte sie.

»Zwei meiner Leute haben seine Spur verfolgt«, sagte Jost. »Einem Müller in der Nähe von Wittenberg wurde in der Nacht, als er floh, ein Pferd gestohlen. Der Müller spricht von einem auffallend kleinen Mann, den er sogar erst für ein Kind gehalten habe. Am Tag darauf war Wulf mit ziemlicher Sicherheit in Eisleben; eine Frau dort erinnert sich an einen Zwerg – so ihre Worte – und an ein Pferd ohne Sattel. Er fing mit ihr ein Gespräch an und zeigte sich interessiert, als sie ihm von Luther und der Reise nach Worms erzählte. Nur durch einen Zufall ist es meinen Männern gelungen, ihn nicht ganz aus den Augen zu verlieren, denn er mied von da an die größeren Städte und ist über Land geritten. Ein Bauer lieferte eine Beschreibung, die genau auf Wulf zutrifft, das war kurz vor Eisenach. Danach gab es keine Spur mehr von ihm! Ich wette aber, dass sein Ziel Worms ist – vielleicht ist er sogar schon hier!«

»Genau davon bin ich überzeugt«, sagte Anna, »und das ist einer der Gründe, weshalb ich hier bin. Was mir und Martha geschehen ist, lässt mich nicht zur Ruhe kommen. Er muss dafür bestraft werden!«

»Bitte unternimm nichts auf eigene Faust und begib dich nicht in Gefahr!«

»Brangenberg ist vielleicht der Schlüssel, wenn wir mehr über die Hintergründe erfahren wollen.«

Jost nahm einen Schluck aus dem Bierkrug, und etwas Schaum blieb an seiner Oberlippe kleben. »Der Büchsenmacher, in dessen Haus Martha gefangen gehalten wurde, belieferte, wie du weißt, Brangenbergs Leibwache mit Waffen. Der Bischof war sein wichtigster Kunde. Wie viel der Büchsenmacher über die wahren Hintergründe der Entführung wusste, bleibt wohl ungeklärt. Das verstärkt den Verdacht, dass Brangenberg Wulf Kramer damit beauftragte, Luther zu töten, aber es sollte nicht nach einem Mord aussehen.

Gestern erhielt ich einen Brief, der über das Ergebnis einer Nachforschung berichtet, und meine ursprüngliche Vermutung hat sich bestätigt: In Cranachs Apotheke wurde eingebrochen und ein langsam und unauffällig wirkendes Gift gestohlen. Warum sollte Luther eines scheinbar natürlichen Todes sterben? Die Antwort scheint mir einfach zu sein: Brangenberg befindet sich in einer misslichen Lage, das Schicksal seines kleinen Bistums hängt von den Ereignissen im nahegelegenen Wittenberg ab. Greift Luthers Reformation weiter um sich, droht er sein Amt und seinen Besitz zu verlieren. Damit in Zusammenhang steht eine andere Geschichte, die sich vor vielen Jahren zutrug und in die ich persönlich verwickelt war.«

Anna fuhr mit dem Daumen über Wulfs Oberlippe. »Erzähl mir davon!«

»Ich kannte Brangenbergs Vater, habe für ihn gearbeitet und war für seine Sicherheit und sein Leben verantwortlich – so wie heute für Luthers Leben. Der alte Brangenberg fiel einem Attentat zum Opfer, das ich nicht verhindern konnte. Er wurde aus großer Distanz von einem Mann mit einer Armbrust getötet. Ich sah den Schützen damals zwar verschwinden, aber es ging zu schnell und ich konnte ihn nicht erkennen, ich bemerkte nur, dass er sehr klein war. Das alles geschah in Rom. Wulf Kramer stellt Armbrüste her, das wissen wir von Martha. Wir haben herausgefunden, wo er seine Werkstatt betreibt und dass er als glänzender Schütze gilt, wie ich ebenfalls aus dem Brief erfuhr. Ich bin davon überzeugt, dass Wulf Kramer den alten Brangenberg, den Vater des heutigen Bischofs, tötete. Auch wenn der Mord damals für großes Aufsehen sorgte, hat man niemals die Hintergründe klären können.«

»Das legt die Vermutung nahe, der Bischof habe damals wie heute Wulf Kramer damit beauftragt, seine Pläne auszuführen. Aber weshalb hätte er seinen Vater töten sollen?«

»Um an sein Erbe zu kommen, mit dessen Hilfe er in sehr jungen Jahren den Bischofsstuhl erkaufte. Für mich wiederholt sich ein Teil meines Lebens. Es ist wie eine zweite Chance, aber es ist auch ein Alptraum! Wenn ich diesmal versage, werde ich nicht mehr in den Spiegel schauen können. Und noch viel mehr steht auf dem Spiel: Ich betrachte Luthers Sache als meine eigene, ich glaube, dass er berufen ist, Wahrheit in die Welt zu tragen, doch sein Leben ist von so vielen Seiten bedroht, dass glatt ein Wunder geschehen muss, wenn er mit heiler Haut davonkommen soll.«

»Wie wird Brangenberg vorgehen?« Anna schien sowohl Jost als auch sich selbst zu fragen. »Wahrscheinlich wartet er ab, wie sich Luthers Sache auf dem Reichstag entwickelt. Er wird darauf hoffen, dass man ihn zum Tode verurteilt und hinrichtet, denn dann erledigen sich seine Probleme von selbst.«

»Nicht unbedingt«, gab Jost zu bedenken. »Wenn man Luther auf dem Scheiterhaufen verbrennt, macht man ihn zu einem Märtyrer. So wie Hus, dessen Hinrichtung zu jahrelangen Kriegen führte. Wenn der Kaiser – mit dem Papst im Rücken – Luther hinrichtet, kann das für Brangenbergs Bistum fatale Folgen haben. Ich bin sicher, die Hussitenkriege waren harmlos verglichen mit dem, was uns dann bevorstünde. Brangenberg kann sich seiner eigenen Bevölkerung nicht sicher sein; ganz zu schweigen von Bedrohungen, die von außen kommen. Er hatte gute Gründe, das Attentat in Wittenberg zu verheimlichen.«

»Trotzdem bleibt ihm nichts anderes übrig, als abzuwarten«, sagte Anna.

»Es kann sein«, erwiderte Jost, »dass zwischen Wulf Kramer und Brangenberg keine direkte Verbindung mehr besteht. Ich habe Nachrichten über Kramers bisheriges Leben sammeln lassen. Was ich erfuhr, klingt wenig beruhigend. Er ist ein Einzelgänger – und es gibt Gründe, an seinem Verstand zu zweifeln. Vielleicht weiß Brangenberg zu wenig über ihn. Ich fürchte, dass Kramer das Attentat auf eigene Faust plant. Ein Mann wie Wulf arbeitet allein und niemand weiß, wo er sich aufhält; das wäre für seine Sicherheit der richtige Weg. Wir haben es mit einem Mann zu tun, der niemandem vertraut außer sich selbst.«

»Dann wäre Brangenberg ein Zauberlehrling, der etwas in Gang gesetzt hat, das ihn nun selbst bedroht. Wird er versuchen, ihn aufzuhalten?«

»Wir wissen es nicht, alles nur Vermutungen. Aber Luthers Leben ist in Gefahr, nicht nur was die Verhandlungen vor dem Kaiser betrifft, daran besteht kein Zweifel.«

Eine Weile hingen sie ihren Gedanken nach, Anna beobachtete die Frauen, die das Bier und Essen verteilten. Durch ein offen stehendes Fenster fiel schräg Sonnenlicht auf den braunen, verdreckten Boden. Es roch nach Bier und nach Schweiß und von der Küche her kam noch etwas Verbranntes dazu; die Luft war so dick, dass man sie hätte schneiden können.

»Es gibt aber noch einen anderen Grund, weshalb ich nach Worms gekommen bin«, sagte Anna leise. »Er betrifft uns beide. Ich möchte herausfinden, wie wir zueinander stehen. Du warst so schnell aus Wittenberg verschwunden, dass es mir wie eine Flucht vorkam.«

»Es war keine freiwillige Flucht«, sagte er, »aber es ist wahr, dass ich den Eindruck hatte, mir würde alles über den Kopf wachsen.«

»Du bist mir wichtig«, sagte sie, »und ich möchte, dass du das weißt. Du hast Martha befreit, und allein schon deshalb bleibe ich dir immer verbunden. Ich bereue auch nicht, was zwischen uns geschehen ist. Aber wie soll es mit uns weitergehen – ich meine, auf Dauer? Hast du darüber schon einmal nachgedacht?«

»Ständig denke ich daran«, murmelte er, »die Frage geht mir immerzu im Kopf herum. Am liebsten würde ich mein Leben völlig verändern und es mit dir teilen.«

Ihr Herz klopfte schneller. Dann erklärte sie ihm jedoch, dass sie ein Problem damit habe, dass er Söldner sei und sein Beruf darin bestehe, andere Menschen zu töten.

»Anna, glaubst du vielleicht, dass mir das alles Spaß macht?«, sagte Jost. »Ich bin in jungen Jahren an diesen Beruf geraten, ohne eigentlich zu wissen, was ich tat. Du musst wissen, ich stamme aus einer armen Familie. Wir waren neun Geschwister, und der Hof konnte uns nicht alle ernähren. Eines Tages kam ein Werber ins Dorf, der das Blaue vom Himmel herunter versprach. Ich fiel auf ihn herein und wurde Söldner. Meine Eltern hielten mich nicht zurück: ein Maul weniger zu stopfen. Und weil ich nichts anderes gelernt hatte, blieb ich dabei, denn ich musste ja von etwas leben. Ich will auch nicht behaupten, dass ich das Leben als Söldner immer schlimm gefunden hätte – das kam erst in letzter Zeit. Heute habe ich einen anderen Blick auf mein Leben und prüfe mein Gewissen: Eigentlich ziehe ich alles, was ich getan habe, in Zweifel.«

»Es ist doch so, Jost: Als Söldner bist du immer unterwegs, führst ein unstetes Leben und wirst nie Zeit haben für eine Familie.«

»Die Römer hatten ein gutes System für ihre altgedienten Soldaten: Wenn sie genügend Dienstjahre auf dem Buckel hatten, schenkte man ihnen ein Stück Land, das sie bewirtschaften und von dem sie leben konnten. Von so etwas habe ich immer geträumt, aber mir wird keiner ein Stück Land geben, auch der Kurfürst nicht. Ich will nicht mehr herumziehen, Anna, ich habe es satt; ich möchte in Wittenberg bleiben, dort wo du bist und auch Martha, die ich ins Herz geschlossen habe und für die ich mich verantwortlich fühle, seit wir sie befreiten.«

»Siehst du denn einen Weg, um das zu verwirklichen?«, fragte Anna.

»Vielleicht gibt es tatsächlich einen Weg«, erwiderte Jost, »denn die Wittenberger Bürgerwehr braucht in Kürze einen neuen Hauptmann. Das habe ich über mehrere Ecken erfahren.«

»Nicht schlecht«, meinte Anna, »und ein vergleichsweise ruhiger Posten ...«

»Ja, aber deshalb bin ich auch nicht der Einzige, der ihn will.«

»Dann musst du den Fürsten überzeugen, er ist doch hier in Worms. Warum sprichst du nicht mit ihm darüber?«

»Ich muss erst diese Sache zu Ende bringen, dann habe ich den Kopf frei.«

Mit ihrer Hand, die die ganze Zeit auf seiner gelegen hatte, fasste sie seinen Nacken, zog ihn näher zu sich heran und gab ihm einen Kuss. »Was hast du heute Abend noch vor?«

Kapitel 29

Bischof Brangenberg und seine Hofleute bewohnten das Haus eines Wormser Patriziers, der sich außerhalb der Stadt bei Verwandten aufhielt. Für die Miete, die er zahlen musste, war Wucher ein zu mildes Wort. Seine Mätresse, die Jutta hieß und in einem Kloster aufgewachsen war, hatte Brangenberg nach Worms begleitet, denn er bildete sich ein, ohne sie nicht leben zu können; allerdings durfte niemand davon wissen, denn offiziell lebte der Bischof zölibatär. Er bat sie also, das Haus nicht zu verlassen.

»Dann wirf mich doch gleich ins Gefängnis«, sagte sie in einem Tonfall, den er ausgesprochen giftig fand. »Du hältst mich wohl für deine Sklavin.«

»Warum musst du nur immer so übertreiben?«

»Von wegen! Ich fühle mich überwacht und eingesperrt – das ist ja schlimmer als im Kloster. Hätte ich nicht zu Hause bleiben und auf dich warten können? Eine kleine Trennung schadet nicht, aber du hast kein Vertrauen zu mir.«

»Unsinn! Natürlich vertraue ich dir.«

»Du willst mich nur in deiner Nähe haben, um mich besser überwachen zu können. Und das wegen deiner lächerlichen Eifersucht! Demnächst lässt du noch Eunuchen für dich arbeiten …«

Sie war nicht zu bändigen, täglich fochten sie Kämpfe aus.

»Was hast du vor? Willst du mich zu den Sitzungen begleiten?«

»Pah, das überlasse ich euch Männern. Aber ich werde dieses Haus verlassen, wann immer ich das möchte.«

»Was willst du in der Stadt?«

»Ich will nicht das Gefühl haben, als sei ich bei lebendigem Leib begraben.«

»Man wird dich sehen, Jutta.«

»Soll man doch!« Sie warf ihren Kopf hin und her, sodass langes, kohlschwarzes Haar durch die Luft flog. Ihre Augen funkelten. »Soll man doch!«, wiederholte sie angriffslustig.

Er gab wie üblich klein bei. Immerhin konnte er sie überreden, den Hintereingang zu benutzen, immerhin gestand sie ihm zu, sich unauffällig zu kleiden und ein Kopftuch zu tragen. So trieb sie sich in der Stadt herum und spielte mit dem Feuer, während er sich verwundbar fühlte, denn schon ein Verdacht konnte ihm schaden: Semper aliquid haeret – irgendetwas blieb immer hängen.

»Was machst du in der Stadt?«, erkundigte er sich.

»Ich laufe durch die Straßen, manchmal kaufe ich etwas.«

»Hat dich jemand angesprochen?«

»Weshalb fragst du?«

»Bist du Leuten begegnet, die dich kennen?«

»Du hast Angst, Brangenberg. Was befürchtest du? Lässt du mich verfolgen?«

»Um Gottes Willen, nein.«

»Ich warne dich: Wenn mir jemand nachläuft, packe ich meine Sachen und verschwinde.«

»Du immer mit deinen Drohungen! Warum kann ich mich nicht auf dich verlassen?«

»Siehst du, genau das meine ich: Du misstraust mir!«

Manchmal schrien sie sich an, aber eine halbe Stunde später lag er an ihrer Brust, und sie spielte mit den Fingern in seinen Haaren. Selbst während der Sitzungen ging ihm Jutta nicht aus dem Kopf. Dabei hatte er Sorgen genug, denn der Reichstag entschied über seine Zukunft. Viel Zeit verbrachte er mit dem Mainzer Kurfürsten Albrecht von Brandenburg, bei dem er sich Rat holte und der wusste, wie man an Kredite kam und Ämter kaufte; der wusste, wie man mit Rom verhandelte und wie viel man zahlte für ein zweites Bistum. Der sächsische Kurfürst Friedrich war Albrechts Todfeind, und diese gemeinsame Abneigung war ein starkes Bindeglied zwischen Brangenberg und dem Mainzer.

Der Reichstag tagte in verschiedenen Gremien. Manche Sitzungen leitete der Kaiser, andere wiederum Albrecht in seiner Funktion als oberster Kurfürst des Reiches. Nur in besonderen Fällen nahmen alle Stände an der Sitzung teil, die Tagungsorte wechselten. Die Verhandlungen zogen sich manchmal über den ganzen Tag hin, und wenn Brangenberg nachts zurückkehrte, gingen die Streitereien mit Jutta weiter. Er fühlte, wie er von Tag zu Tag dünnhäutiger wurde.

Einmal kam er früher zurück, und sie war nicht zu Hause. Während er auf sie wartete, wuchs seine Wut. Es dämmerte schon, als sie endlich erschien. Er verlangte eine Entschuldigung, aber Jutta war nicht einmal zu einer Erklärung bereit. Schließlich platzte ihm der Kragen und er schlug ihr ins Gesicht. Ihre Unterlippe sprang auf und blutete. Er bereute sofort, was er getan hatte. Sie sagte nichts, und er bekam es mit der Angst zu tun, denn sie war imstande, ihn auf der Stelle zu verlassen. Er entschuldigte sich und versprach, ihr in Zukunft keine Fragen mehr zu stellen. Schließlich sagte sie mit ausdruckslosem Gesicht, er solle sie nie wieder schlagen, sonst werde er es bitter bereuen. Sie blieb. Nach zwei oder drei Tagen hatte er vergessen, was geschehen war – und was sie gesagt hatte.

Kapitel 30

Wulf brauchte eine neue Waffe. Um sich völlig auf sie verlassen zu können, musste er sie selbst herstellen – und dafür benötigte er eine Werkstatt und bestimmte Materialien. Falls es in Worms niemanden gab, der Armbrüste herstellte, war sein Vorhaben geplatzt.

Unter dem Vorwand, er fühle sich nicht wohl und brauche Ruhe, verbrachte Wulf den Tag ungestört im Kornspeicher. Von hier aus beobachtete er das Geschehen rund um den Dom und am Bischofshof. Für einen Moment bekam er sogar den Kaiser zu Gesicht. Die wichtigen Verhandlungen fanden – wie erwartet – im großen Saal der Aula Major statt, also direkt gegenüber von seiner Unterkunft.

Erst am Abend, im Schutz der Dunkelheit, verließ Wulf den Turm. Seit der kargen Morgensuppe hatte er nichts gegessen, und sein Magen knurrte und krampfte sich immer wieder schmerzhaft zusammen. Wenigstens hatte er keine Geldsorgen – und das verdankte er der kleinen Schatztruhe, die unter Johannas Bett gestanden hatte. Wenn er daran dachte, fühlte er sich ein wenig schuldig, aber er schob solche Gedanken immer schnell beiseite.

Nachts waren noch mehr Menschen in den Gassen unterwegs als am Tag, wenn Sitzungen stattfanden. Trotz der Dunkelheit fühlte sich Wulf unwohl, fast kam es ihm so vor, als beobachte man ihn. Er hatte es vermieden, seine Gastfamilie direkt auf Armbrüste anzusprechen, und beschloss, auch sonst niemanden zu fragen, sondern sich lieber selbst umzusehen. Er kam am wuchtigen Zeughaus mit seinen rot und weiß gestrichenen Holzläden vorbei. Bestimmt lagerten dort neben anderen

Waffen auch Armbrüste. Aber in welchem Zustand befanden sie sich?

Vom Marktplatz aus folgte er der Kämmerergasse, die Worms in nordsüdlicher Richtung durchzog und zu den wichtigsten Verkehrswegen zählte. Wulf betrachtete die Häuser zur rechten und zur linken Seite und suchte nach einem Geschäftsschild oder etwas Ähnlichem, konnte jedoch nichts entdecken. Einige Gastwirtschaften schenkten wegen des Andrangs Bier im Freien aus, hier und da standen Menschentrauben, die Wulf passieren musste. Er war überrascht, als er plötzlich eine der Frauen entdeckte, die er aus dem Wittenberger Badehaus kannte, und hielt sich von ihr fern.

Am Ende der Kämmerergasse stieß er auf den nördlichen Teil der Stadtmauer, zu der rechter Hand, parallel, die Judengasse verlief. Den Judenfriedhof, der außerhalb der Stadtmauer lag, nicht weit vom Dom, hatte er bereits von seinem Kornspeicher aus gesehen. Es bestand wenig Hoffnung, in der Judengasse jemanden zu finden, der etwas von Waffen verstand, denn die meisten Berufe blieben den Juden verschlossen; das war auch der Grund, weshalb sie hauptsächlich von Geld- und Wechselgeschäften lebten. In der Judengasse herrschte weniger Betrieb, dort hielten sich kaum Fremde auf. Wulf kam an der Synagoge vorbei und folgte anschließend der Bärengasse, die voller Menschen war. Er wurde unruhig: So konnte es nicht weitergehen.

Dann sah er einen alten Mann, der trotz der kühlen Abendluft vor einem baufälligen Haus auf einer Bank saß und offensichtlich blind war. Wulf blieb bei ihm stehen und begann ein belangloses Gespräch über das Wetter und den Reichstag. Der Alte freute sich merklich über die Abwechslung. Wulf schaute sich um, und da niemand ihn beachtete, fasste er Mut, den Blinden um Hilfe zu bitten.

»Ich bin in Geschäften unterwegs«, sagte er. »Ich arbeite für den Kurfürsten Albrecht von Brandenburg und bin in Mainz für das Zeughaus verantwortlich. Für unsere Bürgerwehr möchte ich Armbrüste kaufen. Wisst Ihr jemanden in Worms, der welche herstellt?«

»Selbstverständlich«, erklärte der Alte. »Michael Bärenreiter ist der richtige Mann für Euch.«

Wulfs Herzschlag beschleunigte sich. Ob Bärenreiter eine eigene Werkstatt besitze?

»Nun ja, ich habe sie nie mit eigenen Augen gesehen. Doch man sagt, sie sei gut ausgestattet und das Geschäft floriere.«

»Wo kann ich ihn finden?«, fragte Wulf.

»Geht zum Fischmarkt, von dem die Wollgasse abzweigt. Dort fragt nach ihm. – Wie war noch gleich Euer Name?«

Doch Wulf war schon im Gedränge verschwunden.

Beim Fischmarkt legte er eine Pause ein, weil der Hunger zu mächtig wurde. Wie gut, dass während des Reichstages die Läden länger geöffnet waren! Bei einem Bäcker kaufte er einen Laib Brot und beim Metzger nebenan eine große Wurst. Wulf stellte sich ein wenig abseits und fiel gierig über beides her. Er grub seine Zähne in die harte Kruste des Brotes und in die fettige Wurst. Als ein Mädchen vorbeikam, fragte Wulf nach dem Haus von Michael Bärenreiter. Das Kind deutete auf ein Gebäude, das gleich am Anfang der Wollgasse lag, man konnte es vom Fischmarkt aus schon sehen. Weil es dort keine Gasthäuser gab, ebbte der Menschenstrom in dieser Richtung etwas ab, was Wulf sehr gelegen kam.

Die Gebäude in der Wollgasse waren schmal und hoch und grenzten direkt aneinander. Bärenreiters Haus unterschied sich wenig von denen in der Nachbarschaft, es zeugte von bescheidenem Wohlstand. Seine Fensterläden waren geschlossen, bis auf einen im ersten Stockwerk; dort konnte Wulf hinter den fast blinden Glasfenstern Lichtschimmer erahnen. Ein Schatten, der zu einem Mann mit massivem Körperbau gehörte, wanderte über die Scheiben – und verschwand gleich wieder.

Wulf wollte nicht zu lange stehen bleiben, um keinen Verdacht zu erregen, daher setzte er seinen Weg fort, kehrte aber am Ende der Gasse wieder um. Als er zum zweiten Mal am Haus vorbeikam, öffnete sich gerade das Fenster im Obergeschoss. Ein kahlköpfiger Mann mit immens breiten Schultern leerte Wulf den Inhalt eines Nachttopfs direkt vor die Füße. Hätte er sich nicht im letzten Moment zur Seite gedreht, hätte ihn die Ladung im Gesicht erwischt.

Wulf schrie vor Wut auf, und der Mann, bis auf den fehlenden Pelz tatsächlich einem Bären nicht unähnlich, entschuldigte sich – wenn auch etwas halbherzig. Wulf überwand den ersten Schrecken, riss sich zusammen und beschloss, aus der Situation Gewinn zu ziehen. Er zwang sich sogar zu einem Lächeln. Ob das die übliche Art sei, wie man in Worms Gäste begrüße?

Der Bär griff seinen scherzhaften Ton auf. »Manche schmeißen wir auch in ein Fass mit Jauche«, knurrte er vergnügt. »Wir nennen das: einen *Kurpfälzer Trunk nehmen.«*

Wulf folgerte, dass die Kurpfälzer in Worms keine hohen Sympathien genossen. Er erinnerte sich dunkel, von heftigen Fehden und kriegerischen Auseinandersetzungen zwischen beiden Parteien gehört zu haben. »Wenn ein Kurpfälzer im Fass liegt«, erwiderte er, »trifft es nie den Falschen.«

Der Bär bekam einen Lachanfall, und von diesem Moment an war alles ganz einfach. Nachdem sie einige boshafte Bemerkungen über die Kurpfalz im Allgemeinen und die Kurpfälzer im Besonderen ausgetauscht hatten, sprachen sie über den Reichstag. Wie erwartet fragte der Bär, wo Wulf herkomme und was er von Beruf mache.

Nun spielte er seinen entscheidenden Trumpf aus und präsentierte sich als Fachmann für Armbrüste. Das Herz seines Gesprächspartners schmolz sofort dahin, und er lud Wulf ein, doch ins Haus zu kommen. Dieser ließ sich nicht zweimal bitten. Ein schwerer Riegel wurde zurückgeschoben, die Haupttür öffnete sich, Bärenreiter legte ihm freundschaftlich die Hand auf die Schulter und geleitete ihn hinein. Sie betraten die gleich rechts vom Eingang liegende Werkstatt. Wulf schaute sich gespannt um.

Es hätte schlimmer kommen können, musste er zugeben, aber eben auch besser. Bärenreiter stellte offenbar Durchschnittsware her, gehobenen Ansprüchen konnte das nicht genügen. Kein Vergleich zu Wulfs eigenen Produkten! Aber ein Stümper war er auch nicht, mit geübtem Blick erkannte Wulf, dass die wichtigsten Werkzeuge zur Bearbeitung von Holz und Metallen vorhanden waren. Wohlgeordnet hingen sie in Halterungen an der Wand oder lagen auf Werkbänken. Im Schmiedeofen bemerkte Wulf erkaltete Asche, auf dem Amboss lag ein schwerer Hammer, auf einem separaten Tisch zwei fertige Armbrüste; kurze Pfeile lagerten in einem speziellen Behältnis an der Wand. Späne und Sägemehl bedeckten den einfach gefliesten Boden. Es roch angenehm nach frischem Holz.

»Herrlich!«, sagte Wulf. »Was für eine Werkstatt, daran erkennt man den Meister! Es ist für mich eine helle Freude, dies zu sehen. Nein, dass es so was noch gibt!«

Bärenreiters Gesicht erstrahlte in hellem Glanz. »Harte, ehrliche Arbeit ist mein Prinzip«, erwiderte er. »Darüber verliere ich keine großen …«

»Keine falsche Bescheidenheit!«, schnitt ihm Wulf das Wort ab. »Heutzutage liegt das Handwerk am Boden, die alten Tugenden verkommen. Aber hier – das sehe ich auf den ersten Blick – leben sie noch.«

Wenn sie nebeneinanderstanden und Wulf zu Bärenreiter aufblickte, schien dieser mindestens doppelt so groß zu sein wie er selbst. Und vom Volumen her hätte er wahrscheinlich sogar dreimal in ihn hineingepasst. Sein Gastgeber hörte Lobeshymnen wohl eher selten und sog sie begierig auf. Wulf ging zu einer der Werkbänke und betrachtete eine halb fertige Armbrust.

»Sie scheint mir aus Buche verfertigt zu sein?«

»Richtig.«

»Verwendet Ihr ausschließlich Buche?«

»Nein, in diesem Fall auf besonderen Wunsch.«

»Welche Hölzer verwendet Ihr noch?«

»Das ist unterschiedlich und hängt von den Kunden ab.«

»Verwendet Ihr auch Lindenholz?«

»Mitunter, ich besitze eine ganze Reihe von Hölzern, sie lagern in einem Schuppen hinter dem Haus.«

»Und wie laufen die Geschäfte?«, fragte Wulf und bemühte sich, seiner Stimme einen beiläufigen Klang zu geben.

»Ich kann meine Frau und die Kinder ganz gut davon ernähren.«

»Habt Ihr viele Kinder?«

»Zwei.«

»Man hört gar nichts von Ihnen, es wirkt so still im Haus. Oder sind sie schon groß?«

»Meine Frau ist mit ihnen aufs Land gefahren, zu den Großeltern. Sie kommen erst in drei Tagen zurück. Ehrlich gesagt: Es ist ganz schön, das Haus mal für sich zu haben.«

Wulf konnte es nicht fassen! Erst schien er eine Pechsträhne zu haben: das fehlgeschlagene Attentat in Wittenberg, dann der Sturm, aber nun schlug das Rad der Fortuna um – erst seine Unterkunft direkt gegenüber vom Dom und nun dies ...

»Darf ich Eure Werkstatt benutzen?«, fragte Wulf. »Gegen Bezahlung, versteht sich. Es ist so: Ich habe in den vergangenen Tagen gute Geschäfte gemacht und viele Aufträge bekommen. Nun warte ich auf einen Freund, mit dem ich die Rückreise antrete. Ich möchte aber die Zeit bis dahin nicht ungenutzt lassen und mich beschäftigen, denn ich halte es nicht lange aus ohne Arbeit. Da bin ich wie Ihr: vom alten Schlag.«

Der Bär wog bedächtig seine breiten Schultern und fuhr sich mit der Tatze über den Kopf. »Nun, das kommt jetzt etwas überraschend. Versteht mich nicht falsch, Ihr gefallt mir, aber ich muss morgen in der Frühe wieder loslegen. Ich fürchte, wir würden uns ins Gehege kommen, denn so viel Platz ist hier nicht. Ich habe so meine Gewohnheiten.«

»Lasst mich eine einzige Armbrust verfertigen«, sagte Wulf. »Ich möchte einem hohen Herrn – den Namen will ich jetzt nicht nennen – eine Gefälligkeit erweisen; es handelt sich um eine besondere Anfertigung ganz nach seinem Wunsch. Ich würde Euch mit vier Gulden an dem Geschäft beteiligen, allein dafür, dass Ihr mich hier arbeiten lasst – außerdem bezahle ich Euch das Material.«

»Seid mir nicht böse, aber ich fürchte, es geht nicht!«

»Eure Antwort macht mich traurig.«

Offenbar durfte seine Glückssträhne nicht vollkommen sein, denn nun entwickelte sich eine Zwangsläufigkeit, auf die er hätte verzichten können. Wulf lenkte das Gespräch zurück auf Fachliches, und bald war der Missklang vergessen. Sie besprachen die Vor- und Nachteile bestimmter Materialien und Wulf machte Bärenreiter auf kleine Kunstgriffe bei der Bearbeitung von Metall aufmerksam, die das Interesse seines Gastgebers weckten.

»Ich habe eine Methode entwickelt«, sagte Wulf, »wie man die Reichweite und Treffgenauigkeit steigern kann.«

»Wie das?«

»Ich will es Euch zeigen. Entscheidend ist, wie man den Bogen spannt. Habt Ihr eine Kurbel zur Hand?«

Bärenreiter reichte ihm das Metallgerät, mit dem man den Bogen spannte.

»Seht Ihr, an diesen Punkten hier ist die Spannung am stärksten.« Wulf zeigte mit dem Finger darauf und Bärenreiter neigte den Kopf nach vorn, nickte zustimmend.

»Nun brauche ich noch einen Pfeil, um es Euch richtig zu demonstrieren«, fuhr Wulf fort. Bärenreiter ging zur Wand und holte einen Pfeil. Wulf spannte die Armbrust, der Bolzen ruhte auf der Mittelsäule, Bärenreiter stand direkt neben ihm. *Es ist wie im Märchen,* dachte Wulf. *Er ist größer als ein Baum, bärenstark – und strohdumm.*

»Und wo liegt nun der besondere Kniff?«, fragte Bärenreiter.

»Das will ich Euch sofort zeigen«, sagte Wulf, »aber ich habe noch etwas vergessen.« Er ging vier Schritte auf die Werkbank zu, ehe er sich umdrehte.

Erst jetzt schien Bärenreiter zu verstehen, was in seinem Haus, in seiner Werkstatt vor sich ging. Seine Augen wuchsen und die Lippen formten einen Kreis. Wulf hob die Armbrust, Bärenreiter abwehrend beide Hände.

»Denkt an meine Frau, meine Kinder!«

»Dummkopf!«, sagte Wulf. Der Pfeil schoss los und durchschlug Bärenreiter die Brust. Er taumelte, fiel auf die Knie. Der letzte Blick, den er Wulf zuwarf, brannte sich diesem ins Gedächtnis; es war kein Hass darin, nicht einmal Wut, sondern Unglaube, Verständnislosigkeit, die Frage: Weshalb?

Wulf stand eine Weile reglos da und versuchte, seine Gedanken zu ordnen. Es fiel ihm schwer. Plötzlich verspürte er brennenden Durst. Beim Ofen hing eine Fackel. Wulf löste sie aus ihrer Halterung und suchte die Küche, die ebenerdig lag und von der eine Treppe in den Keller führte. Wulf nahm einen Krug und stieg hinab. Auf den Stufen merkte er, dass ihm die Knie zitterten. Wie erwartet, fand er ein Fass Bier, füllte den Krug, hob ihn an seine Lippen und trank gierig; das Bier lief ihm über das Kinn und tropfte auf sein Hemd. Gestärkt ging er wieder nach oben.

Als Erstes musste die Leiche aus dem Weg, er packte Bärenreiter am Kragen und wollte ihn wegziehen, aber der schwere Körper bewegte sich nicht vom Platz. Wulf zerrte stärker an der Jacke, bis der Stoff riss und seine Hände von der Anstrengung zitterten. »Das darf nicht wahr sein«, sagte er laut. Er richtete sich auf, sein Kopf schwindelte; von draußen, von der Gasse her kommend, hörte er Stimmen, die so nah klangen, als befänden sie sich im Raum. Wulf holte einen langen Schürhaken vom Ofen, klemmte ihn in Bärenreiters safrangelbe Jacke und zog mit allen Kräften. Die Leiche bewegte sich ein wenig, dann riss der Stoff erneut. Wulf klemmte die Metallstange unter den schweren Körper und benutzte sie als Hebel. Es gelang ihm,

Bärenreiter auf den Rücken zu rollen. Das Blut hatte die Jacke an der Brust rot gefärbt und auch aus der Nase floss Blut. Wulf wiederholte die Prozedur, bis er den Mann schließlich unter die Werkbank gerollt hatte. Wie viel Zeit blieb ihm? Er musste sofort mit der Arbeit beginnen!

Kapitel 31

Anna und Hanna liefen durch die Gassen von Worms. Sie kannten sich schon lange und mochten sich gern, aber Anna spürte, dass Hanna heute leicht reizbar war, obwohl sie sich Mühe gab, es nicht zu zeigen. Beim Stadttor, das zum Rhein hinunterführte, blieben sie stehen. Es war ein typischer Apriltag, vor einer Stunde hatte es noch geschneit, nun schien wieder die Sonne, aber die nächste Ladung dunkler Wolken ballte sich schon zusammen. Ein Metzger hatte beim Tor aus Steinen einen kleinen Ofen errichtet. Über dem Feuer briet er in einer schweren Eisenpfanne Fleisch mit Zwiebeln in einer bräunlichen Soße, auf einem Holzbrett lagen Brote und Brötchen. Aus der Pfanne dampfte es und der Wind wehte den Geruch zu den beiden Frauen.

In diesem Moment hörten Hanna und Anna vom Rhein her Schreie, sie schauten sich fragend an, dann eilten sie gemeinsam zum Fluss und erreichten den Rheinhafen, wo sich viele Menschen versammelt hatten, größtenteils Söldner; sie sahen allerdings weder Jost noch einen seiner Männer. Schiffsmasten ragten empor. Ein Mann lag auf dem Boden, von Neugierigen umringt. Zwei Söldner fesselten ihn, sie banden die Hand- und Fußgelenke hinter seinem Rücken über Kreuz zusammen, sodass sein Körper einen Kreis bildete. Dann befestigten sie an Händen und Füßen ein weiteres langes Seil, hoben den Mann in die Höhe, gingen zur Kaimauer und warfen ihn ins Wasser, wobei sie das Seil in der Hand behielten.

»Aha, eine Wasserprobe!«, sagte Hanna. »Sie machen mit ihm die Wasserprobe.«

Als der Körper des Gebundenen in den Rhein fiel, spritzte Wasser in die Höhe und Wellen bewegten sich kreisförmig nach außen; danach sank er nach unten. Die Zuschauermenge stand direkt an der Kaimauer und wartete, was geschehen würde. Anna kannte die Regeln: Falls der Körper auftauchte und auf dem Wasser trieb, war das ein Zeichen von Schuld. Tauchte er nicht auf, konnte der Mann auf Gnade hoffen – falls man ihn rechtzeitig wieder herausholte. Genau darüber aber schien man sich nicht einig zu sein.

»Was hat er getan?«, fragte Hanna einen Söldner.

»Er soll zwei Kameraden bestohlen haben.«

Die Frauen gingen zur Kaimauer. »Zieht ihn endlich hoch«, sagte Hanna aufgeregt. »Ihr seht doch, dass er unten bleibt, also ist er unschuldig.«

»Halt du dich da raus!«, erwiderte einer der Umstehenden, während der Körper kaum noch zu sehen war.

»Sie hat recht, das ist jetzt lange genug«, sagte ein anderer.

»Nein, wartet noch, vielleicht taucht er von selbst wieder auf, und dann ist er schuldig.«

»Wenn wir noch länger warten, säuft er uns ab.« Aber sie debattierten weiter.

»Zieht ihn, verdammt noch mal, hoch!« Alle schauten verblüfft Anna an, die sich ebenfalls wunderte, wie laut sie schreien konnte. »Los jetzt!«, fuhr sie in normaler Lautstärke, aber sehr bestimmt fort. Zu ihrer Überraschung gehorchten ihr die Männer; drei Söldner zogen den Gefesselten aus dem Rhein und legten ihn auf den Kai. Zunächst war unklar, ob er noch lebte. Anna ging zu ihm und schlug ihm mit der flachen Hand auf den Rücken, da fing er plötzlich an zu husten und rang nach Luft, bis sein Kopf rot anlief. Sie befreiten ihn von seinen Fesseln.

»Du hast die Wasserprobe bestanden, Ulrich«, sagte einer der Söldner zu ihm. »Aber ich traue dir trotzdem nicht über den Weg und werde dich im Auge behalten. – Bedank dich bei dieser Frau, dass du noch lebst.« Der Söldner zeigte auf Anna, während Ulrich den Oberkörper aufrichtete und seine Handgelenke rieb. Er beugte sich nach vorne und rang nach Luft, sein Gesicht war immer noch feuerrot, aus den Haaren und von der Kleidung rann Wasser; er betrachtete Anna.

»Hanna, lass uns zurück in die Stadt gehen. Ich habe genug mit meinen eigenen Problemen zu tun; diese Wilden sollen das unter sich ausmachen«, sagte Anna. Sie gingen zurück zum Stadttor. »Er folgt uns«, bemerkte Hanna, und Anna drehte sich um: Der Mann, den sie gerade gerettet hatte, torkelte hinter ihnen her.

»Dann lass uns schneller gehen, ich will mit ihm nichts zu schaffen haben. Eigentlich habe ich dich aus einem ganz anderen Grund um diesen Spaziergang gebeten. Ich möchte dich schon länger etwas fragen, finde aber nicht die rechten Worte. Also ganz direkt und gerade heraus: Wie steht ihr eigentlich zueinander, Jost und du? Das beschäftigt mich schon die ganze Zeit.«

»Ich weiß es selbst nicht, wir haben nie darüber gesprochen.«

»Wie lange kennt ihr euch?«

»Vielleicht schon zwanzig Jahre. Das erste Mal begegneten wir uns, lange bevor er nach Italien ging, er war Söldner in einem großen Heer von Landsknechten, und ich begleitete den Tross als Marketenderin. Er kam zu mir, so wie viele andere; irgendwann verlangte ich kein Geld mehr.«

Anna strich sich nervös mit den Fingern durchs Haar und machte ein verärgertes Gesicht.

»Was erwartest du?«, fragte Hanna. »Er ist kein Engel, da gibt es dunkle Seiten, von denen du nichts weißt. Trotzdem bin ich davon überzeugt, dass er ein gutes Herz hat.«

»Du liebst ihn, Hanna.«

»Ich lebe frei und unabhängig, ich brauche keinen Mann.«

»Du belügst dich selbst. – Übrigens: Dieser Kerl läuft immer noch hinter uns her.«

Sie passierten das Stadttor.

»Die Beziehung zwischen Jost und mir«, sagte Hanna, »beruht auf etwas Schwebendem und Unausgesprochenem. Ich habe nie versucht, ihn an mich zu binden. Vielleicht lag es daran, dass ich nie Angst hatte, ihn zu verlieren. Er war wie ich: frei und ungebunden. Wenn er zu einer anderen Frau ging, war es nur für eine Nacht, morgen würde er woanders sein. Sein Leben war ein Gegenstück zu meinem.«

»Was beunruhigt dich also?«, fragte Anna. »Denn ich spüre, dass du nicht so gelassen bist wie sonst.«

»Mit dir würde es anders sein, Anna. Er liebt dich.«

»Es soll keine Feindschaft zwischen uns geben, Hanna, egal, was geschieht.«

Hanna fasste Anna beim Arm, und sie blieben stehen. »Siehst du die Frau dort drüben?«

»Die mit den pechschwarzen Haaren und dem grünen Kleid?«

»Sie war auch Marketenderin und hat ein Söldnerheer begleitet, damals war sie fast noch ein Kind ... bis sie Brangenbergs Geliebte wurde. Ich habe sie seit Jahren nicht gesehen, aber ihr Gesicht ist unverwechselbar. Sie scheint mich nicht zu bemerken – oder tut sie nur so?«

»Ist sie immer noch Brangenbergs Geliebte?«, fragte Anna.

»Ich habe nichts Gegenteiliges gehört, er soll sich für sie in Unkosten gestürzt haben. – Aber sieh nur, unser fast ertrunkener Söldner läuft immer noch hinter uns her. Allerdings traut er sich nicht, uns anzusprechen.«

»Umso besser. – Dass Brangenberg seine Geliebte mit nach Worms gebracht hat, finde ich dreist.«

»Ich kenne die hohen Herren, Anna, und hatte auch schon

mit Bischöfen zu tun; mich wundert nichts. Aber ich muss los zum Dom und nach meinen Jungfrauen schauen, wir sehen uns später.«

Hanna setzte ihren Weg geradeaus fort Richtung Rathaus und Dom, Anna hingegen bog nach links ab und folgte der Geliebten des Bischofs, die zielstrebig durch die bevölkerten Gassen lief und einen Laden nahe beim Fischmarkt ansteuerte. Dort betätigte sie den Klopfer an einer schmalen Holztür und verschwand im Inneren. Anna stand eine Weile vor dem Fachwerkhaus, das mit jedem Stockwerk nach vorne kragte. Wie sollte sie weiter vorgehen? Kurz entschlossen klopfte sie ebenfalls an die Tür und betrat den Laden.

Innen herrschte Halbdunkel. Es roch muffig und staubig, ungebundene Papierstapel füllten Wandregale. Brangenbergs Geliebte und ein kleiner Mann mit großen, abstehenden Ohren standen bei der Ladentheke, auf der ebenfalls Papierbögen lagen. Der Ladenbesitzer blätterte in einem Druckwerk, das er der Frau anpries, Papier knisterte und raschelte. Im Hintergrund stand die Tür zu einem Lager offen, in dem mit Papier gefüllte, dickbauchige Fässer lagen oder standen. Die beiden schauten kurz auf und setzten dann ihr Gespräch fort.

Anna hielt sich im Hintergrund und gab vor, sich für die Papierstapel in den Regalen zu interessieren. »Das ist alles schön und gut«, hörte sie die Frau im grünen Kleid sagen, »aber ich will Schriften von Luther selbst.«

Der Buchhändler, dessen Gesicht mit Narben übersät war, die wahrscheinlich von einer Kinderkrankheit stammten, wand sich ein wenig. »Wie Ihr wisst«, sagte er, »muss er sich morgen vor dem Kaiser verantworten. Und solange die Angelegenheit nicht entschieden ist …«

»Ach«, sagte die Frau, »ziert Euch nicht so. Ich zahle Euch einen guten Preis, außerdem kann ich schweigen.«

»Wahrscheinlich werden seine Schriften bald verboten sein«, sagte der Mann und schaute in Annas Richtung.

»Das macht sie umso wertvoller – und ich bin nicht kleinherzig.«

Anna spürte, dass sie eingreifen musste. »Und macht Euch meinetwegen keine Sorgen«, erklärte sie. »Ich bin eine Anhängerin Luthers und komme aus dem gleichen Grund zu Euch wie diese Frau.«

»Dann gesellt Euch zu uns«, sagte Brangenbergs Geliebte. Anna trat zu den beiden an die Theke.

»Wartet einen Moment«, rief der Buchhändler und verschwand im Nebenraum, während die beiden Frauen, die etwa im gleichen Alter sein mochten, sich musterten. Selbst im kargen Licht, das schräg durch zwei winzige Fenster fiel, wirkte das Haar von Brangenbergs Mätresse weich und samtig und war so glatt, dass es an manchen Stellen bläulich glänzte; ein Hauch von Rosenwasser wehte zu Anna herüber. Schlechten Geschmack, so fand sie, konnte man dem Bischof nicht vorwerfen. Im Hintergrund hörte man das Quietschen einer Schranktür.

»Habt Ihr bereits etwas von Luther gelesen?«, fragte die Frau im grünen Kleid. Aus der Nähe bemerkte Anna unter ihrem rechten Auge einen dunklen Flecken wie von einem Stoß.

»Die Thesen«, sagte Anna, deren Inhalt sie kannte, weil Lucas Cranach sie einmal laut allen Angehörigen seines Haushalts vorgelesen und sogar erläutert hatte.

»Ihr stammt vermutlich nicht aus Worms?«

»Ich komme aus Wittenberg.«

»Aber dann kennt Ihr Luther bestimmt persönlich.«

Anna zögerte kurz. Wie viel durfte sie verraten? Aber diese Frau war eine Anhängerin von Luther. »Er war schon bei uns zu Gast.«

»Was für eine Überraschung!« Die Frau streckte Anna die Hand entgegen; ihr Händedruck war angenehm. »Ich würde Euch gern näher kennenlernen.«

Der Buchhändler kam mit Papierbögen zurück, die diskret in einem Fach unter der Ladentheke verschwanden; nachdem er nochmals zur Tür geschaut hatte, zog er eine schmale Schrift hervor, fasste sie oben und unten mit Daumen und Zeigefinger an und hielt sie den Frauen entgegen.

»Von der Freiheit eines Christenmenschen«, sagte er.

»Ich habe davon gehört. Was ist der Inhalt dieser Schrift?«, fragte Brangenbergs Geliebte.

»Luther stellt ein Paradoxon auf, gleich zu Anfang, und beruft sich dabei auf Paulus. Erstens sagt er: Ein Christenmensch ist ein freier Herr über alle Dinge und niemandem untertan. Dem stellt einen anderen Satz gegenüber, der scheinbar das Gegenteil behauptet: Ein Christenmensch ist ein dienstbarer Knecht aller Dinge und jedermann untertan.«

»Wie bekommt er das unter einen Hut?«, fragte Anna.

»Indem er davon ausgeht, dass der Mensch zweierlei Natur ist, geistlicher und leiblicher. Der Körper ist gebunden durch Begierde und unterliegt den Geboten und Gesetzen Gottes, die dem Alten Testament angehören und uns bewusst machen, dass wir in Sünde leben – und das ist der unfreie Teil des Menschen. Der freie Teil entspringt dem Evangelium, also Gottes Wort, und beruht allein auf dem Glauben. Die guten Werke soll der Mensch freiwillig tun, um Gott zu gefallen, denn gerechtfertigt wird er nur durch den Glauben: Sola fide!«

Brangenbergs Geliebte kaufte die Schrift. Anna fragte sich, weshalb sie Luthers Bücher las. Die beiden verließen den Laden und traten ins Freie, wo der Himmel sich zwischenzeitlich zugezogen hatte. Es begann zu regnen, zunächst ein paar Tropfen nur, dann prasselte es heftig. Die beiden Frauen flüchteten sich in eine kleine menschenleere Klosterkirche und setzten sich auf eine Bank mit Blick zum Altar. Dort brannten Kerzen und es war angenehm ruhig; der Lärm der Stadt blieb ausgesperrt, bis auf die gedämpften Schreie eines Fuhrmannes. Das trübe Regenlicht schluckte die Farben der Glasmalereien und in den Geruch von Weihrauch mischte sich der frischere von Dung und Regen, der durch ein offenes Fenster hereindrang.

»Ich heiße Jutta«, sagte die Frau, »und ich möchte von Euch mehr über Luther erfahren, denn Ihr seid ihm schon begegnet. Ist er wirklich so schlimm, wie man sagt?«

»Für mich ist er in erster Linie ein Mönch, und in meinen Augen ist er weder ein Unhold, wie die eine Seite, noch ein Heiliger, wie die andere behauptet. – Ist es das erste Mal, dass Ihr eine Schrift von ihm kauft?«

»Ja, denn ich möchte mir ein eigenes Bild machen. Ich bewundere seinen Mut: Er weiß, dass man ihm nach dem Leben trachtet, und kommt trotzdem nach Worms.«

»Wer trachtet ihm nach dem Leben?«, fragte Anna.

»Der Papst, der Kaiser, Fürsten – eine lange Liste!«

»Auch Bischöfe?«

Nun wurde Anna schärfer ins Auge gefasst. »So sagt man.«

»Ihr scheint gut unterrichtet zu sein, Jutta.«

»Vielleicht wisst Ihr mehr als ich. Wie ist Euer Name?«

»Ich heiße Anna und lebe im Haus von Lucas Cranach, dem Maler.« Anna wusste, dass sie mit dem Feuer spielte, aber ihr ging die Frage nicht aus dem Kopf, weshalb diese Frau sich für Luthers Schriften interessierte. Stimmte es tatsächlich, dass sie seinen Mut bewunderte?

»Ich habe von Cranach gehört und einmal – glaube ich – sah ich ein Bild von ihm: eine Venus. Ihr Schleier war feiner als Spinnweb – und durchsichtiger.«

»Dann war das Bild bestimmt von Lucas.«

»Und Luther verkehrt also in seinem Haus?«

»Die beiden sind gute Freunde. – Weshalb interessiert Ihr Euch so sehr für Luther?«

»Gegenfrage: Wer interessiert sich nicht für ihn?«

»Aber Euer Interesse scheint mir sehr ausgeprägt zu sein.«

»Wie kommt Ihr darauf?«

»Nun, man könnte den Eindruck gewinnen, als wärt Ihr von seinem Schicksal in irgendeiner Weise persönlich betroffen«, sagte Anna.

»Vielleicht bin ich es.«

»Das klingt geheimnisvoll.«

Jutta schien nachzudenken. »Mein Mann und seine Freunde sind Gegner Luthers, sie hassen ihn. Und genau das macht mich stutzig, denn wie ich schon sagte, bin ich ein Mensch, der sich gern eine eigene Meinung bildet. – Sagt, Anna, habt Ihr Familie?«

»Mein Mann ist verstorben.«

»Kinder?«

»Ein Kind.«

»Eine Tochter?«

»Woher wisst Ihr das?«

»Ich habe nur geraten.«

Anna hatte den Eindruck, dass Brangenberg seine Geliebte nicht kannte, dass er sich in ihr gründlich täuschte. Oder war sie nur eine gute Schauspielerin? Anna setzte alles auf eine Karte. »Meine Tochter wurde entführt«, sagte sie.

»Von wem?«

»Von einem Mann, der Luther schaden möchte und an dem ich mich rächen werde.«

»Es war Brangenberg, der Bischof«, sagte Jutta, als habe sie nur auf Annas Bekenntnis gewartet. »Er ist in Worms, und ich war seine Geliebte.«

»Seid Ihr es nicht mehr?«

»Er denkt, ich sei es noch. Siehst du das hier?« Sie deutete mit dem Zeigefinger auf den dunklen Fleck unterhalb des Auges. »Er denkt, er kann mich behandeln wie ein Tier.«

»Warum hat er dich geschlagen?«

»Weil ich mich nicht einsperren lasse. Und für das, was er getan hat, wird er bezahlen. Er denkt, ich habe ihm verziehen, und weiß nichts von meinem Hass. Wir hassen denselben Mann!«

Anna glaubte ihr; falls sie Jutta falsch einschätzte, setzte sie durch ihre Offenheit ihr Leben aufs Spiel. »Weißt du von der Entführung?«, fragte Anna.

»Ja, aber Brangenberg weiß nicht, dass ich es weiß.«

»Und weißt du auch, dass er einen Mann beauftragt hat, Luther zu töten?«

»Ich sah ihn kurz: ein sehr klein gewachsener Mann, fast ein Zwerg.«

»Ich glaube, er ist in Worms«, sagte Anna.

Jutta nickte. »Ich weiß, dass er in Worms ist – denn er hat mit Brangenberg Kontakt aufgenommen.«

Kapitel 32

Wulf saß im Schoß der Familie und löffelte die Morgensuppe. Besonders der Großvater faszinierte ihn, der, wie er mittlerweile wusste, aus Polen stammte, was seinen leichten Akzent erklärte. Er hieß Wladislaw, hatte früher die Geschäfte geführt und den Wohlstand der Familie begründet. Heute schien sein Lebensinhalt darin zu bestehen, das Geschehen um ihn herum zu kommentieren. Dabei nahm er kein Blatt vor den Mund, und er würzte seine Randbemerkungen so kräftig, dass es ihn munter und bei Laune hielt. Trotz seiner Bissigkeit zahnlos, schlürfte der Großvater genüsslich und lautstark die heiße Suppe.

Sie saßen zu zehnt im Erdgeschoss an der großen Tafel, die Wulf immer an den Schweinebraten erinnerte, den man ihm vorenthalten hatte. So sehr er sich auch um die Gunst der Hauswirtin bemühte, er hatte schnell erkannt, dass Sparsamkeit ihr prägender Charakterzug war. Sie sparte zum Beispiel gern am Kerzenlicht, und so saß man meistens im Dunkeln.

Nachdem Wulf für eine Woche im Voraus gezahlt hatte, genoss er sogleich besseres Ansehen; das ging so weit, dass ihm die Hauswirtin heute den Suppenteller persönlich auf den Tisch stellte – eine hohe Auszeichnung. Er durfte sogar neben ihr sitzen, und sie kamen ins Gespräch. Wulf lobte die dünne Suppe, der es obendrein an Salz fehlte.

»Es freut mich, dass es Euch schmeckt«, meinte sie, »solche Gäste hat man gern.«

»Euer Mann ist wohl häufig tief in Gedanken versunken«, fragte Wulf leise, denn der gute Siegfried saß am anderen Ende der Tafel, den Kopf weit nach vorn gebeugt, sodass die Nase fast im Teller hing. Am Geschehen um ihn herum nahm er wenig Anteil. Drei Kinder saßen mit ihnen am Tisch und drei Bedienstete.

»Ob es sich dabei um Gedanken handelt«, erwiderte sie, »das möchte ich nicht entscheiden.«

»Nun, er wirkt zumindest abwesend«, meinte Wulf.

»Das trifft die Sache schon besser.«

»Was habt ihr da miteinander zu füstern?«, mischte sich der Großvater ein, dem nichts entging.

»Wir flüstern gar nicht«, erwiderte die Hausfrau, »aber du bist halb taub.«

Der Großvater lächelte boshaft: »Nur das, was ich nicht hören soll, das höre ich leider immer noch, nicht wahr?«

»Vor allem«, sagte Clothilde, »bist du ein Meister darin, anderen das Wort im Munde zu verdrehen.«

Wladislaw legte seinem Sohn die Hand auf den Unterarm. Seine liebe Hausfrau sei ja bereits bester Laune. Was er denn mit ihr gemacht habe?

Trotz der Dunkelheit sah Wulf, dass aus Siegfrieds Bart ein offener Mund hervorschaute. »Was ist los?«, fragte er.

Zwei der Kinder schauten sich an und kicherten, aber Clothilde befahl ihnen, den Mund zu halten. Die wehrten sich, sie hätten doch gar nichts gesagt. »Und der Großvater«, fuhr die Hauswirtin fort, »kann sich seine ewigen Bemerkungen über unsere Ehe sparen. Schließlich hat er seine Frau früh genug ins Grab gebracht.«

»Lass mal bloß die Marianne aus dem Spiel … altes Lästermaul!« Die Stimme des Großvaters klang jetzt verärgert. Wenn er eine Frau wie sie geheiratet hätte, läge er seit zehn Jahren im Grab, aber darauf warte man ja nur. Aber er bleibe ihnen noch eine Weile erhalten.

Wulf löffelte schweigend, während man Freundlichkeiten austauschte. Seine Gedanken schweiften ab, denn er musste die Armbrust erproben. Streng genommen, genügte sie seinen Ansprüchen nicht, aber da er unter Zeitdruck stand, hatte er vorgefertigte Teile übernommen, die in Bärenreiters Vorrat lagen, und einiges daran geändert. Aber er hatte mit der Waffe noch nicht geschossen, und das musste heute noch geschehen. Außerdem war er abends im Dom verabredet: nach Einbruch der Dunkelheit, während der Messe.

Wulf ging zurück auf den Kornspeicher, er schaute nach seiner Armbrust, die sich in einem großen Sack befand, und stellte sicher, dass niemand während seiner kurzen Abwesenheit in seinen Sachen gewühlt hatte.

Wulf öffnete das Fenster einen Spalt breit und schaute nach draußen. Es sah nach Regen aus. Die Luft, von einem leichten Wind gereinigt, roch frisch und frühlingshaft. Die Marktleute bauten ihre Stände auf, Karren fuhren über den Domplatz und wurden entladen. Die Menschen waren schweigsam und in das Stampfen der Hufe und das Knarren der Wagen mischten sich nur selten Stimmen, wenn man sich kurze Anweisungen zurief. Der Wind blies in den Speicher und Wulf fröstelte. Während er einem Gewürzhändler zuschaute, der kunstvoll seine vielfarbigen Waren anordnete, überlegte er, wo er seine Waffe erproben könnte. Heute war die letzte Gelegenheit, denn wahrscheinlich würde Luther bereits morgen vor dem Reichstag auftreten.

Wulf wandte den Kopf nach links und blickte über die roten und schwarzen Dächer, über die Türme der Kirchen und Klöster und die Stadtmauer hinweg auf die Rheinauen. Gar nicht weit von der Stadt sah er eine kleine Insel mit Bäumen und Büschen und einigen Häusern, in denen Fischer wohnten – bequem über eine Brücke erreichbar. Am entfernt gelegenen Ende der Insel entdeckte er einen Kran, dessen Arm in die Luft ragte; er konnte sogar erkennen, dass das auf halber Höhe hängende Seil ein wenig hin und her schwankte. Hinter dem Kran lag ein einmastiges Schiff vor Anker. Wulf betrachtete den flussabwärts gelegenen Teil der Rheininsel; dort, wo sie sich verjüngte und in einem spitzen Zipfel endete, sah er keine Häuser mehr, nur Bäume und Hecken und ein winziges Stück bebautes Land. Die Ecke war entlegen und gefiel ihm, aber leider stand dort jemand – regungslos. Wulf strengte seine Augen an: Ein Mensch, der so lange dort stand, ohne sich im Geringsten zu bewegen? Das konnte kein Mensch sein. Er beschloss, genau dort, an diesem entfernten Inselzipfel, den ersten Distanzschuss mit seiner Armbrust zu wagen.

Wulf schulterte den Sack mit der Armbrust, er sah keinen Grund, die Sache länger aufzuschieben, trotz seiner Müdigkeit. Er würde tagsüber schlafen, um abends wieder auf der Höhe zu sein. Wulf stieg die steile Treppe hinunter, da trat ihm im ersten Stock der Großvater in den Weg.

»Geht Ihr auf Beutefang?« Wladislaw deutete auf den großen Sack.

Wulf zog die Stirn in Falten. Ahnte der Alte etwas? Wusste der Großvater, dass er die Nacht außer Haus verbracht hatte? Er suchte nach einer unverbindlichen, harmlos klingenden Antwort, aber seine Müdigkeit machte ihm zu schaffen.

»Ich will ein paar Einkäufe erledigen, weiter nichts«, sagte Wulf. »Ich reise bald ab und muss gerüstet sein für unterwegs.«

»Verständlich, verständlich, so würde ich es auch machen.«

Sie standen im Treppenhaus, Wulf wollte an ihm vorbei, aber der Alte rührte sich nicht vom Fleck. Solange Wladislaw seine Familienmitglieder ärgerte, hatte Wulf ihn amüsant gefunden, aber nun, da er selbst zur Zielscheibe wurde, sah die Sache anders aus.

»Was tragt Ihr da bei Euch?«

Wulf blickte über seine Schulter und natürlich war der Sack ausgebeult von der Armbrust, deren Form man aber nicht erkennen konnte, denn Wulf hatte sie mit Stoff umwickelt. Er suchte in seinem übermüdeten Hirn nach einer überzeugenden Antwort, doch leider vergebens.

»Am liebsten würdet Ihr wohl einen Blick hineinwerfen«, sagte er und ärgerte sich über seine Einfallslosigkeit mehr als über den Alten.

Wladislaw strahlte über das ganze Gesicht. Dieses Lächeln, fiel Wulf auf, zeigte sich immer dann, wenn es ihm gelang, jemanden aus der Reserve zu locken. Schlafmangel war teuflisch, man geriet in einen Zustand, der mit einem Rausch vergleichbar war, gab die falschen Antworten und brachte sich unnötig in Schwierigkeiten.

»Ich muss weiter«, sagte Wulf.

Wladislaw gab die Treppe nicht frei. »Gefällt Euch der Reichstag? Hier kann man die Feste feiern, wie sie fallen, ist es nicht so?«

Wulf schaute nicht gern zu anderen auf, und Wladislaw, obwohl er gebeugt und auf einen Stock gestützt stand, war ein großer Mann. »Worauf wollt Ihr hinaus?«

»Ihr seid erst am Morgen ins Haus zurückgekehrt – mit diesem Sack auf dem Rücken.«

Hatte der Alte ihm aufgelauert? »Ich habe mich ein wenig vergnügt«, erwiderte Wulf. »Und was den Sack betrifft: Er enthält etwas Wertvolles, deshalb trage ich ihn immer bei mir.«

»Das ist verständlich, so würde ich es auch machen.«

»Lasst mich jetzt vorbei, ich habe zu tun.«

»Ich kann mich nicht erinnern, dass Ihr den Sack bei Euch hattet, als Ihr ankamt.« Der Alte wurde langsam lästig.

»Ich vertraute ihn einem Freund an – wie auch mein Pferd.«

»Das war klug von Euch. Wie heißt es im Sprichwort so treffend: Glücklich der Mann, der auf Freunde zählen kann!«

»Und der Psalmist«, erwiderte Wulf, »spricht Folgendes: Wir bringen unsere Tage zu wie ein Geschwätz.«

»Wie wahr! Verzeiht einem alten Mann.« Wladislaw trat zur Seite, Wulf ging an ihm vorbei, stieg die Treppe hinunter und verließ das Haus. Er war unzufrieden mit sich, hätte sich besser auf eine solche Situation vorbereiten müssen. Der Alte misstraute ihm, so viel war klar. Sie würden sich von nun an scharf im Auge behalten.

Wulf vermied es, den Marktplatz zu überqueren, wo mittlerweile alle Stände aufgebaut waren und Gedränge herrschte. Abgeordnete strömten aus verschiedenen Richtungen zum Sitzungssaal des Reichstages im Bischofshof, geistliche und weltliche Fürsten, prächtig gekleidet, Vertreter der freien Reichsstädte, viele in Begleitung von Söldnern, darunter auch Spanier. Er wählte nicht den direkten Weg zum Rheintor, sondern folgte der fast menschenleeren Gasse, in der sich die Unterkünfte der Wollweber befanden. Eine Frau entfernte mit einer kleinen Schaufel Kothaufen, die vor ihrer Tür lagen; an einem der Häuser arbeiteten Dachdecker, und drei Mädchen spielten Seilhüpfen. Die Hauswirtin hatte ihm erzählt, dass das Textilgewerbe in der Stadt einst eine wichtige Rolle spielte. In den letzten Jahren habe sich das zwar geändert, aber durch den Reichstag erhoffe man neuen Aufschwung. Wulf sah durch ein offen stehendes Fenster, in dem sich blitzend die Sonne spiegelte, eine Frau am Webstuhl sitzen; sie trug ein blaues Kopftuch und summte ein Lied. Beim Brunnen am Fischmarkt standen Frauen mit ihren Krügen. Wulf beschloss, auch um diesen Platz einen Bogen zu machen – da entdeckte er Hanna.

Er blieb stehen: All die Tage, seit er aus Wittenberg geflohen war, hatte er an sie denken müssen, selbst während des Sturms hatte er dieses Hirngespinst nicht aus seinem Kopf vertreiben können. Was war das Besondere an ihr? Hanna war nicht allein, sondern eine der Frauen aus dem Badehaus stand bei ihr, die Magere. Sie trugen Krüge bei sich und warteten, dass sie an die Reihe kämen. Während sie sich unterhielten, legte Hanna den Kopf in den Nacken; er hörte ihr Lachen.

Neben dem Brunnen lagen die Eingeweide von Fischen. Der ganze Platz roch danach. Die beiden Frauen kamen an die Reihe, zogen an der Seilwinde und füllten ihre Krüge mit einem Eimer. Wulf war bei einem Haus stehen geblieben, wo drei Fischer ihre Netze zum Trocknen ausspannten; an der Hauswand standen Holzkisten mit ihrem Fang, darunter Forellen, Karpfen und Aale. Hanna und ihre Begleiterin stemmten schwere, rotbraune Krüge auf den Kopf und verschwanden in einem nahegelegenen Haus.

Wulf rieb sich mit den Händen das Gesicht und schüttelte den Kopf, als könne ihm das helfen, denn es kam ihm vor, als hätte er gerade eine Vision gehabt. Schließlich zwang er sich zum Weitergehen, ehe die Fischer sein Verhalten verdächtig fanden. Er ging zum Stadttor und sah immer noch Hanna vor sich.

Zum Rhein hin gab es zwei Tore mit Brücken, die zur Insel hinüberführten. Wulf wählte die schmalere der beiden. Vom Ufer aus bot sich ein Panoramablick auf die Stadt, deren Mauer aus einem älteren und einem neueren Teil bestand. Die Mauer, die den Stadtkern sicherte, war höher, wuchtiger und in kurzen Abständen von Türmen unterbrochen; rechts und links davon gab es eine niedrigere Mauer, mit nur zwei Türmen. Dahinter ragten die Dächer der Bürgerhäuser empor, vor allem aber die Türme der zahlreichen Kirchen und Klöster. Erst hier, von der anderen Rheinseite aus, sah man, wie viele es waren.

Wulf war als Einziger von der Stadt zur Insel gelaufen, während umgekehrt drei Frauen zu Fuß sowie ein Pferde- und ein Eselskarren in Richtung Stadt unterwegs waren. Die frische Brise am Fluss belebte Wulf ein wenig. Er zog seine Mütze vom Kopf und ließ sich den Wind um die Ohren wehen. Ein tief beladenes Schiff lief auf den Hafen zu, die Wellen glitzerten silbern, und er beobachtete zwei weiße Schwäne, die auf ihn zuschwammen. Seit dem Sturm konnte er Flusslandschaften nicht wirklich genießen, und während er vorhin über die Brücke gelaufen war, hatte er sich sogar schwindlig gefühlt. Wulf wandte sich nach rechts und folgte einem schmalen Pfad.

Ihm wurde bewusst, dass ihm während seiner Reise nach Worms zweimal Zweifel gekommen waren an dem, was er vorhatte: zunächst bei seinem Bruder, der eine Familie gegründet hatte und ein unauffälliges, aber zufriedenes Dasein führte; dann bei Johanna, die vom Zoll und der Gastwirtschaft lebte und ihn gerettet hatte. Die Vorstellung, bei ihr zu bleiben und sich von ihr bemuttern zu lassen, war geradezu verlockend erschienen ... Aber er hatte diese Schwäche überwunden.

Wulf näherte sich dem Ende der kleinen Insel. Hier gab es keine Häuser mehr, nur Bäume, Sträucher und Büsche; im feuchten Gras blühte es gelb und weiß, Pappeln und Weiden säumten das Ufer, in denen Vögel ihre Nester bauten. Er beobachtete Buchfinken, Meisen, Bachstelzen und Amseln und hörte ihrem Gesang zu. Auch ausgefallene Arten, die er nicht kannte, fielen ihm auf. Die Insel schien ein wahres Vogelparadies zu sein. Vor lauter Staunen vergaß er fast den Grund, weshalb er gekommen war. Wulf liebte die Natur und fürchtete sie zugleich, aber seine wenigen glücklichen Momente verdankte er ihr. Wenn die Natur einem Schmerzen zufügte, geschah es nicht aus Bosheit – bei Menschen war das anders.

Wulf kam zu dem kleinen Feld, das er von seinem Speicherfenster aus bemerkt hatte. Auf frisch bearbeitetem Boden entdeckte er Tauben, die Samenkörner aufpickten und dabei gurrten. Der Geruch von frischer Erde vermischte sich mit dem des Flusses. Was er kurzzeitig für einen Menschen gehalten hatte, entpuppte sich als eine Vogelscheuche am Rand des Feldes: ein in den Boden gerammter Pfosten mit einer schmaleren Querlatte, auf der eine blaue, zerlumpte Arbeitsjacke hing und im Wind flatterte. Am oberen Ende des Pfostens hatte man mit Hilfe von Stroh und Schnüren einen menschlichen Kopf nachgeformt.

Was wollte er mehr? Wulf nahm den Sack von der Schulter, öffnete ihn, holte seine Waffe hervor und befreite sie von der Stoffumhüllung. Er legte den Sack auf das Gras und breitete die Armbrust und das übrige Zubehör darauf aus, dann nahm er die Waffe auf und betrachtete im hellen Tageslicht, was er bisher nur im Fackelschein und Dämmerlicht gesehen hatte.

Die modernen Armbrüste besaßen häufig einen stählernen Bogen, der als leistungsfähiger galt. Wulf hielt nicht viel davon, man musste nicht immer sein Fähnchen in den Wind hängen, denn der wehte morgen schon wieder aus einer anderen Richtung. Der stählerne Bogen besaß gewisse Vorteile, er war weniger witterungsanfällig. Für eine Bürgerwehr, die ihre Waffen lange lagerte, war das in Ordnung – aber für seine Zwecke vertraute er dem Hornbogen. Bärenreiter hatte fast ausschließlich Armbrüste mit stählernen Bogen verfertigt, aber zum Glück hatte Wulf noch einen Hornbogen in seinem Vorrat gefunden und ihn mit den anderen Fertigteilen kombiniert.

Wulf hielt die Armbrust mit beiden Händen an der Mittelsäule und prüfte sein eigenes Werk kritischer, als irgendein anderer das hätte tun können. Er fuhr mit Daumen und Zeigefinger über die straffe, aber noch nicht gespannte Hanfsehne, die dort, wo sie die Mittelsäule berührte, nochmals verstärkt war. Probeweise klappte er die Visiervorrichtung hoch, in die verschiedene Sehschlitze eingelassen waren: die sogenannte Kimme. Am Ende der Säule befand sich die Zielgabel, die auch Schiff hieß, mit dem Korn. Wulf schulterte die Waffe probeweise, dann setzte er sie wieder ab und legte sie zu Boden.

Aus einem speziellen Köcher zog er verschiedene Bolzen hervor, die aus Holz gefertigt waren. Zu Übungszwecken würde er zunächst Bolzen ohne eiserne Spitze verwenden; sie besaßen Lederstabilisatoren, um die Treffsicherheit zu erhöhen. In diesem Fall war Wulf mit dem Material von Bärenreiter nicht zufrieden gewesen und hatte Verbesserungen vorgenommen. Neben die Übungsbolzen legte er einen einzigen, der eine Stahlspitze mit Widerhaken besaß: Mit einem solchen würde er Luther töten.

Wulf nahm die Armbrust wieder auf, um sie zu spannen; hierfür hatte er eine Metallwinde mitgebracht, die mit einer Zahnstange arbeitete und mit zwei Haken die Sehne fasste. Er stellte seinen linken Fuß in einen Bügel, der als Spannhilfe diente. Mit beiden Händen, den Oberkörper nach vorn gebeugt, drehte er die Kurbeln, sodass die Sehne sich spannte, bis sie in der Nuss, einer Vorrichtung aus Metall, Halt fand.

Wulf legte die Winde auf den Sack und betrachtete die Vogelscheuche: das perfekte Ziel. Er würde versuchen, den Kopf zu treffen. Wulf kehrte der Figur den Rücken zu und entfernte sich durch das nasse Gras. Nach etwa hundertfünfzig Schritten blieb er stehen und drehte sich um. Er klappte den Visierabsatz hoch, schulterte die Armbrust und stützte mit der linken Hand die Säule ab, während der rechte Zeigefinger am Abzug lag. Mit Hilfe von Kimme und Korn visierte er sein Ziel an. Das Flattern der Jacke störte ihn, aber mit Bewegung musste er auch im Ernstfall rechnen. Er drückte den Abzugsbügel, der mit der Nuss verbunden war, und der Übungsbolzen schoss los.

Das Geschoss blieb lange in der Luft. Es beschrieb eine ruhige Flugbahn, dann durchschlug es die blaue Jacke und blieb irgendwo im Feld liegen. Er merkte sich die Stelle, ging zurück, holte den Bolzen und legte ihn auf den Sack. Mit Werkzeug, das er mitgebracht hatte, nahm er eine Korrektur an der Zielgabel vor, dann spannte er die Armbrust erneut und entschied sich für einen anderen Bolzen; auch dieser hatte keine Metallspitze.

Wieder entfernte er sich hundertfünfzig Schritte von seinem Ziel, legte an, zielte und schoss. Ein zweites Mal landete der Bolzen im Feld. Wulf ging zur Vogelscheuche und betrachtete den Kopf; links war das Stroh aufgerissen, also hatte er ihn gestreift. Er holte den Pfeil, ging zum Sack und nahm eine zweite Korrektur vor. Er spannte die Armbrust mit einem Bolzen ohne Stahlspitze – diesmal streifte er das Stroh rechts. Nach einer dritten Korrektur spannte er die Armbrust erneut: Jetzt hatte er den Bolzen mit Stahlspitze und Widerhaken eingelegt.

Einhundertfünfzig Schritte sind eine große Entfernung. Als Wulf sein Ziel mit Kimme und Korn anvisierte, kam ihm der aus Stroh geformte Kopf sehr klein vor. Diesmal zielte er länger – und schoss. Der Bolzen traf sein Ziel, durchschlug das Stroh und blieb im Pfosten stecken. Wulf ging zur Vogelscheuche und betrachtete den Treffer: Wäre dies ein Mensch gewesen, so hätte er ihn genau zwischen den Augen erwischt.

Als Wulf wieder zu seinem Sack zurückkehrte, stand dort ein kleines Mädchen. Es hatte rote, lockige Haare und legte den Kopf ein wenig zur Seite, während es ihn neugierig anblickte. Er reagierte erst gar nicht, denn er hatte sich allein geglaubt und war völlig in seine Aufgabe vertieft gewesen.

»Was machst du da?«, fragte sie.

»Wie kommst du denn hierher?«, fuhr Wulf sie an.

»Warum schießt du auf die Vogelscheuche?«

»Ich übe nur, das hat nichts zu bedeuten.« Wulf dachte fieberhaft nach. Natürlich würde sie das, was sie gerade gesehen hatte, nicht für sich behalten; wahrscheinlich würde sie es als Erstes ihren Eltern erzählen.

Er fragte sie, wie sie heiße und wo sie wohne. Ihr Name war Maria, das Haus ihrer Eltern lag ganz in der Nähe am Ufer, erzählte sie.

»Was macht dein Vater von Beruf?« Wulf betrachtete sie aufmerksam. Er schätzte sie auf acht Jahre, und doch war er nicht viel größer als sie.

»Er ist Henker.«

Wulf überlegte, ob er sie töten sollte. Er könnte sie in den Fluss werfen.

»Du hast genau den Kopf getroffen«, sagte sie.

»Wie lange beobachtest du mich schon?«

»Ich habe dich kommen sehen.«

»Bist du mir nachgeschlichen?«

»Nein.«

»Was dann?«

»Ich saß da im Busch und habe Vögel beobachtet, dann bist du gekommen.«

»So, du hast also Vögel beobachtet?«

»Ja, hier gibt es so viele.«

Ihr rotes Haar leuchtete in der Sonne, sie gefiel ihm.

»Ich habe noch nie gesehen, dass jemand so gut schießt wie du.«

Er musste sie töten und in den Fluss werfen. Jetzt!

»Wie machst du das?«, fragte sie.

»Wenn man weiß, wie es geht, ist es ganz einfach. Hast du noch nie eine Armbrust gesehen?«

»Schon, aber nur aus der Ferne.«

Und Augen hatte sie, die waren von einem ganz hellen, wässrigen Blau. Was für eine Rolle spielte das eigentlich? »Natürlich musst du begabt sein, aber vor allem musst du viel üben, das ist mit allem so.« Nun fing er schon an, ihr Lebensweisheiten zu vermitteln, Wulf zweifelte an seinem Verstand. An wen, zum Teufel, erinnerte sie ihn?

»Mein Vater hat keine Armbrust, nur so ein großes Hackebeil und ein riesiges Schwert, damit haut er den Leuten den Kopf ab.«

»Immerhin, das ist doch auch etwas«, sagte Wulf.

»Ich finde so eine Armbrust schöner. Und du hast genau getroffen, von ganz weit weg, das ist viel schwieriger als das, was mein Vater macht.« Sie schien ihn wirklich zu bewundern und ließ ihn keinen Moment aus den Augen.

»Schaust du deinem Vater bei der Arbeit zu?«

»Nein, das darf ich nicht. Aber ich weiß trotzdem, was er macht. Ich habe ihm zugeschaut, wenn er Hühnern und Gänsen mit dem Beil den Kopf abschlägt. Aber das kann doch jeder, oder? Außerdem ist es ekelhaft.«

Wulf musste lachen, aber das war dumm von ihm, denn je länger sie redeten, desto schwerer würde es ihm fallen. »Weißt du, ein Henker hat es nicht leicht, das ist ein undankbarer Beruf.«

»Wie meinst du das?«

Er schwieg.

»Jetzt sag schon!«

Wenn sie sich ein wenig ärgerte, zog sie die mit Sommersprossen betupfte Nase kraus und zwischen den Augenbrauen richteten sich Falten auf. Er bemerkte, wie hell und empfindlich ihre Haut war. Warum ließ er sich auf dieses Gespräch ein, das schuf so eine verdammte Vertrautheit.

»Es ist so: Ein Henker darf sich keinen Fehler erlauben. Wenn er sein Opfer mit dem Schwert töten soll und das gelingt ihm nicht beim ersten Schlag, kann es passieren, dass er selbst auf dem Richtblock landet.«

»Mit so einem großen Schwert!«, rief sie. »Also, wer da nicht trifft!«

Wulf musste erneut lachen und diesmal lachte sie mit. Sie strahlte über das ganze Gesicht, und das war zu viel; er wandte den Kopf zur Seite – und musste doch wieder hinschauen. Ihr Lächeln brach ihm das Herz: Er konnte sie nicht töten, ihr nicht einmal ein Haar krümmen. Wenn nötig, hätte er sie sogar verteidigt.

Warum sollte die Kleine ihm gefährlich werden? Was hatte sie schon gesehen? Sie würde zu ihrem Vater laufen und ihm erzählen, dass sie einen kleinen Mann gesehen habe, der mit einer Armbrust auf die Vogelscheuche geschossen und sie aus unglaublicher Entfernung genau getroffen hatte. Und der Vater würde denken: Einer von den vielen Fremden, die sich zurzeit in der Stadt herumtreiben, vielleicht ein Söldner oder der Leibwächter eines Fürsten, er kann gut mit der Armbrust umgehen und hat Schießübungen gemacht. Er würde der Sache keine Bedeutung beimessen und sie im nächsten Moment vergessen.

War es wirklich so einfach? Wulf sammelte seine Sachen ein und vergaß den zuletzt verschossenen Bolzen nicht. »Hast du Geschwister, Maria?«

»Drei Brüder.«

»Und wie heißen die?«

»Sebastian, Georg und Thomas.«

»Bist du die Jüngste?«

»Leider.«

»Wieso leider? Ärgern sie dich?«

»Georg und Thomas ärgern mich, aber Sebastian beschützt mich.«

Er wickelte den Stoff um die Armbrust und verstaute sie im Sack. »Ich glaube, du kannst dich ganz gut wehren.«

»Schon, aber im Moment sind die Blödmänner noch zu stark.«

In den Bäumen tobten die Vögel, es war wirklich ein herrlicher, fast paradiesischer Frühlingstag. Wulf schaute über den Fluss, dort hinten ballten sich dunkle Wolken, eilten heran, als schiebe eine Riesenhand sie vor sich her. Er blickte auf ein Gebäude am linken Stadtrand.

»Das ist Sankt Cäcilien«, sagte das Mädchen, das seinen Blick bemerkte.

Wulf schulterte den Sack, vielleicht war dieser verdammte Frühling Schuld und die vielen Vögel. Er legte seine Hand an ihre Wange.

»Leb wohl!«, sagte er. »Du bist ein kluges Mädchen.« Dann ging er davon.

Kapitel 33

Alle rechneten für den nächsten Tag mit Luthers Vorladung. Jost fühlte sich ohnmächtig und niedergeschlagen. Man würde Luther zum Tod verurteilen, daran zweifelte er nicht, alles andere käme einem Wunder gleich. Was für eine Rolle spielte es da noch, ob er Wulf Kramer fand? Seine Leute hatten die Stadt durchkämmt, sie hatten in den Herbergen nachgefragt – erfolglos! Er hatte damals nicht verhindern können, dass der alte Brangenberg starb, und er würde auch jetzt Luthers Tod nicht verhindern können. Sein ganzes Tun und sein bisheriges Leben kamen ihm sinnlos vor. Am liebsten hätte er alles hingeworfen.

Es war später Nachmittag. Im Johanniterhof herrschte, wie immer seit Luthers Ankunft, ständiges Kommen und Gehen, denn viele seiner Bewunderer wollten ihn sehen und sprechen. Ein neuer Messias war er nicht, fand Jost, aber auch an Luther schieden sich die Geister: Entweder war man für ihn oder gegen ihn. Vielleicht faszinierte gerade das die Menschen, dass es in Bezug auf diesen Mann keine halben Sachen gab.

Grafen, Freiherren und Ritter machten ihre Aufwartung, Adlige, Geistliche, Humanisten und Abgeordnete der Städte. Jost hatte kein gutes Gefühl angesichts der vielen Gäste; allerdings waren ihm die Hände gebunden, weil Luther sie oft einfach in seine Stube lud, ohne auf Bedenken Rücksicht zu nehmen – oder er traf sich mit ihnen in einem kleinen Saal, den man ihm zur Verfügung gestellt hatte. Josts Gedanken wurden dunkler und ebenso seine Stimmung, bis einer seiner Männer kam und sagte, dass eine Frau ihn sprechen wolle. Jost ging ins Erdgeschoss und sah in der Vorhalle Anna stehen.

Sie bat um ein Gespräch unter vier Augen. Jost beorderte zwei zusätzliche Wachleute in Luthers Nähe, dann gingen sie ins Freie und fanden hinter dem Dom bei der Stadtmauer eine Ecke, wo sie sich ungestört unterhalten konnten.

Sie wisse jetzt bestimmt, dass Wulf in der Stadt sei, sagte Anna und berichtete ihm von der Begegnung mit Jutta. »Wulf Kramer hat mit Brangenberg Kontakt aufgenommen.«

Jost war überrascht, weil er nicht damit gerechnet hatte, dass Wulf ein so hohes Risiko eingehen würde.

»Er fordert ein Treffen mit Brangenberg oder einem Bevollmächtigten. Offenbar hat er eine Vorauszahlung bekommen und will jetzt den Rest des Geldes.«

»Wann und wo soll das Treffen stattfinden?«

»Das steht noch nicht fest, aber ich werde es hoffentlich erfahren.«

»Können wir seiner Geliebten vertrauen?«

»Davon bin ich überzeugt. Ich treffe mich gegen Abend mit ihr.«

»Bitte gib mir sofort Bescheid, sobald du Näheres weißt. Alle meine Leute werden in Bereitschaft sein, du findest uns im Johanniterhof.«

Jost bemühte sich, die schwarzen Schatten zu verscheuchen. Die Neuigkeiten gaben ihm neue Hoffnung; außerdem freute er sich über Annas Nähe.

»Spalatin war eben bei Luther«, sagte er. »Er ist die rechte Hand des Kurfürsten und außerdem ein Vertrauter Luthers, weshalb er zwischen den beiden vermittelt. Ich habe die Gelegenheit genutzt, um ein paar Worte mit ihm zu wechseln.«

»Worüber habt ihr gesprochen?«

»Ich bekomme Friedrich nur selten zu Gesicht, und deshalb setze ich darauf, dass Spalatin ein gutes Wort für mich einlegt. Wir haben kürzlich bei einem Fest zusammen gebechert, deshalb kenne ich ihn ganz gut. Ich habe ihm erzählt, dass ich älter werde und nicht bis in alle Ewigkeit meinen Kopf hinhalten kann. Er hat Verständnis gezeigt und will ein gutes Wort für mich einlegen, damit ich den Posten bei der Bürgerwehr bekomme – wenn das hier vorbei ist.«

Anna lächelte, legte ihre Hände um seinen Hals und küsste ihn. »Es wird bald dunkel. Ich muss los und hören, was Jutta berichtet.«

»Ich habe immer noch Zweifel an ihrer Zuverlässigkeit. Hoffentlich stellt sie uns keine Falle.«

»Sei unbesorgt, sie hasst Brangenberg und will ihm schaden – deshalb unterstützt sie uns!«

Jost ging zurück zum Johanniterhof, der nur wenige Schritte entfernt lag. In der Vorhalle entdeckte er unter einer Gruppe von Männern, die auf eine Audienz bei Luther warteten, Georg von Frundsberg.

»Georg!«

»Jost!«

Frundsberg klopfte ihm freundschaftlich auf die Schulter. »Sieht man dich auch mal wieder, alter Mistkerl!«

»Du weißt doch: Unkraut vergeht nicht! Aber was treibst du denn hier? Ich dachte, du bist für den Kaiser?«

»Ich kämpfe für denjenigen, der mich bezahlt. Aber was sich hier drinnen abspielt«, Georg tippte mit dem Zeigefinger gegen die Stirn, »geht niemanden etwas an.«

Jost und Frundsberg hatten schon im Schweizer Krieg zusammen gekämpft, das lag mehr als zwanzig Jahre zurück. Georg hatte viel vom Schweizer Fußvolk gelernt und nach ihrem Vorbild sogenannte »Gewalthaufen« gegründet, moderne Infanterietruppen, mit denen er sehr erfolgreich operierte. Sie hatten mit zum Niedergang des Ritterstandes beigetragen. Wenn Jost bedachte, was Frundsberg im Laufe der Jahre alles auf die Beine gestellt hatte, musste er sich selbst wie ein Versager vorkommen. Sie wechselten ein paar Worte über die alten Zeiten, danach ging Jost hinauf in den ersten Stock. Seine beiden Männer standen vor Luthers Tür, von drinnen hörte man gedämpfte Stimmen.

»Wer ist bei ihm?«

»Der Doctor.«

Jost bat seinen Kameraden, nicht in Rätseln zu sprechen, hier liefen so viele *Doctores* herum. »Er meint den Schürf«, erwiderte der andere Söldner. Dann ging es also um Juristisches: Hieronymus Schürf, der aus Sankt Gallen stammte, diente Luther als Rechtsberater und würde in dieser Funktion auch an der Verhandlung teilnehmen. Jost vermutete, dass er Luther Instruktionen erteilte und ihn auf den genauen Ablauf vorbereitete. Inwieweit sich Luther auf juristische Spitzfindigkeiten einließ, blieb jedoch unklar.

Jost sandte einen der beiden Männer los, alle verfügbaren Kameraden zusammenzutrommeln und in voller Bewaffnung beim Johanniterhof zu versammeln.

»Wer sind die Leute, die unten mit Frundsberg warten?«, fragte Jost den verbliebenen Türwächter.

»Als Nächster ist Conrad Peutinger an der Reihe; er hat sich als Augsburger Stadtschreiber vorgestellt und Schürf hat ihn als Sprachrohr irgendeines Kerls aus Rotterdam bezeichnet.«

»Du meinst Erasmus von Rotterdam.«

»Genau, das war der Name.«

Das sei der berühmteste Gelehrte der Gegenwart, erklärte Jost und nannte seinen Kameraden ein ungebildetes Rindvieh.

Die Tür zu Luthers Stube öffnete sich. Hieronymus Schürf trat heraus und verabschiedete sich. »Hinhalten«, sagte er noch, über die Schulter gewandt. »Denkt immer daran: Hinhalten!«

»Ist gut«, sagte Luther, »gehabt Euch wohl.« Als er Schürf außer Hörweite glaubte, brummte er: »Es gibt nichts Schlimmeres auf der Welt als Juristen! – Wer ist der Nächste?«

»Conrad Peutinger.«

»Herr, gib mir Geduld!« Luther legte die rechte Hand an die Stirn.

»Was will dieser Mann von dir?«, fragte Jost.

»Er wird mir gleich in aller Länge und Breite die Position von Erasmus vortragen«, erwiderte Luther. »Wohlgemerkt: Nicht, dass ich etwas gegen Erasmus hätte, lange Jahre habe ich ihn bewundert und seine Edition des griechisch-lateinischen Neuen Testaments ist von unschätzbarem Wert. Er ist auch kein Papist, denn er hat gelegentlich auf Fehler der päpstlichen Theologen und Diplomaten hingewiesen, wenn auch moderat. Aber letztlich vermisse ich bei ihm die Eindeutigkeit: Er will immer ausgleichen und vermitteln, doch wenn ich etwas als falsch erkenne, dann sage ich das auch. Punktum. Da gibt es keine faulen Kompromisse.«

Er werde diesen Peutinger hinaufschicken, sagte Jost und befahl seinem Kameraden, ihn nach Waffen zu durchsuchen, bevor er Luthers Stube betrete. Luther lehnte das entschieden ab, Peutinger sei ein Ehrenmann, das käme einer groben Beleidigung gleich – er übernehme die volle Verantwortung.

Jost schüttelte den Kopf, ging die Treppe hinunter und schickte Peutinger hinauf zu Luther. Er nutzte die Gelegenheit zu einem weiteren Gespräch mit Frundsberg, bis dieser an der Reihe war. Draußen versammelte sich Josts Truppe, nach und nach kamen etwa zwanzig Mann zusammen. Er unterrichtete sie über die Neuigkeiten und erteilte ihnen Anweisungen; so verging die Zeit, bis es schließlich dunkel wurde.

Die Gruppe der auf Luther Wartenden verkleinerte sich nicht, weil immer Neue hinzukamen. Dann erschien Anna bei der Tür zur Vorhalle und winkte Jost zu sich. Sie traten ins Freie.

»Das Treffen findet im Dom statt«, sagte sie, ziemlich außer Atem. Offenbar war sie gerannt.

»Wann?«

»Wahrscheinlich sind sie schon dort.«

»Brangenberg persönlich?«

»Nein, ein Vertrauter von ihm.«

Jost legte Daumen und Zeigefinger an die Lippen und stieß einen lauten Pfiff aus, die Söldner eilten herbei.

»Zum Dom!«, rief er, und schon rannten sie los, Anna mittendrin.

Kapitel 31

Sein Schlaf war oberflächlich und unruhig. Die Geräusche im Haus und der Lärm vom Domplatz blieben unterschwellig immer präsent. Er hatte den Fensterladen nur halb geschlossen, und jedes Mal, wenn er sich auf seinem harten Lager auf die andere Seite drehte, öffnete er kurz die Augen, um zu sehen, ob es schon Abend sei. Als es zu dämmern begann, schlug er die raue, löchrige Decke zur Seite und stand auf. Vielleicht, überlegte er, wäre es besser gewesen, überhaupt nicht zu schlafen, denn er fühlte sich wie gerädert.

In etwa einer Stunde musste Wulf im Dom sein, um sich mit Brangenberg selbst oder einem Emissär zu treffen. Er hatte sich für diesen Treffpunkt entschieden, weil der Dom ein öffentlicher Ort war, an dem man ihm höchstwahrscheinlich keine Falle stellen konnte. Zugleich war er groß genug, um in einer Nische ein vertrauliches Gespräch zu führen. Wulf war entschlossen, nicht mit sich handeln zu lassen. *Er* würde die Bedingungen stellen. Morgen fand die Verhandlung vor dem Kaiser statt, aber er würde Luther töten, bevor es dazu kam, und dann aus der Stadt verschwinden.

Die Hälfte seines Lohnes hatte er bereits bekommen, die andere Hälfte war nach getaner Arbeit fällig. Also mussten Brangenberg und er einen Treffpunkt außerhalb der Stadt ausmachen. Möglicherweise würde Brangenberg behaupten, er könne den Betrag so schnell nicht beschaffen. Darauf gehe ich überhaupt nicht ein, überlegte Wulf, in Worms wimmelt es von Bankiers und Geschäftsleuten, die nur darauf warten, an potente Kunden Kredite zu vergeben. Bestimmt sind auch Abgeordnete der Fugger in der Stadt. Falls er meinen Forderungen nicht nachkommt, töte ich ihn.

Nun wurde es Zeit. Wulf nahm seinen großen Reisesack, weil er die Armbrust nicht unbewacht lassen wollte, ging ins Treppenhaus – und stieß dort wieder auf den Großvater. Das konnte doch kein Zufall sein! Bestimmt hatte Wladislaw die ganze Zeit gelauert und gehorcht, offenbar hörte er noch recht gut. Der alte Mann stand in der Tür zu seiner Kammer und sagte diesmal kein Wort. Wulf schwieg ebenfalls, aber sie schauten sich an, und ihre Blicke genügten, um sich offen den Krieg zu erklären. Um dieses Problem musste Wulf sich später kümmern, dazu war jetzt nicht der rechte Moment. Er ging an dem Alten vorbei und verließ das Haus.

Auf dem Domplatz loderten Feuer, es roch nach verbranntem Holz; eine große Menschenmenge hatte sich kreisförmig versammelt. In der Mitte standen zwei schwergewichtige Männer mit entblößtem Oberkörper, ihre Haut glänzte, weil sie vollständig mit Öl eingerieben waren. Sie fassten sich an den Schultern und steckten die Köpfe zusammen; dann begann der Ringkampf, und das Publikum feuerte sie an, man schloss Wetten ab und schrie. Sie sind dumm und stark, dachte Wulf, aber das gefällt den Menschen – so war die Welt, deshalb verachtete er sie.

Bis zum Dom waren es nur wenige Schritte. Vor dem Hauptportal hatte sich eine zweite Ansammlung gebildet; hier dienten Tänzerinnen, dunkelhäutig und mit schwarzen Haaren, als Blickfang. Normalerweise hätte man sie ihrer spärlichen Bekleidung wegen eingesperrt, aber während eines Reichstages schenkte niemand den Sittenwächtern Gehör. Wulf sollte es recht sein, so waren die Leute beschäftigt. Unbemerkt konnte er die Kathedrale betreten.

Weihrauchschwaden hingen in der Luft; am Hauptaltar und vor den Seitenaltären brannten Kerzen. Ein lateinisches Gebet erklang, dessen Worte sich formelhaft wiederholten und von den steinernen Wänden widerhallten. Wulf wählte eine der hinteren Reihen und setzte sich im Mittelschiff auf eine Bank. Zwei Bänke vor ihm knieten eine Mutter und ihre drei kleinen Söhne. Die Frau hatte die Stirn auf ihre gefalteten Hände gelegt, zwei Söhne beteten ebenfalls, während der dritte sich gelangweilt umschaute und Wulf die Zunge herausstreckte.

Wulf war überwältigt von der Pracht der Kathedrale, die man für den Reichstag noch besonders herausgeputzt hatte: Golddurchwirkte weiße Tücher hingen von den Säulen und Heiligenskulpturen standen auf Podesten, aus Lindenholz verfertigt und aus rötlichem Marmor. Teilweise waren es Leihgaben, die nach dem großen Spektakel wieder verschwinden würden. An Festtagen, so vermutete Wulf, fanden hier Messen statt, an denen sie alle teilnahmen: Kaiser Karl, der König von Böhmen, die Erzbischöfe von Köln, Mainz und Trier, Herzöge, Grafen, Kardinäle, Bischöfe und Äbte. Vor seinem inneren Auge sah er sie in vollem Ornat Einzug halten, sah Gold und Silber und Edelsteine leuchten und hörte das Rascheln von Seide.

Momentan verloren sich die Besucher in der Weite des Raumes. Wulf hatte in seinem kurzen Schreiben von Brangenberg gefordert, dass er, falls er nicht selbst käme, jemanden schicken solle, der einen Rock mit seinem Wappen trug. Er war früh gekommen, um beobachten zu können, wer die Kirche betrat.

Ein Mann ging ein wenig gebeugt im Nebenschiff auf und ab, die Hände auf den Rücken gelegt. Auf Wulf machte er einen nervösen Eindruck, so, als sei er verabredet und warte auf jemanden. Der Mann schaute sich immer wieder um. Als er Wulf bemerkte, blickten sie sich in die Augen. Trug er ein Wappen? Er war zu weit entfernt, Wulf konnte es nicht erkennen. Sie belauerten sich gegenseitig, immer wieder schaute der Mann zu Wulf herüber, dann entdeckte er eine Frau am anderen Ende der

Kirche, sie mochte Anfang vierzig sein und war ihrer Kleidung nach mit einem wohlhabenden Mann verheiratet. Die beiden trafen sich in einer Seitenkapelle und Wulf beobachtete, dass sie heimlich miteinander sprachen. Das Gotteshaus ist nicht nur ein Heiratsmarkt, dachte er, hier werden auch die Verabredungen zum Ehebruch getroffen.

Doch dann lief ein Mann mit blauem Umhang durchs Mittelschiff. Als er Wulf entdeckte, verlangsamte er seine Schritte und setzte sich auf die Bank vor ihm. Wie zufällig schlug er seinen Mantel ein Stück zur Seite, sodass auf seinem grünen Wams Brangenbergs Wappen zum Vorschein kam: ein weißer Pelikan auf rotem Grund.

»Ihr seid hier richtig«, sagte Wulf, und der Fremde rückte näher zu ihm heran. Reflexartig fasste Wulf an seinen Stiefel, in dem er ein Messer versteckt hielt.

Brangenberg habe ihn mit allen Vollmachten versehen, sagte der Mann, der keine Kopfbedeckung trug. Der schwarze, gepflegte Vollbart, der die untere Gesichtshälfte vollständig bedeckte, war vom gleichen Kohlschwarz wie die dichten, krausen Locken auf seinem Kopf. Sein stechender Blick beunruhigte Wulf. »Ihr könnt mit mir sprechen, als säße er selbst vor Euch.«

»Trotzdem möchte ich Euren Namen wissen und welches Amt Ihr bei Brangenberg ausübt.«

»Mein Name«, erwiderte der andere, »tut nichts zur Sache und ebenso wenig mein Amt, denn Ihr seht, dass ich sein Wappen trage.«

Wulf hatte in den letzten Tagen wenig geschlafen, er war angespannt und gereizt. Schon spürte er, wie ihm das Blut in den Kopf stieg. »Damit wir uns richtig verstehen«, konterte er, »ich verhandle nicht mit jedem Knecht des Bischofs … und das seid Ihr für mich, solange Ihr Euch nicht zu erkennen gebt.«

Die Augen des Mannes flackerten unruhig. »Ihr redet mit keinem Subalternen, das versichere ich Euch.«

»Ihr nennt mir jetzt Euren Namen oder das Gespräch ist zu Ende, ehe es begann.« Wieder fasste Wulf an seinen Stiefel und berührte mit Daumen und Zeigefinger den harten Schaft des Messers. Er bat die Schwarze Jungfrau, ihm Geduld zu schenken; sie möge sein Handeln lenken und ihm die Kraft verleihen, diesen aufgeplusterten Emissär zu bestrafen, falls er ein falsches Spiel trieb.

Die Bankreihen, vor allem die vorderen, füllten sich, während ein Messdiener sich am Hauptaltar zu schaffen machte.

»Ich bin Brangenbergs Privatsekretär. Mein Name ist Richard aus dem Haus Katzenelnbogen.«

Wulf nahm die Hand vom Stiefel. »Gut«, sagte er, »so kommen wir miteinander ins Geschäft.«

»Brangenberg ist über Eure Eigenmächtigkeit verärgert. Ihr seid nach Worms gekommen ohne Rücksprache mit ihm.«

»Zwischen Brangenberg und mir gibt es eine klare Abmachung«, sagte Wulf. »Wenn er sich nicht daran hält, betrachte ich das als Wortbruch!«

Schon blitzten die Augen seines Vordermannes nicht mehr, sondern blickten besorgt. Der Ton, in dem Wulf sprach, ließ wenig Zweifel an seiner Ernsthaftigkeit aufkommen. Brangenbergs Sekretär wurde offenbar erst jetzt bewusst, dass die Situation, in der er sich gerade befand, nicht ungefährlich war. Seine Pupillen weiteten sich ein wenig. Er schaut mich an, dachte Wulf, als habe er einen Irren vor sich. Und ich will es nicht einmal abstreiten: Eine solche Laune wie gerade im Moment hatte ich seit Wochen nicht mehr.

»Soll das eine Drohung sein?«

Am liebsten hätte Wulf als Antwort laut gelacht, er hielt sich aber zurück, weil er keine Aufmerksamkeit erregen wollte.

»Der Bischof«, sagte Richard, »verlangt von Euch, dass Ihr vorläufig nichts unternehmt.« Wenn er sprach, drehte der Katzenelnboger kurz den Kopf zur Seite; sonst schaute er geradeaus und schien Wulf nicht zu beachten.

Wulf kniete nieder und legte die Hände auf die Bank, um dem Sekretär näher zu sein. »Dafür«, sagte er, »ist es zu spät. Der Wagen befindet sich in voller Fahrt. Nichts kann ihn mehr aufhalten.«

»Es ist nicht in Brangenbergs Interesse, dass Luther in Worms einem Anschlag zum Opfer fällt, das gäbe einen Aufruhr, der unser Bistum gefährdet. Besser ist es, den Ausgang der Verhandlungen abzuwarten; danach entscheiden wir, wie es weitergeht. Als Brangenberg Euch den Auftrag erteilte, wusste noch niemand von Luthers Reise nach Worms.«

»Brangenberg hat mich beauftragt, ihn zu töten, und das werde ich tun. Über das Wann und Wo entscheide ich selbst, das war Teil der Abmachung, und darüber verhandle ich nicht mehr. Außerdem werdet Ihr dem Bischof meine Anweisung übermitteln, wie ich mir die Übergabe des restlichen Geldes vorstelle.«

»Ihr seid wahnsinnig«, sagte Richard.

»Achtet auf Eure Worte, denn Ihr lebt gefährlich.«

Richard von Katzenelnbogen drehte ruckartig den Kopf nach hinten und betrachtete Wulfs Hände, die gefaltet auf der Bank lagen. Das schien ihn ein wenig zu beruhigen.

»Die Übergabe des Geldes findet übermorgen früh statt«, sagte Wulf. »Ich werde die Stadt noch morgen in der Nacht verlassen. Flussabwärts liegt ein kleines Hospital für Leprakranke. Derjenige, der das Geld überbringt, soll dem Weg folgen, der vom Stadttor zum Hospital führt. Ich werde ihn unterwegs, an einer Stelle, die ich für passend halte, abfangen. Brangenberg kennt den Betrag, der noch aussteht: Ich möchte ihn in Rheinischen Goldgulden ausgezahlt bekommen.«

»Selbst wenn wir die Absicht hätten, Euch auszuzahlen, wären wir dazu nicht in der Lage, denn so viel Geld führen wir nicht bei uns. Außerdem verschlingt die Hofhaltung in Worms Unsummen.«

Wulf lächelte, was Richard von Katzenelnbogen aber nicht bemerkte, weil er nach vorn zum Hochaltar schaute. Vom

Haupteingang und von den Seiteneingängen strömten Besucher herbei und füllten die Reihen, aber noch immer saßen Wulf und Richard abseits. Der Secretarius schien sich unwohl zu fühlen, ständig drehte er den Kopf kurz zur Seite und versicherte sich aus den Augenwinkeln, dass Wulfs Hände auf der Bank lagen. Er mochte sich mittlerweile selbst verfluchen, dass er die Bank vor Wulf gewählt hatte und nicht die hinter ihm. Der gute Mann war mit der Führung einer Kanzlei sicher bestens vertraut – aber nicht im Umgang mit Menschen wie Wulf. Und einen Sonderauftrag wie jenen, den er gerade ausführte, hatte er wahrscheinlich zum ersten Mal in seinem Leben bekommen.

»Brangenberg soll sich an die Fugger wenden oder an andere Geldverleiher, zudem gibt es hier in Worms eine große Judengemeinde, und es sollte für einen Bischof von seinem Rang kein Problem sein, dort Geldgeber zu finden.«

»Es war abgesprochen, dass Ihr den Mord in Wittenberg ausführt – und zwar unauffällig.«

»Das stimmt nicht.«

»Ein Attentat in Worms ist völlig gegen unsere Interessen.«

»Brangenberg hat mir die Freiheit gewährt, die Umstände selbst zu wählen: Das war unser Vertrag.«

»Weshalb seid Ihr so halsstarrig? Warum wollt Ihr Luther ausgerechnet jetzt töten?«

»Die Schwarze Jungfrau hat es mir befohlen.«

Wieder fuhr Richard abrupt herum und starrte Wulf in die Augen. »Von wem redet Ihr?«

»Sie ist mir im Traum erschienen.«

»Das ist nicht der Moment für schlechte Scherze.«

Wulfs Wangen zuckten und seine Mundwinkel verzerrten sich. Die Welt war Babel; Menschen missachteten Absprachen und zogen Heiliges in den Schmutz; die Welt war reif für die Apokalypse, für die Reiter, die Verderben brachten und Tod; reif für ein Reinigungsbad – nur die Berufenen würden überleben.

»Ihr urteilt wie ein Blinder von der Farbe«, sagte Wulf.

»Was redet Ihr von einer Schwarzen Jungfrau? Wer soll das sein?« Richard war aufgebracht, in seinen Augen brannte wieder das Feuer, und die Verärgerung hatte seine Angst verdrängt.

Manchmal fühlte Wulf sich leer und verbraucht, das konnte von einem Moment auf den anderen geschehen, wenn er enttäuscht war und verbittert, wenn er sich verraten wusste. In diesem Augenblick hörte er Orgelmusik. Spielte sie sich in seinem Kopf ab oder begann der Gottesdienst?

»Ein schlechter Scherz, so sagtet Ihr gerade, nicht wahr?«

»Es gibt sie nicht, und es gab sie nie. Sie existiert nur in Eurem verrückten Kopf, denn Ihr seid wahnsinnig!«

Wulfs Augen füllten sich mit Tränen, sein Gesichtskreis verschwamm, die Orgelmusik füllte seine Gedanken. Die getragene, weihevolle Musik stimmte ihn ein auf das, was nun unumgänglich geschehen musste. Im Hintergrund, am Altar, bewegten sich purpurfarbene, weiße, grüne, blaue, rote und goldene Flecke, sie verschoben und vermischten sich, seine Wangen brannten, die Farbflecke kamen zur Ruhe. Dann erklang Chorgesang und die Musik hatte auf Wulf eine reinigende Wirkung. Er schloss die Augen und fuhr sich mehrmals mit den Händen über das nasse Gesicht.

Als er die Augen öffnete, sah er wieder klar: Rechts und links vom Chor saßen hohe kirchliche Würdenträger in seidenen Gewändern und prächtigen Mänteln. Richard schaute nach vorn und überlegte wahrscheinlich, was nun zu tun sei.

Wulf zog das Messer aus seinem Stiefel hervor. Die meisten Gottesdienstbesucher saßen vor ihnen, einige aber auch hinten in den letzten Reihen. Deshalb hielt er das Messer so, dass niemand es sehen konnte, während er es unter Richards weiten Mantel schob. Wulf beugte den Kopf weit nach vorne, bis er mit der Stirn die linke Hand, die immer noch auf der Vorderbank ruhte, berührte. Richard zuckte zusammen, als er die Messerspitze in seinem Rücken spürte, doch leider konnte Wulf sein Gesicht nicht sehen.

»Ganz brav«, sagte Wulf. Er verachtete ihn und seinen ganzen Stand. War nicht die Art, wie sich der Adel kleidete, bei Licht betrachtet lächerlich? Und dann erst die Namen!

Richard rührte sich nicht, er atmete schwer und keuchend und Wulf sah, wie sich sein Brustkorb hob und senkte. Er hatte sich seine Mission zweifellos anders vorgestellt, stolz und wichtig hatte er sich gefühlt, weil er eine Botschaft des Bischofs zu überbringen hatte, selbstherrlich war er aufgetreten und hatte Wulf den Kopf waschen wollen. Nun, das wäre zu verkraften gewesen – aber wer die Schwarze Jungfrau beleidigte, unterschrieb sein eigenes Todesurteil.

Wulf wartete, er hatte keine Eile, der rechte Moment war noch nicht gekommen, denn der Chor hatte aufgehört zu singen und die Orgel war verstummt. Die Messe nahm ihren Fortgang, alte, vertraute lateinische Formeln erklangen, deren wahre Bedeutung Wulf zwar nicht kannte, die ihn aber vorbereiteten und einstimmten auf sein Amt als Vollstrecker. Wulf fühlte die Last der Verantwortung auf seinen Schultern, er war berufen, die Jungfrau zu rächen. Auch Luther hatte die Jungfrau beleidigt, indem er die Bedeutung der Heiligen schmälerte: Luther war Satan. Er war gekommen, die Religion zu zerstören und mit ihr die Heiligen. Und deshalb musste er *öffentlich* sterben.

Aus den Augenwinkeln schaute sich Wulf um, die Menschen knieten wie er zum Gebet, die Orgel setzte wieder ein und kurze Zeit später der Chorgesang. Die Gemeinde sang nun mit, leise und innig begann der Gesang.

»Sing!«, befahl Wulf.

»Ich … kann nicht.«

Wulf schob das Messer weiter nach vorn: »Sing!«

Richard von Katzenelnbogen begann zu singen, seine Stimme war dunkel und wohlklingend. Auch Wulf sang. Er sang gern, Musik hob den Menschen über sich selbst hinaus, sie war ein Geschenk Gottes, ein Stück Himmel im Jammertal der Erde. Wulf sang zu Ehren der Schwarzen Jungfrau. Der Gesang schwoll an, alle Stimmen des Chores und der Gemeinde beteiligten sich. Der Klang der Orgel füllte die Weite des Raumes, Sphärengesang, göttlicher Wohllaut. Immer noch wuchs er, wurde lauter, mächtiger, ergreifender, alles mit sich reißend, jede Faser des Körpers durchdringend, füllte die Kathedrale bis zum Bersten, verharrte an diesem fast unerträglichen Punkt, trieb zum Wahnsinn, raubte den Verstand, schmerzhaft, leidvoll, lustvoll, dann zerbarst er, löste sich in einem unbeschreiblichen Höhepunkt, der alle ergriff, den Priester, den Chor, die Gemeinde, eine Unio Mystica, eine Ekstase ... In diesem Moment stieß er Richard von Katzenelnbogen das Messer mit aller Kraft in den Leib. In Richards Gesang mischte sich ein kurzer Schmerzenslaut, ein halb erstickter Schrei, der im Jubel des Chorals unterging.

Nun war es Wulfs Atem, der rasselte, sein Brustkorb, der sich hob und senkte, sein Herz, das dröhnte wie Paukenschläge. Er fühlte sich beglückt und erschöpft, hätte sich gern auf die Bank gelegt, den Kopf zum Gewölbe gewandt, um dort, als habe er das Weltall vor sich, dieses Buch des Schöpfers, die Streben und Bögen zu betrachten, die herrlichen Schlusssteine und die Ranken und Farben der Deckenmalereien.

Aber das Messer steckte in Richards Körper – und dort konnte es nicht bleiben. Er musste es langsam und vorsichtig herausziehen, damit Richard nicht von der Bank fiel. Mit einer Hand war das nicht zu leisten, also fasste Wulf den Sekretär mit seiner linken Hand am Arm (hoffentlich beobachtete ihn niemand gerade in diesem Moment) und zog mit der rechten langsam das Messer heraus. Dann ließ er den Oberkörper nach vorn gleiten. Richards schwarzer Lockenkopf sackte auf die zum Gebet gefalteten, auf der Vorderbank ruhenden Hände. Der Ketzer war nun bestraft. Wulfs Botschaft an Brangenberg lautete: Wenn du mich betrügen willst, Bischof, wenn du dich nicht an unsere Absprachen hältst, ergeht es dir wie deinem Sekretär!

Allerdings war Wulf so aufgebracht und von seinem Richteramt durchdrungen gewesen, dass er nicht über die Folgen nachgedacht hatte. Er musste jetzt schleunigst hier weg – und zwar unauffällig. Noch ruhte Richards Körper auf der Vorderbank und er wirkte wie ein Betender. Aber hing er nicht ein wenig schief? Wulf legte den Kopf auf die Seite und schaute genauer hin. Wenn er sich nicht sehr täuschte, so hatte sich der Leichnam ein wenig zur Seite geneigt. Was geschah, falls er, von seinem eigenen Gewicht gezogen, plötzlich umkippte?

Wulf drehte den Kopf nach rechts und nach links. Man beachtete weder ihn noch den Toten. Er starrte auf den Leichnam. Hatte er sich nicht schon wieder ein Stück nach links geneigt? Bald würde er ganz zur Seite rutschen und in sich zusammensacken! Wulf schnaufte, weil er in Panik geriet. Darüber hätte er sich vorher Gedanken machen sollen! Er hatte völlig den Kopf verloren und sich von seinen Gefühlen mitreißen lassen, das war nie gut. Zumindest hatte er die Ehre der Jungfrau wiederhergestellt, deshalb musste sie jetzt eingreifen und ihn retten!

Wulf blieb keine andere Wahl, denn wenn er noch einen Moment zögerte, lag Richard am Boden. Er beugte sich über die Bank und fasste den Toten mit beiden Händen am linken Arm. Während er den Kopf leicht nach rechts drehte, bemerkte er die alte Frau auf der Bank schräg hinter ihm. Sie trug ein hellgraues Kopftuch, das ihre Haare fast vollständig verdeckte; in tiefen Höhlen lagen melancholische Augen, die Wulf unverwandt anstarrten. Die hochgezogene Stirn bestand aus unzähligen Falten, ihre Nase war schmal und gebogen, die Wangenknochen stachen spitz hervor. Am Ende der schmalen Lippen zogen sich die Mundwinkel fast bis zum Kinn hinunter. Er bekam einen mächtigen Schrecken. Hatte sie ihn die ganze Zeit beobachtet? Wusste sie, was er getan hatte?

Wulf beugte seinen Kopf noch weiter nach vorn und tat, als spräche er mit Richard, als flüstere er einem alten Bekannten vertrauliche Worte ins Ohr. Wulf schaute nun die alte Frau direkt an und lächelte ihr freundlich zu. Zumindest bemühte er sich um ein freundliches Lächeln, denn ob es ihm wirklich gelang, kam ihm zweifelhaft vor. Er hatte das Gefühl, als verzerre er nur krampfhaft seine Lippen. Auf solch ein falsches, erzwungenes und verlogenes Lächeln würde das Großmütterchen gewiss nicht hereinfallen.

Aber sie lächelte zurück, und zusätzlich betonte sie ihr Wohlwollen durch Nicken. Wulf war so perplex, dass er im ersten Moment nicht wusste, wie er ihr Verhalten deuten sollte. Trieb sie ein perfides Spiel mit ihm? Sie musste alles gesehen haben, er konnte es sich im Augenblick nicht anders vorstellen. Bedeutete ihr Lächeln: Na, mein Kleiner, habe ich dich erwischt? Mir entgeht nichts, und mit dem gleichen Lächeln betrachte ich dich, wenn dein Kopf vom Block des Scharfrichters rollt …

Auch Wulf nickte ihr zu und fixierte sie dabei. Da war etwas, es ließ sich schwer in Worte fassen, dieses Lächeln … nein, das hatte nichts Durchtriebenes oder Bösartiges, aber etwas anderes – kein normales Lächeln. Wulf sprach wieder ein paar Worte zu Richard und schob sanft seinen schweren Oberkörper nach rechts, um ihn zu stabilisieren. Er ließ die Leiche wieder los, aber lange ging das nicht mehr gut. Mit wachsendem Schrecken bemerkte er, dass sich auf Richards kostbarem blauem Umhang ein dunkler Fleck abzeichnete, der im Moment noch klein war und eine violette Färbung zeigte; es war jedoch unverkennbar, dass er wuchs. Mussten nicht alle, die hinter ihm saßen, das bemerken? Vor allem die Alte? Wieder schaute er sie an. Es war nicht zu fassen: Sie beachtete den Gottesdienst überhaupt nicht, sondern in einem fort starrte sie ihn an. War sie verrückt?

Nun war es Zeit zu handeln: Der Ketzer war noch nicht von der Bank gekippt, und die Alte stellte wahrscheinlich keine Gefahr dar. Also musste er endlich von hier verschwinden! Sollte er einfach aufstehen und gehen? Wichtig war, dass es nicht wie eine Flucht aussah, er könnte zum Beispiel Unwohlsein vortäuschen, den Eindruck erwecken, als müsse er sich gleich übergeben oder etwas Ähnliches, darauf verstand er sich ganz gut. Ein wenig gebeugt gehen, sich hier und da abstützen, sich vielleicht sogar von einem wohlmeinenden Helfer zum Ausgang geleiten lassen – danach konnte er in den Gassen verschwinden.

Wulf erhob sich langsam und mit sichtlicher Mühe, er schulterte den Sack mit der Armbrust, das vom Blut gefärbte Messer steckte wieder in seinem Stiefel. Mit einem kleinen Seitenblick auf den Katzenelnboger, dessen Mantel am Rücken mittlerweile mehr violett als blau war, schwankend, sich an der Bank stützend, tat er ein paar unsichere Schritte. Die alte Frau, mittlerweile mit besorgtem mütterlichem Blick, schaute noch immer unverwandt in seine Richtung, auch die anderen Menschen in seiner Nähe blickten auf. Der Priester vorne stand mit dem Rücken zur Gemeinde am Altar und zelebrierte die Messe. Über ihm schwebten frische Weihrauchschwaden. Noch knieten alle, aber wie lange noch?

Wulf bemerkte Bewegung am Seiteneingang. Ein Mann erschien dort, ein Söldner, bald darauf ein zweiter, neben ihm schon der dritte. Sie kamen in voller Bewaffnung in den Dom. Auch beim Hauptportal entstand Unruhe, die Menschen wandten ihre Köpfe, auch dort Söldner, bis zu den Zähnen bewaffnet, gleich fünf auf einmal.

Wulf begriff, dass Brangenberg ihn verraten hatte! Dafür würde der Bischof sterben – wie sein Sekretär.

Von überall kamen nun Söldner, natürlich hatten sie ihn längst entdeckt, weil er als Einziger stand und weil ihn sein Körperbau verriet. Alle Ausgänge waren versperrt, das Hauptportal, die Seitenportale, selbst der Durchgang zur Kapelle. Die Söldner nahmen keine Rücksicht auf die Messe, ihr Anführer schrie, dass es durch die ganze Kathedrale hallte. Der Priester hatte sich umgedreht und hob die Arme, als wolle er die Gemeinde segnen, die Söldner aber rannten die Gänge entlang und zwischen den Bankreihen hindurch und verursachten einen unglaublichen Tumult. Ein Familienvater sprang empört auf, aber die Bewaffneten rannten ihn einfach um.

Wulf fühlte sich wie ein winziges, im Netz zappelndes Insekt, das jeden Moment damit rechnet, dass die Spinne es tötet und frisst. Gab es noch einen Fluchtweg? Verzweifelt schaute er sich um. Die alte Frau hinter ihm hatte beide Hände an die Wangen gelegt; falls sie die Welt jemals verstanden hatte – nun nicht mehr! Zwischen zwei Säulen entdeckte Wulf eine schmale Tür. Er hatte keine Ahnung, wohin sie führte – hoffentlich nicht zur Gruft! Wie aus einem Traum erwacht, rannte er los. Der Anführer rief seinen Leuten Kommandos zu und die Söldner versuchten, Wulf den Weg abzuschneiden.

Er war zwar klein, aber – das hatte schon seine Großmutter gesagt – flink wie ein Wiesel. Und so fegte er durch die Bankreihen, zwei Männer versuchten ihn aufzuhalten, große Kerle, wie Kleiderschränke. Er duckte sich und huschte unter ihnen hindurch, ehe die schwerfälligen Klötze reagieren konnten. So erreichte er als Erster die Tür, hoffentlich war sie nicht verschlossen! Schwarze Jungfrau! Er riss sie auf und sah eine Treppe vor sich, die nach oben, zur Empore führte. Er knallte die Tür wieder zu – und da geschah das Wunder, das ihn möglicherweise rettete: Innen steckte ein Schlüssel! Wulf drehte zweimal am herzförmigen Griff. Einen Moment später polterten sie draußen gegen die Tür, rüttelten am Griff, schlugen mit ihren Fäusten gegen das Holz und fluchten.

»Schlagt die Tür ein!«, rief jemand. Ein Geistlicher, der rasch herbeigeeilt war, protestierte heftig, aber vergeblich. Wertvolle Zeit! Wulf keuchte die steilen Stufen hinauf, erreichte die Empore. Ein kurzer Blick hinunter ins Kirchenschiff verriet ihm, dass es mittlerweile niemanden mehr auf den Bänken hielt. Alle liefen umher, ein wahres Babylon.

Wohin jetzt? Schräg gegenüber führte eine weitere Treppe noch höher hinauf, aber was brachte das? Dann würde er irgendwann im Glockenturm landen und dort festsitzen wie die Maus in der Falle. Wulf rannte nach links, er spürte ein Stechen in der Seite, solche Aktionen waren nichts mehr für ihn. Falls er hier lebend herauskam, würde er sich zurückziehen und ein neues Leben beginnen. Da kam ihm jemand am anderen Ende der Empore entgegen, also gab es irgendwo einen weiteren Aufgang. Wulf machte kehrt und lief in die entgegengesetzte Richtung. Stimmen von der Treppe, sie hatten also die Tür aufgebrochen.

Am Ende der Empore sah Wulf einen Durchgang zum Turm und dort eine weitere Treppe nach oben. Nun blieb ihm kein anderer Ausweg. Die Stufen waren hoch, er stolperte im Dunkeln, stieß sich das Knie blutig, geriet außer Atem. Als er hinter sich schaute, sah er einen Söldner, der eine Armbrust in der Hand hielt, direkt auf ihn gerichtet. Es ging so schnell, dass Wulf keine Zeit zum Ausweichen blieb – aber der Bolzen schlug hart gegen den rötlichen Steinquader neben ihm.

Er stolperte drei Stufen weiter nach oben und konnte durch eine schmale Öffnung im Turm ins Freie schauen. Wenn er nur Flügel hätte wie die Tauben da draußen! Da fiel ihm das Gerüst ein: Als er zum ersten Mal vom Kornspeicher auf den Dom geschaut hatte, war es ihm kaum aufgefallen, weil man eine Kathedrale fast nie ohne Gerüst sah; immer gab es etwas zu erneuern oder auszubessern.

Wulf stellte sich auf die Zehenspitzen und schaute aus der Öffnung; tatsächlich entdeckte er das Gerüst, aber es war weiter rechts. Schon reichlich erschöpft hastete er weiter, der Söldner knapp hinter ihm. Die Stufen beschrieben einen Bogen, dann die nächste Öffnung. Er schaute hinaus: Da, eine Holzplanke! Mit einem Satz, nun wieder wieselflink, als sei neue Kraft in ihn gefahren, sprang er auf das Gerüst. Der Sack mit der Armbrust behinderte ihn zwar, aber er war nicht bereit, ihn fallen zu lassen. Jetzt sollten sie ihn kennenlernen! Er war vielleicht nicht mehr der Jüngste, aber klettern konnte er wie kein Zweiter – und das seit Kindertagen.

Ein Blick über die Schulter: Der Söldner, der ihn verfolgt hatte, schaute aus der Öffnung, ein zweiter tauchte neben ihm auf und ein dritter. Wulf rannte die Holzbohlen entlang und erreichte eine Leiter, die abwärts führte zum unterhalb gelegenen Steg! Er löste die Schnur, mit der die Leiter am Gerüst befestigt war, und kletterte hinab, ständig in Furcht, sie könnte kippen und ihn in den Abgrund stürzen, aber sie hielt. Unten angekommen, löste er auch dort die Schnur. Mittlerweile polterten die Söldner über die Bretter, Wulf hob die Leiter aus ihrer Befestigung und warf sie in die Tiefe, wo sie auf die Pflastersteine schlug und zerbarst.

Er musste so schnell wie möglich von diesem Gerüst herunterkommen! Dann konnte er auf den Schutz der Dunkelheit hoffen. Hinter ihm schlug ein Armbrustbolzen ins Holz, aber sie hatten Mühe, auf ihn zu zielen, weil er sich ständig bewegte. Schon kam die nächste Leiter, und er kletterte weiter nach unten. Vier oder fünf Männer folgten ihm. Wo waren die anderen? Würde es ihnen gelingen, ihn abzufangen?

Dann endlich die letzte Leiter! Noch sah er niemanden, also war er schneller gewesen als seine Verfolger. Wahrscheinlich waren sie ihm alle in den Turm gefolgt, weil sie nicht damit rechneten, dass er von dort entkommen könnte. Als er dann aufs Gerüst sprang, konnten ihm nur einige folgen, die anderen mussten umkehren und die zahllosen Treppenstufen wieder hinunterlaufen und durchs lange Schiff der Kathedrale. Die letzten Sprossen ließ er aus und sprang, stürzte zu Boden, raffte sich auf, stolperte, lief ein paar Schritte, stolperte wieder, dann fing er sich und lief zur Stadtmauer. Sie würden die ganze Stadt nach ihm durchkämmen, aber bis dahin wäre er längst verschwunden.

Kapitel 35

Jost fand keinen Schlaf, so sehr quälten ihn die Vorwürfe, die er sich selbst machte. Er hatte an jedem Eingang zur Kathedrale Männer postiert, aber als Wulf zur Empore flüchtete und von dort zum Turm, ließen sich alle vom Tumult anstecken und beteiligten sich an der Verfolgung. Er hatte sie zur Rede gestellt, sogar geschrien, aber was nützte das? Und wenn er ehrlich war, musste er die Schuld hauptsächlich bei sich selbst suchen, denn auch er hatte keinen kühlen Kopf bewahrt und nicht mit dem Gerüst gerechnet.

Wulf, so stand mittlerweile fest, hatte sich auf dem Kornspeicher eines Hauses eingenistet, das gegenüber vom Dom lag. Der Besitzer des Hauses meldete das nach dem Kathedralmord der Stadtwache. Jost sprach mit dem Mann und ließ sich den Speicher zeigen, von dessen Fenster aus man auf die Aula Major schaute; der Ort war perfekt für ein Attentat mit der Armbrust. Man durchsuchte den Speicher und auch andere, leer stehende Lagerräume, aber ohne Ergebnis.

Dass Wulf den Mord mit der Armbrust plante, stand für Jost außer Frage. Denn außer dem Hausbesitzer meldete sich noch der Scharfrichter bei der Stadtwache, der in Begleitung seiner Tochter erschienen war. Auch der Henker hatte von dem Mord in der Kathedrale gehört, und das Mädchen berichtete von einem kleinwüchsigen Mann, dem es auf der Rheininsel begegnet war: Dieser Mann, kleiner als ihr Bruder, habe mit seiner Armbrust auf eine Vogelscheuche geschossen und sie aus unglaublicher Entfernung getroffen.

Aber Jost musste nach vorne schauen: Heute war der Tag, an dem Luthers Verhör bevorstand. Er hatte sich dessen Sache mittlerweile so sehr zu eigen gemacht, dass es ihm vorkam, als müsse er persönlich vor Karl V. erscheinen (mein Gott: vor dem Kaiser!).

Luther frühstückte gemeinsam mit Jost, Hieronymus Schürf, Johann Pezensteiner, Peter Swaven, einigen kursächsischen Räten, die ebenfalls im Johanniterhof Quartier bezogen hatten, sowie weiteren Freunden und Vertrauten. Etwa fünfzehn Personen hatten sich um die Tafel versammelt, aber die Stimmung war gedrückt und man redete wenig. Jost sprach kein Wort, und Luther nur, wenn man eine Frage an ihn richtete. Die Stände tagten bereits, und jeden Moment konnte ein Beauftragter des Kaisers erscheinen und Luther die offizielle Vorladung überbringen.

Draußen vor dem Johanniterhof hatten sich viele Bürger der Stadt versammelt, aber ein noch größeres Gedränge, so berichtete ein Diener, herrsche vor der Aula Major. Nach dem Frühstück zog sich Luther in seine Kammer zurück und bat, nicht gestört zu werden. Erst gegen Mittag erschien Reichserbmarschall Ulrich von Pappenheim und überbrachte Luther den Befehl, um vier Uhr nachmittags vor Kaiser Karl V. sowie vor den Kurfürsten und den übrigen Ständen des Reiches zu erscheinen.

Luther nahm den kaiserlichen Befehl ein wenig steif und förmlich entgegen; über den Grund seiner Vorladung, sagte der Reichserbmarschall, werde man ihn beim Reichstag unterrichten. Luther verneigte sich knapp, zum Zeichen, dass er verstanden habe. Ulrich von Pappenheim zog sich wieder zurück.

Einige Stunden später, die Glocken hatten gerade vier geschlagen, erschien er erneut, diesmal in Begleitung des kaiserlichen Herolds für Deutschland, Caspar Sturm, der Luther nach Worms geleitet hatte; Sturm und Luther begrüßten sich wie alte Freunde. Pappenheim forderte Luther auf, nun mitzukommen, denn sie seien beauftragt, ihn zur Verhandlung zu führen.

Zu Josts großer Erleichterung blieb Luther ein weiteres Bad in der Menge erspart; offenbar hatte der Kaiser persönlich die Anweisung gegeben, ihn abzuschirmen – sicher nicht aus Sorge um Luthers Sicherheit, sondern um zu verhindern, dass der Gang sich zum Triumphmarsch gestaltete. Die Gruppe verließ den Johanniterhof deshalb nicht durch den Hauptausgang, sondern wählte den Weg durch den Garten. Jost ging einfach mit, als gehöre er dazu, denn er wollte unbedingt an der Verhandlung teilnehmen. Sie verließen den Garten durch eine kleine, versteckte Pforte, folgten einer schmalen Gasse und näherten sich dem bischöflichen Palais und der Aula Major von der Rückseite her. Von weitem bereits sahen sie die Massen, viele waren auf die Dächer ihrer Häuser gestiegen, wie schon bei Luthers Einzug.

Es geht den Wormsern wohl wie mir, dachte Jost, während sie Treppenstufen nahmen, um ein wenig heimlich, wie Diebe fast, den großen Sitzungssaal zu betreten. Die Menschen spürten, dass hier etwas ganz Außergewöhnliches geschah, als wehe der Atem der Geschichte sie an … Vielleicht würde man von diesem Ereignis noch in Jahrhunderten sprechen, wenn sie alle längst unter der Erde lagen?

Sie betraten den Saal durch eine Seitentür. Jost stockte der Atem, als er den versammelten Reichstag zum ersten Mal erblickte: Die Sitzordnung spiegelte die Hierarchie des Reiches wider: An der Spitze erkannte er den Kaiser, der einen rubinroten Mantel mit Hermelinbesatz trug und auf einem samtbezogenen Thron saß; seine Füße ruhten auf goldenen Löwenköpfen. Die Armlehnen und zwei zapfenförmige Gebilde zu beiden Enden der Rückenlehne waren mit Blattgold verziert. Der Kaiser war wirklich noch unglaublich jung und bartlos, während die Männer um ihn herum graue und weiße Bärte trugen; barhäuptig saß er da, ohne Krone, auf die er im normalen Sitzungsalltag verzichtete. Für Karl, so hatte Jost erfahren, war das Verfahren um Luther nur eine Sache unter vielen. In Worms ging es ihm hauptsächlich um eine Reichsreform.

Rechts und links von ihm saßen auf Stühlen die sieben Kurfürsten: rechts die Erzbischöfe von Mainz, Köln und Trier, links der König von Böhmen, der Pfalzgraf bei Rhein, der Herzog von Sachsen und der Markgraf von Brandenburg. Weitere bedeutende Reichsfürsten saßen ebenfalls auf Stühlen, der Rest musste mit Bänken vorliebnehmen. Zwei Schreiber führten Protokoll, aber ihre Federn ruhten momentan; Jost bemerkte einen zweiten Tisch – etwas abseits – mit Büchern darauf. Offenbar hatte man auf Luthers Ankunft gewartet und vertrieb sich die Zeit mit Gesprächen.

Jetzt bemerkte der Kaiser die Neuankömmlinge und gab ein Zeichen mit der Hand, woraufhin es still im Saal wurde. Jost trat in den Hintergrund an die Wand, wo bereits zahlreiche Zuschauer standen. Der Saal war zum Bersten gefüllt; auch auf zwei Emporen drängte man sich.

Ulrich von Pappenheim trat vor und meldete dem Kaiser Luthers Erscheinen; anschließend ermahnte er Luther, nur auf die ihm vorgelegten Fragen zu antworten. Caspar Sturm forderte Luther auf, zu dem Tisch mit den Büchern zu gehen. Danach zogen er und Pappenheim sich zurück und nahmen auf einer der Bänke Platz.

Luther ging auf den Tisch mit den Büchern zu, wo ihn ein Mann in geistlicher Tracht erwartete. »Das ist Johannes von Ecken, der Sprecher des Kaisers«, flüsterte jemand hinter Josts Rücken seinem Nachbarn zu. Luther, der einen unsicheren Eindruck machte, blieb in gebührendem Abstand vom Tisch stehen. Beeindruckte ihn die ungewohnte Kulisse? Machte sie ihm vielleicht sogar Angst?

Der Kaiser sagte etwas zu seinem Dolmetscher und dieser übersetzte: »Johannes von Ecken, Ihr habt das Wort!«

Von Ecken, die Fingerspitzen auf den Tisch gestützt, den Oberkörper nach vorn gebeugt, sprach zunächst lateinisch, sodass Jost nichts verstand, dann wiederholte er auf Deutsch: »Martin Luther, die kaiserliche Majestät hat Euch aus zwei Gründen hierherkommen lassen, zuvorderst um zu erfahren, ob Ihr Euch hier öffentlich zu den Büchern bekennt, die bisher unter Eurem Namen verbreitet worden sind. Tut Ihr das, so sollt Ihr zweitens erklären, ob Ihr ihren Inhalt aufrechthalten oder widerrufen wollt.«

Hieronymus Schürf, der auf einer Bank in Luthers Nähe saß, rief laut: »Man nenne die Titel der Bücher!«

Der Sprecher des Kaisers zeigte sich irritiert, er schaute zu Karl, der kaum merklich nickte. Also nahm Johannes von Ecken die Schriften, die vor ihm auf dem Tisch lagen, eine nach der anderen zur Hand und las die Titel vor. Manche, wie die Thesen oder die »Freiheit eines Christenmenschen«, kannte Jost; andere, wie den Psalterkommentar oder die Erklärung zum Gebet des Herrn, waren ihm fremd. Von Ecken schloss mit den Worten: »Nun seid Ihr aufgefordert, Martin Luther, hierzu Stellung zu nehmen.«

Luther räusperte sich hörbar. Als er dann das Wort ergriff, klang seine Stimme dünn und zerbrechlich. »Zwei Fragen lässt mir die kaiserliche Majestät vorlegen: Erstens, ob ich alle Bücher, die meinen Namen tragen, für mein Eigentum erkennen will. Und zweitens, ob ich entschlossen bin, bei der bisher von mir verbreiteten Lehre zu bleiben oder zu widerrufen.«

Jost kam ins Schwitzen, denn er litt mit Luther, dessen Unsicherheit ihm durch Mark und Bein ging. Wenn ich dort stünde, dachte er, hätte ich wahrscheinlich die Hosen so voll, dass ich überhaupt kein Wort hervorbrächte. Trotzdem war er ein wenig enttäuscht. Luther war sein Held und er verehrte ihn ähnlich wie die Leute, die auf die Dächer geklettert waren, nur um einen Blick vom Reformator zu erhaschen. Aber nun gab er keine gute Figur ab, und alle spürten es. Dies musste eine Genugtuung, ja fast ein Triumph für jene sein, die ihn hassten – und das machte Jost wütend.

»Darauf will ich kurz und klar antworten, wie ich vermag. Die genannten Bücher muss ich als die meinen bezeichnen und werde niemals eines verleugnen …«

Im Saal entstand Gemurmel, weil die meisten Luther gar

nicht verstanden, so leise sprach er. Während Jost zuhörte, wanderte sein Blick über die Reihen der Zuhörer. Er fand es unverantwortlich, dass man so viele Gäste in den Saal gelassen hatte. Wenn es nach ihm gegangen wäre, hätten nur Mitglieder der Ständeversammlung Zutritt gehabt. Wer waren all diese Leute an den Wänden und auf den Emporen? Was hatten sie hier zu schaffen? Hatte man sie nach Waffen durchsucht? Streng genommen hatte auch er selbst hier nichts verloren; er war einfach mitgekommen, und niemand hatte ihn aufgehalten.

Er dachte wieder an den gestrigen Abend, als Wulf ihnen entkommen war. Anna hatte ihm keine Vorwürfe gemacht, aber er hatte ihr die Enttäuschung angemerkt. Er konnte sich den Fehlschlag einfach nicht verzeihen. Sie hatten förmlich mit den Händen nach Wulf greifen können … und doch war er ihnen entschlüpft. Wohin war er geflüchtet? Hatte er die Stadt verlassen oder besaß er innerhalb von Worms ein Versteck?

Jost bekam einen Schrecken, als er auf der Empore eine kleinwüchsige Gestalt entdeckte, aber es war nicht Wulf. Alle Fenster des Saals standen offen, und die Sonne strömte herein. War es denkbar, dass Wulf sich unter den Zuschauern befand? Jost ging ein paar Schritte Richtung Haupteingang.

»Weil es sich hierbei um den Glauben und das Seelenheil handelt und um Gottes Wort, darf ich mich nicht der Gefahr aussetzen, etwas zu behaupten, was meiner Sache oder der Wahrheit schaden könnte.«

Am Haupteingang standen die Menschen besonders dicht, aber von hier aus überschaute Jost den ganzen Saal. Gab es versteckte Winkel, einen Ort, wo man unbemerkt stehen und eine Armbrust anlegen konnte? Nein, das war unmöglich. Auch hätte Wulf eine so große Waffe nicht hereinschmuggeln können. Etwas anderes war es mit einem Messer, es war nicht auszuschließen, dass plötzlich jemand hervorstürzte und Luther niederstach.

»Deshalb bitte ich in Demut Eure kaiserliche Majestät um Bedenkzeit, damit ich, ohne das Gotteswort zu verletzen und meine Seele zu gefährden, die rechte Antwort auf die Frage geben möge.«

Jost unterbrach seine Suche und schaute überrascht zu Luther hinüber. Damit hatte er nicht gerechnet, ebenso wenig die Sitzungsteilnehmer und die Zuschauer. Es wurde laut im Saal. Die Kommentare, die Jost in seiner unmittelbaren Umgebung hörte, waren alles andere als freundlich. Luthers Gegner fühlten sich in ihrem Urteil bestätigt, jetzt zeige sich sein wahrer Charakter, er sei ein Feigling und habe kalte Füße bekommen. Aber selbst von offenkundigen Anhängern kamen bissige und bösartige Bemerkungen. Er sei im Begriff, seine eigene Sache zu verraten, hieß es; ihm fehle es an Standhaftigkeit; nun, da es ernst werde, laufe er davon; er vertage das Problem, statt es zu lösen. Auch Jost war enttäuscht.

Was steckte hinter dem Ausweichmanöver? Handelte es sich um eine Absprache mit Hieronymus Schürf, also um eine juristische Taktik? Aber selbst das hätte Jost ärgerlich gefunden. Sicher, hier fand eine Verhandlung statt, und Luther brauchte einen Rechtsberater, aber in erster Linie standen religiöse Fragen auf der Tagesordnung. Es ging um den christlichen Glauben und um die Wahrheit – durfte man sich da hinter juristischen Verfahrensfragen verstecken? Die Menschen liebten Luther, weil er ihnen das Wort Gottes näherbrachte, sie sahen in ihm eine Art Propheten. Nun schien er Angst zu bekommen und sich verstecken zu wollen.

Johannes von Ecken unterbrach die Verhandlung. Der Kaiser und die Fürsten waren ebenso überrascht wie alle anderen, und sie berieten sich. An ihren heftigen Gesten konnte Jost ablesen, dass einige der Herren sehr aufgebracht waren. Auch der sächsische Kurfürst schaltete sich mehrfach ins Gespräch ein, offenbar fand man nur schwer zu einer Einigung. Die Unruhe im Saal wuchs. Während dieser ganzen Zeit stand Luther allein vor dem Tisch mit den Büchern und machte einen verlorenen und hilflosen Eindruck.

Schließlich fasste man einen Beschluss. Der Sprecher des Kaisers verkündete: »Martin Luther, obwohl Ihr aus dem kaiserlichen Befehl hättet ersehen können, wozu Ihr berufen seid, und deswegen keine weitere Bedenkzeit verdient, bewilligt Euch doch die kaiserliche Majestät aus angeborener Gnade einen Tag zu Eurer Vorbereitung. Mit der Bedingung, frei zu sprechen und keine schriftliche Erklärung vorzulegen, sollt Ihr morgen um dieselbe Stunde wieder erscheinen.«

Kapitel 36

Luther war noch kaum in sein Quartier zurückgekehrt, da hatte sich die Nachricht, dass die Verhandlung auf den nächsten Tag verschoben sei, in der Stadt verbreitet. Schon entstanden die wildesten Gerüchte, und da niemand wusste, was Luther zu seinem Schritt bewogen hatte, überbot man sich in abstrusen Spekulationen. Anna und Hanna, die in der Menschenmenge vor dem Dom gestanden hatten, zogen unterschiedliche Schlüsse, denn während die eine sich in ihrer Skepsis bestätigt sah, glaubte die andere, die Luther bewunderte, an einen geschickten Schachzug. Morgen, so prophezeite Hanna, werde er es allen zeigen.

»Wenn du Jost liebst«, sagte sie, »solltest du mehr Begeisterung für Luther zeigen. Schließlich sind die beiden fast befreundet.«

»Ich schmiere niemandem den Brei ums Maul«, erwiderte Anna, »und wenn man mich nicht so nimmt, wie ich bin, soll man es lassen.«

»Nicht gar zu stolz, junge Frau!«

»In deinem Beruf kann man sich Stolz nicht leisten, ich weiß.«

Hanna legte ihr die Hand auf die Schulter. »Du weißt gar nichts, Anna – und wir fangen jetzt keinen Streit an.«

»Es tut mir leid«, sagte Anna. »Aber wenn Luther morgen kneift, sage ich Jost ins Gesicht, dass sein Held für mich ein Feigling ist – ich verstelle mich nicht.«

»Ich verstelle mich auch nicht. Meine Begeisterung für Luther ist echt, und ich habe keine seiner Predigten verpasst. Er hat sich erst mit Tetzel angelegt, dann mit dem Papst und jetzt sogar mit dem Kaiser – so handelt kein Feigling! Und deshalb habe ich volles Vertrauen zu Martin, morgen schenkt er allen tüchtig ein, du wirst schon sehen.«

»Er bleibt immer ein Mönch«, erwiderte Anna.

»Was hast du gegen Mönche? Ohne sie könnte ich meinen Laden dichtmachen.«

Anna musste lachen, während die Menge um sie her sich zerstreute.

»Ich muss mich um meine Mädchen kümmern«, sagte Hanna. »Bis bald.«

Anna beschloss, mit Jost zu sprechen. Gestern, als Wulf entkommen war, hatte sie ihm die kalte Schulter gezeigt. Gesagt hatte sie nichts, aber sie wusste, dass manche Vorwürfe unausgesprochen stärker wirken. Er hätte schon ein grober, gefühlloser Klotz sein müssen, um nicht zu bemerken, wie sehr sie über Wulfs Flucht verärgert war, denn innerlich gab sie Jost die Schuld daran. Sie hatte ihren Wunsch, sich persönlich an Wulf zu rächen, zurückgestellt und Jost vertraut, er aber hatte ihr Vertrauen enttäuscht. Er hatte es versäumt, genügend Wachen um den Dom herum zu postieren. Jost ist eben doch nur ein dummer Söldner, hatte sie gestern gedacht. Heute schämte sie sich dafür.

Er musste im Johanniterhof sein, bei Luther; also ging sie dorthin. Ihn zu treffen gestaltete sich einfacher als erwartet, denn er stand mit zwei Söldnern am Eingang zur Herberge und wies alle Leute zurück, die mit Luther sprechen wollten. »Er will allein sein«, wiederholte Jost immer wieder. »Er hat sich auf seine Kammer zurückgezogen und ausdrücklich betont, dass er niemanden sehen und beten möchte.«

Anna hielt Abstand, weil Jost ziemlich beschäftigt war. Ständig kamen neue Leute, aber als Jost sie bemerkte, winkte er sie heran. Er beorderte noch einen Söldner vor die Tür und ging mit ihr in die Vorhalle.

»Schön, dass du kommst«, sagte er. »Ich dachte schon, du wärst abgereist.«

»Aber weshalb sollte ich Hals über Kopf abreisen?«

»Du warst wütend auf mich.«

»Nein, ich war nur …«

Sie schwieg und er sagte: »Du warst sehr, sehr wütend.«

»Ja, es ist wahr. Am liebsten hätte dich geohrfeigt.«

»Dann tu's doch jetzt, vielleicht geht's dir dann besser.«

Anna schaute sich um, fasste ihn bei den Schultern, stellte sich auf die Zehenspitzen und küsste ihn auf den Mund. Jost schaute sich ebenfalls schnell um.

»Wenn das so ist, bitte ich um Nachschlag …«

Kapitel 37

Die Schwestern hatten Wulf, der sie mit rührenden Pilgergeschichten unterhielt, ein Lager für zwei Nächte gewährt. Hier, ein Stück flussabwärts außerhalb der Mauern von Worms, verbrachte er einen ganzen Tag, um neue Kraft zu schöpfen – jenen Tag, an dem Luthers erste Verhandlung stattfand. Niemals würden ihn seine Verfolger hier finden. Wer konnte ahnen, dass ein Gesunder Unterschlupf im Hospital für Leprakranke suchte?

Wulf hatte keine Angst, sich anzustecken, weil Krankheiten die Folge von Sünde waren – und er fühlte sich frei davon.

Sollte er doch welche begangen haben, würde die Schwarze Jungfrau seine Schuld tilgen. In der Nacht war sie ihm wieder erschienen, nachdem er Stunden kniend und dankend im Gebet zugebracht hatte. Sie hatte ihn aus aussichtsloser Lage errettet – aber andererseits hatte er Richard von Katzenelnbogen getötet. Allerdings nur, um ihre Ehre wiederherzustellen – und so wusch eine Hand die andere. Sie belohnte ihn, weil er ihr liebender, wohlgeratener Sohn war, und sie würde ihn auch weiterhin beschützen.

Mit den Kranken kam Wulf überhaupt nicht in Berührung. Die Menschen wussten ja gar nicht, wie es in einem Leprahospital zuging. Aber schon der Name genügte, um sie abzuschrecken und fernzuhalten.

Am frühen Morgen des übernächsten Tages, nachdem er neuen Mut geschöpft hatte, verabschiedete sich Wulf von den Schwestern. Sie wünschten dem frommen, gottesfürchtigen Mann, der auf dem Weg nach Basel war, von Herzen alles Gute. Die Oberin segnete ihn sogar. Er lief pro forma ein Stück flussaufwärts, dann machte er wieder kehrt. Sein Problem bestand nun darin, unbemerkt in die Stadt zurückzukehren. Schließlich hatte er in aller Öffentlichkeit einen Menschen getötet, und Hunderte von Gottesdienstbesuchern könnten sich vielleicht an sein Gesicht erinnern. Diesmal durfte er kein Risiko eingehen.

Wulf lief in einem weiten Bogen um die Stadt, dann sah er aus der Ferne eine Straße, auf der reger Verkehr herrschte mit Reitern und Fußgängern, Fuhr- und Lastkarren. In der Stadt hielten sich momentan wahrscheinlich drei- oder viermal so viele Menschen auf wie sonst, die alle ernährt und versorgt werden mussten. Auf einer kleinen Anhöhe, nicht weit von der Straße, entdeckte er eine Linde mit einem mächtigen Stamm, wie das nur bei einzeln stehenden Bäumen der Fall ist. Wulf ging dorthin, setzte sich unter den Baum und lehnte den Rücken an die Rinde; er schlug die Beine übereinander, kaute auf einem Grashalm und beobachtete das Treiben auf dem Verkehrsweg.

Sein erster Plan war gescheitert, also musste er sich etwas Neues ausdenken. Dass sein Auftraggeber es sich anders überlegt hatte, interessierte Wulf nicht, für ihn war die ursprüngliche Abmachung bindend. Den Ketzer zu töten und sich selbst damit unsterblich zu machen, war wie ein innerer Zwang für ihn; außerdem hatte die Jungfrau ihm diesen Wunsch in Träumen enthüllt. Wenn ihm die Tat gelang, würde man sich noch in Jahrhunderten davon erzählen: »Während des Reichstags zu Worms, im Angesicht des Kaisers, richtete Wulf Kramer, der Armbrustschütze, den Ketzer hin!« Anschließend würde er untertauchen. Um Brangenberg und das Geld, das ihm noch zustand, würde er sich später kümmern; der Bischof musste zahlen, wenn ihm sein Leben lieb war.

Wulf fielen drei Wagen auf, die hintereinanderfuhren; sie unterschieden sich von den anderen dadurch, dass sie bunt und fröhlich wirkten, Fahnen und Stoffbänder flatterten im Wind, Pfannen und Kessel hingen seitlich von den Wagen und klapperten laut. Zur Reisegruppe gehörten viele Kinder, die zum Teil auf den Wagen saßen, zum Teil nebenherliefen. Nun bogen sie von der Straße ab und kamen genau auf Wulf zu. Die Linde, das sah man an Ascheresten, Abfällen und am platt getretenen Gras, diente Reisenden häufig als Rastplatz. Wulf überlegte, ob er verschwinden sollte, aber plötzlich kam ihm eine Idee, und er entschied sich zu bleiben.

Die Wagen wurden von Ochsen und Maultieren gezogen, manchmal schwankten sie bedenklich, wenn sie über Steine und Wurzeln fuhren, während sie den weithin sichtbaren Baum ansteuerten. Wulf blieb sitzen und kaute auf seinem Grashalm, neben ihm lag der Sack mit der Armbrust, den er während der Flucht gerettet hatte. Die Kinder bemerkten ihn zuerst und liefen auf ihn zu, drei Jungen, zwei Mädchen und ein Hund, der an Wulfs Stiefel schnupperte. Einer der Jungen, welcher eine Jacke mit roter Kapuze trug, sagte: »Wir fahren nach Worms. Wo willst du hin?«

»Auch nach Worms«, sagte Wulf.

»Wie heißt du?«, fragte ein Mädchen. Es lispelte und hatte zwei schwarze Zöpfe.

»Ich heiße Wulf. Was macht ihr in Worms?«

»Wir tanzen und singen, und er ...«, sie zeigten auf den Jungen mit der roten Kapuze, »sammelt das Geld ein.«

»So ist es recht«, sagte Wulf, derweil die Wagen mit den Erwachsenen sich näherten. »Wartet! Ich habe etwas für euch.« Er öffnete seinen Geldbeutel, den er am Gürtel trug und holte eine Münze hervor. »Komm her!«, sagte er zu dem Jungen mit der roten Kapuze. »Wie heißt du?«

»Gernold.«

Er gab ihm das Geldstück. »Das teilt ihr euch! Verstanden?«

Die Kinder umringten Gernold. »So viel!«, riefen sie. Der Hund mischte sich unter die Kinder und hob seine Schnauze. Nun machten auch die anderen Wagen Halt. Wulf zählte insgesamt etwa zwanzig Kinder und zehn Erwachsene. Ihre Haut war bräunlich, und die meisten hatten schwarze Haare; Wulf fand besonders die Frauen und Mädchen bildschön. Aber die Leute waren arm, das sah man auf den ersten Blick. Und diese Tatsache würde er sich zunutze machen.

Ein Mann kam auf ihn zu, offenbar der Anführer der Truppe: schlank, groß gewachsen und mit einer Nase, die an den Schnabel eines Habichts erinnerte. »Werter Herr, ich hoffe, die kleinen Ungeheuer belästigen Euch nicht«, sprach er mit wohlklingender Stimme und deutete höflich eine Verbeugung an.

»Keineswegs!«, erwiderte Wulf. »Ich habe ein Herz für diese Bestien.«

»Schau, was er uns gegeben hat, Papa!«

Gernold hielt seinem Vater das Geldstück hin. Dieser warf einen scharfen Blick auf die Münze, ehe er sie mit geübtem Handgriff einsackte; nun wandte er sich Wulf mit einem Lächeln zu, für das freundlich ein zu schwaches Wort war. »Teuerster Freund«, sagte er, »wie selten findet man auf der Welt Menschen mit einem Herz aus Gold?!«

»Fürwahr«, erwiderte Wulf, »Ihr sprecht eine große Wahrheit gelassen aus.«

»Umso mehr beglückt mich die Freude, Euch kennenzulernen.«

Wulf stand auf und musste lächeln. »Die beglückende Freude ist ganz auf meiner Seite.« Sie gaben sich die Hand. »Prächtige Kinder habt Ihr, eine Augenweide!« Das meinte Wulf ernst, und er schaute den Frauen zu, die Decken auf dem Boden ausbreiteten und aus Körben Essen hervorholten; die Kinder liefen herbei.

»Möchtet Ihr vielleicht an unserem bescheidenen Mahl Anteil nehmen?«

»Das wäre mir eine freudige Wonne.«

Sie lagerten um die Körbe, aßen Brot mit Hartkäse, die Kinder lärmten, und alle redeten durcheinander. »Es scheint mir, als hätten wir denselben Weg«, sagte Wulf, der neben dem Anführer saß. »Dürfte ich mich Euch bis nach Worms anschließen?«

»Darüber brauchen wir kein Wort zu verlieren. Wie Ihr seht, sind wir Schausteller und hoffen auf ein gewogenes Publikum beim Reichstag. Es ist nur noch ein Katzensprung.«

Wulf öffnete seinen Geldbeutel und gab dem Mann eine weitere Münze; diesem stand vor Überraschung der Mund offen, denn er hielt einen Gulden in der Hand.

»Wenn ich mich nicht täusche«, sagte Wulf, »so sitze ich einem Mann gegenüber, der nicht nur etwas für sich behalten kann, sondern der auch das Herz am rechten Fleck trägt.«

»Ihr trefft in beiden Fällen den Nagel auf den Kopf«, sagte der Schausteller. »Könntet Ihr vielleicht genauer umschreiben, was Ihr damit meint: das Herz am rechten Fleck tragen?«

»In meinen Augen trägt ein Mensch das Herz am rechten Fleck, der offen ist für ungewöhnliche Ideen und mit sich handeln lässt.«

»Dem stimme ich ohne Vorbehalt zu.«

Wulf schob sich ein Stück Brot in den Mund. »Wie soll ich mich ausdrücken?« Er kaute nachdenklich. »Es ist so: Ich möchte in die Stadt einreisen, ohne erkannt zu werden. Verstehen wir uns recht?«

»Ohne jeden Zweifel.«

»Nun kam mir eine Idee.«

»Öffnet mir Euer Herz, guter Mann, zögert nicht.«

»Wie Ihr seht«, sagte Wulf, »sind einige Eurer Kinder und ich in etwa gleich groß.«

»Das mag sein«, erwiderte der Schausteller. »Allerdings habe ich den Wert eines Menschen nie nach seinem Körperwuchs beurteilt. Wahre Größe bemisst sich allein am Geist.«

»Wir denken wie Brüder«, sagte Wulf. »Nun, mir scheint, als könnten mir die Sachen Eures Sohnes Gernold genau passen.«

Der Schausteller schaute ihn ein wenig verständnislos an.

»Ich meine die Hose und die Jacke mit der roten Kapuze.«

»Das ist Kinderkleidung.«

»Genau deshalb würde ich sie gerne tragen. Ich möchte in dieser Kleidung, auf einem Eurer Wagen sitzend, das Stadttor passieren. Gutes Gelingen vorausgesetzt, würde ich Euch dafür einen weiteren Gulden zahlen.«

»Es wäre beschämend«, sagte der Schausteller, »wollte ich mit einem Mann von Eurem Format auch nur einen Moment länger handeln – abgemacht.« Er reichte Wulf die Hand, und der schlug ein.

Etwa eine Stunde später näherten sich drei Wagen einem Tor mit Wachturm, der sogenannten Mainzer Pforte. Wulf saß im mittleren der drei offenen Wagen, umringt von einer Schar Kinder, und zu seinen Füßen lag der Hund. Er hatte die rote Kapuze übergezogen und neigte den Kopf nach vorn, sodass man sein Gesicht nicht sah. In jeder Hand hielt er eine roh geschnitzte Holzfigur, die er auf dem Boden des Wagens bewegte, als veranstalte er mit ihnen ein Spiel.

Wulf hörte, wie der Torwächter die Schausteller aufforderte, ihre Wagen anzuhalten und sie auf die Seite zu fahren, seine Stimme klang ziemlich unfreundlich. Wulf konnte sich die Ursache denken, denn die Stadt war bereits voller Spielleute und Schausteller. Wahrscheinlich kamen aus allen Himmelsrichtungen ständig neue Wagen angefahren.

»Ihr könnt nicht mit euren Wagen in die Stadt«, sagte der Torwächter.

»Dann lagern wir vor den Toren.«

»Wir haben bereits zu viele von eurer Sorte, ihr müsst wieder umkehren.«

»Aber wir sind seit über einer Woche unterwegs.«

»Das ist euer Pech, niemand hat euch gerufen.«

»Aber wenn wir die Wagen vor der Stadt lassen …«

»Wir brauchen euch nicht, macht, dass ihr fortkommt!«

Wulf hielt immer noch die Spielsachen in Händen, bewegte sie aber nicht, weil er gespannt dem Gespräch lauschte, derweil Händler und Kaufleute, Reiter und Bauern aus dem Umland mühelos das Tor passierten, wo ein zweiter Wachhabender stand. Wulf erinnerte sich, in der Stadt an jeder Ecke Gaukler und Spielleute gesehen zu haben. Irgendwann gab es keinen Platz mehr für Neuankömmlinge, und wahrscheinlich hatte man die Wachleute instruiert, kein fahrendes Volk mehr hereinzulassen – also musste er der Sache ein wenig nachhelfen. Wulf zückte seinen Geldbeutel und drückte dem Mädchen neben ihm unauffällig eine Münze in die Hand. »Geh zum Wachmann und gib ihm das!«, sagte er. »Aber sag nicht, dass du es von mir hast, am besten redest du gar nichts.«

Das Mädchen sprang vom Wagen, lief zum Wachmann und starrte ihn an. »Was willst du?«, fragte er grob. Sie hielt ihm die Münze hin, er nahm sie in die Hand, beugte den Kopf nach vorn, dann schlagartig, während er den Gulden in einer Innentasche seines Wamses verschwinden ließ, hellten sich seine Gesichtszüge auf.

»Soeben«, sagte er zum Anführer, »wurde für euch und eure Wagen ein Lagerplatz frei bei den Rheinauen. Ihr könnt euch, solange es Tag ist, in der Stadt aufhalten und eure Kunststückchen vorführen. Sobald es dunkel wird, verschwindet ihr wieder, sonst gibt es Ärger. Nehmt diesen Zettel an euch, das ist ein Passierschein.«

Die Wagen machten kehrt und folgten einem Weg zu den Rheinauen. Dort lagerten bereits viele andere Wagen, ein richtiges kleines Dorf war entstanden, mit bunten Zelten in jeder Größe. Wulf sah vorwiegend Frauen und Kinder, Wäsche lag zum Trocknen in Ufernähe, einige Männer angelten, Feuer brannten und es roch nach Kohl, Brei und Fisch. Ein Wachmann, nachdem er den Passierschein gesehen hatte, wies der Truppe einen Platz für ihre drei Wagen zu.

Der Anführer bedankte sich bei Wulf. »Euch hat der Himmel geschickt.«

»Dafür erwarte ich eine Gegenleistung«, sagte Wulf. »Ich bin in Eile und muss ohne jede weitere Verzögerung in die Stadt.«

»Ihr seid ein so liebenswerter Mann, dass ich Euch keine Bitte abschlagen kann.«

»Dann versammelt alle Kinder, denn die müssen unbedingt mit, ich in ihrer Mitte und dann nichts wie auf in die Stadt.«

»Das ist ganz in meinem Sinn.«

Die Kinder liefen zusammen, Wulf und der Anführer erteilten ihnen Anweisungen, dann machten sie sich in Begleitung von fünf Erwachsenen, die Musikinstrumente bei sich führten, auf den Weg. Wulf hatte entschieden, wieder zur Mainzer Pforte zu laufen, auch wenn das ein kleiner Umweg war, aber der Wachmann dort kannte sie bereits und würde keine dummen Fragen stellen. Er sollte recht behalten, denn als sie auf den Torwächter zugingen, sagte dieser kein Wort, sondern winkte sie einfach durch. Wulf hielt sich inmitten der Kinder, er hielt das Mädchen links und den Jungen rechts bei der Hand, ansonsten beugte er den Kopf nach vorne, als betrachte er den Weg oder als schmolle er. Sie liefen durch die hohe, gemauerte Einfahrt, die Teil des Wachturms war.

»Wir haben es geschafft«, sagte der Anführer und Wulf hob den Kopf. Sein Gesicht war ausdruckslos, aber innerlich genoss er den Triumph: Trotz zahlloser Mühen, Beschwerden und Umwege hatte er seine Feinde überlistet. Er war wieder in Worms.

»Hier trennen sich unsere Wege.« Er gab dem Schausteller, der für ihn den Sack mit der Armbrust getragen hatte, den versprochenen zweiten Gulden.

»Das ist mehr als bedauerlich«, sagte der Mann. »Reisegefährten wie Euch wünschte ich häufiger zu treffen.« Wulf schulterte den Sack, in dem sich auch seine Kleidung befand, warf einen letzten Blick auf die Kinder und verließ die Gruppe. Er musste darauf hoffen, dass es auch im Interesse der Schausteller war, ihn nicht zu verraten, denn sie würden sich damit nur selbst schaden. Bald hatte er sie aus den Augen verloren.

Es herrschte so viel Betrieb in den Gassen und so viele Kinder waren unterwegs, dass man ihm keine Beachtung schenkte. Lästig war es nur, immer mit gesenktem Kopf zu laufen, aber er hatte Angst, jemand könnte ihn ansprechen. Unter seiner Kapuze kam er bald ins Schwitzen, denn es war ein warmer Frühlingstag, und die Sonne gewann schnell an Kraft.

Luther war immer noch in aller Munde. Es dauerte nicht lange, und er hatte im Vorbeigehen erfahren, dass die Anhörung vor dem Reichstag verschoben worden war: auf den heutigen Tag um vier Uhr nachmittags. So ein Glücksfall! Also hielt die Schwarze Jungfrau weiter zu ihm, wie erwartet, er konnte sich wirklich auf sie verlassen. Auch Umwege wendete sie zu seinem Vorteil! Wie gut, dass er stark geblieben war im Glauben! Er bekam eine zweite Chance – und diesmal würde er sie nutzen!

Wulf lief an der Aula Major vorbei. Die Fenster zum Verhandlungssaal standen weit offen, denn es war warm. Wenn er nur seinen alten Standort auf dem Kornspeicher wieder beziehen könnte! Aber natürlich hatte sich die Nachricht vom Mord in der Kathedrale in der ganzen Stadt herumgesprochen, und man wusste dort über ihn Bescheid. Ob seine Kinderkleidung ihm helfen konnte, ins Haus zu kommen? Schwerlich, denn sobald ihm jemand ins Gesicht schaute, war es mit der Verkleidung vorbei.

Wulf lief zwischen den Marktständen entlang, wo lebhaft gehandelt wurde. Da er immer nur auf den Boden starrte, lauschte er den Gesprächen umso aufmerksamer. Überall stritt man über die Qualität der Waren und feilschte um den Preis in einem eingeschliffenen, geschäftsmäßigen Ton, einem Ritual vergleichbar.

Vor dem Geschlechterturm, Wulfs ehemaliger Unterkunft, stand ein Karren, voll beladen mit prall gefüllten Säcken. Ein Fuhrmann, auf dem Karren stehend, weit nach vorn gebeugt, befestigte gerade ein Seil an einem der Säcke. Nun konnte Wulf der Versuchung nicht widerstehen: Er schob seine rote Kapuze ein Stück zurück und hob vorsichtig den Kopf. Wie vermutet, führte das Seil hinauf zum Obergeschoss, wo er übernachtet hatte. Dort schaute jemand aus dem Fenster und hielt das andere Ende des Seiles, das über eine Metallrolle lief, in Händen. Er senkte wieder den Kopf, sah aber trotzdem, wie sich der Sack vom Karren löste und in die Luft hob.

Ein Getreidesack müsste ich sein, dachte Wulf, dann wäre es leicht, dort hochzukommen; in den Kornspeicher, direkt gegenüber der Aula Major. Dort oben hätte er Luther wie auf dem Präsentierteller vor sich. Viel Zeit blieb nicht mehr, aber er durfte jetzt nicht die Nerven verlieren. Er senkte den Kopf noch tiefer, schloss die Augen und bat die Schwarze Jungfrau um ihren Beistand. Als er die Augen wieder öffnete und den Kopf ein wenig anhob, sah er den Fuhrmann von seinem Karren steigen. Der stämmige Mann legte den Kopf in den Nacken und schaute nach oben. »Das war's!«, brüllte er.

»Wie – das war's!«, schallte es im gleichen Tonfall zurück.

»Fünf Sack Hafer.«

»Und was, verdammt noch mal, ist mit dem Roggen?«

»Roggen? Was für Roggen?«

»Du Hohlkopf!«, schrie der Mann im obersten Stockwerk und Wulf sah im Geist, wie er den Kopf weit aus dem Fenster lehnte und seine Aussage durch Gesten bekräftigte. »Wir haben außer dem Hafer auch fünf Sack Roggen bestellt!«

»Roggen? Davon war nie die Rede!«

»Du schaffst jetzt sofort fünf Sack Roggen her – oder du warst die längste Zeit unser Lieferant!«

Der Fuhrmann murmelte etwas vor sich hin über die Ungerechtigkeit der Welt im Allgemeinen und die Bosheit der Menschen im Besonderen, versetzte dem Ochsen, der vor den Karren gespannt war, einen Stockschlag, und das Gefährt entfernte sich. Wulf folgte ihm.

Der Karren bog zweimal um die Ecke und hielt vor einem Fachwerkhaus, dessen Türen und Läden im Erdgeschoss offen standen. Eine Frau füllte mit einem Scheffel Getreide aus Säcken in Holzeimer, sie schaute auf. »Bist du schon zurück? Das ging aber schnell.«

»Ich brauche noch fünf Sack Roggen.«

Die Frau schüttelte den Kopf und arbeitete weiter, während der Mann im Haus verschwand. Sie hatte Wulf, der auf der Straße neben dem Karren stand, bisher nicht bemerkt. In diesem Moment sandte ihm die Jungfrau, einem Wunder gleich, die entscheidende Idee. Wulf wartete geduldig, bis der Mann zurückkam, gebeugt von der schweren Last eines Getreidesackes auf seiner rechten Schulter. Er trat neben den Karren und ließ das Gewicht von seiner Schulter auf die Ladefläche gleiten, fuhr sich dann mit seiner staubigen Hand über die feuchte Stirn – und sah Wulf, der den Kopf noch immer gesenkt hielt.

»Na, mein Kleiner«, sagte er. »Was hast du denn? Bist du traurig?«

»Wollt Ihr Euch drei Gulden verdienen?«

Der Getreidehändler lachte. »Weißt du denn, wie viel das ist: ein Gulden? Hast du schon mal einen in der Hand gehalten?«

Wulf streckte seine Hand aus, auf deren Innenfläche drei Silbermünzen lagen. Seltsamerweise lachte der Mann nun nicht mehr. »Wo hast du die her?«, fragte er. »Wo hast du das Geld gestohlen?«

Statt einer Antwort hob Wulf den Kopf, schob sich die Kapuze in die Stirn und betrachtete zum ersten Mal sein Gegenüber genauer: Der Mann war klein und kugelrund, sein Gesicht rot von der Anstrengung. Er hob überrascht die Brauen. »Oh, verzeiht! Ich hielt Euch für ein Kind. Seid Ihr ein Gaukler?«

»Ihr habt es erraten«, erwiderte Wulf. »Wisst Ihr, es geht um einen kleinen, harmlosen Scherz.«

»Der Euch *drei Silberlinge* wert ist?«

»Was sind schon drei Gulden? Wollt Ihr mir helfen? Ich möchte mich in einem Eurer Säcke verstecken.«

Der Mann lachte schon wieder.

»Was ist?«, rief die Frau von drinnen. »Mit wem redest du?«

»Ach, nichts«, rief er, »da ist nur ein Kind.« Leise fragte er Wulf, ob er ihn zum Narren halten wolle. Wulf hielt ihm immer noch die Münzen entgegen und forderte ihn auf, endlich sein Geld zu nehmen. »Oder wollt Ihr warten, bis mir die Hand verdorrt?«

Der Mann zögerte, Wulf beobachtete genau sein Gesicht, die Mundwinkel, die Augen, in denen sich sein innerer Zwiespalt spiegelte. Dann wurde die Verlockung zu groß, er griff nach den Münzen – und Wulf lächelte zufrieden. »Na also«, sagte er, »das geht doch.«

»Weshalb wollt Ihr Euch in einem meiner Säcke verstecken? Ich sehe darin keinen Sinn.«

»Genauer gesagt, in einem der Roggensäcke, die Ihr gleich ausliefern werdet.«

»Moment! Woher wisst Ihr das?« Nun wurde der Händler

unruhig. Er knetete seine Finger, zog die Brauen zusammen. »Was soll denn das! Nein, das kommt nicht in Frage.«

»Dann gebt mir meine Gulden zurück.«

Er behielt die Silbermünzen aber in seiner Faust. »Erst sagt Ihr mir, was Ihr vorhabt! Die Säcke kommen in den Kornspeicher. Was wollt Ihr dort?«

»Es ist wirklich ein harmloser Scherz, dessen könnt Ihr gewiss sein. Ich bin ein alter Freund der Familie und will sie ein wenig überraschen; außerdem versichere ich Euch, dass niemand erfährt, dass Ihr etwas mit der Sache zu tun habt. Man wird die Säcke nicht gleich ausleeren, sondern sie erst mal in eine Ecke stellen, wie so viele andere Säcke dort oben. Ich krieche dann heimlich heraus und lasse den Sack verschwinden, das fällt nicht auf und bleibt unter uns.«

»Ich weiß nicht … Das sind gute Kunden.«

»Die Euch sehr zuvorkommend behandeln.« Ob man ihn nicht gerade eben noch als Hohlkopf bezeichnet habe?

»Sicher, sicher, aber das kommt vor, in der Hitze des Gefechts.«

»Also, mich würde es wütend machen, wenn man mich als Hohlkopf bezeichnete.«

»Ich kann doch nicht jeden, der mich einen Hohlkopf nennt …«

Wulf verlor die Geduld. »Kommen wir nun miteinander ins Geschäft oder nicht?«

Der Händler öffnete die Hand und betrachtete die Gulden. »Und Ihr versprecht mir, dass es ein harmloser Scherz ist?«

»Mein Wort darauf.«

»Also gut, abgemacht! Folgt mir in die Kammer.«

Die Frau war nicht zu sehen, und sie gingen unbemerkt in die Kammer. Dort standen zahlreiche Säcke, manche waren mit schwarzen Strichen versehen, manche mit roten, wieder andere mit gelben oder grünen. Der Händler ging zu einem Sack mit einer schwarzen Markierung.

»Hier haben wir den Roggen«, sagte er. »Dann wollen wir mal sehen, wie wir Euch darin unterbringen. Das ist nämlich gar nicht so einfach.«

»Ich vertraue Euch völlig … Dieser Reisesack muss allerdings auch noch mit hinein.«

»Himmel! Was ist denn darin?«

»Nichts von Bedeutung, nur die kleine Überraschung, um die es geht.«

Der Mann blickte ihn skeptisch an, und Wulf fürchtete schon, er würde es sich anders überlegen. »Ihr macht es aber geheimnisvoll«, sagte der Händler statt weiterer Fragen und öffnete den Sack, aus dem er fast das gesamte Getreide in einen Bottich schüttete. »Jetzt klettert hinein, ich fülle dann den Rest auf. Außen müssen überall Körner sein, sonst fällt es auf. Aber wir müssen darauf achten, dass Ihr noch Luft bekommt …«

Wulf zog das Messer aus seinem Stiefel. »Damit ich mich aus dem Sack befreien kann«, erklärte er.

Der Händler schüttelte den Kopf. »Ein seltsames Spiel treibt Ihr da.« Er schien es jedoch vorzuziehen, über die näheren Umstände nicht weiter nachzudenken. Überhaupt machte er keinen besonders hellen Eindruck, was Wulf als Glücksfall betrachtete. Mit einem Scheffel füllte er den Sack, bald verschwanden Wulfs Beine, dann sein Rumpf. Die Körner kitzelten entsetzlich, der Getreidegeruch stieg ihm in die Nase, hoffentlich musste er nicht niesen! Nun reichte ihm das Zeug schon bis zum Hals, die Körner kullerten in die Kleidung und kratzten auf der nackten Haut. Mittlerweile zweifelte er an seiner Idee, bei näherer Überlegung sogar an seinem Verstand. Er ging ein kaum kalkulierbares Risiko ein. Aber zeigte sich nicht gerade bei solchen Gelegenheiten die Macht der Schwarzen Jungfrau? Wulf dachte an eine Predigt Luthers, die er in Wittenberg gehört hatte, und musste dem Ketzer in einem einzigen Punkt recht geben: Glaube war alles, Glaube konnte Berge versetzen!

Der Sack war gefüllt. Wulf, bis auf die Nasenlöcher und den Mund vollständig von staubigen, kratzigen und piekenden Körnern umgeben, atmete schwer. Der Getreidehändler schnürte den Sack zu. Gedämpft, als komme die Stimme von sehr weit, hörte Wulf ihn sagen: »Das ist täuschend echt, ihr dürft Euch nur nicht bewegen.«

»Was sagst du? Mit wem redest du da?« Die Stimme der Frau, die offenbar die Kammer betreten hatte.

»Mit mir selbst, in letzter Zeit führe ich Selbstgespräche.«

»Auch das noch!«

Der Sack kippte abrupt zur Seite und Körner fielen Wulf in den Mund, er bekam einen Hustenanfall und glaubte zu ersticken.

»Was war das?«, fragte die Frau erschrocken.

Ihr Mann hustete statt einer Antwort, und Wulf hustete mit ihm um die Wette; schließlich beruhigte er sich wieder. Der Händler schien den Sack über den Boden zu schleifen, statt ihn auf der Schulter zu tragen, dann wuchtete er ihn auf den Wagen.

»Alles in Ordnung?«

»Alles in Ordnung«, sagte Wulf. Nun musste er warten, bis die fehlenden Säcke auf dem Karren landeten und sich das Gefährt schaukelnd in Bewegung setzte. Wulf wurde kräftig durchgerüttelt, bis der Wagen zum Stehen kam; es geschah eine Weile nichts, dann hörte Wulf Stimmen.

»Wir sind angekommen, ich klettere jetzt auf den Wagen«, sagte der Händler. »Da kommt schon das Seil mit dem Haken.«

Wulf sah im Geist das Gebäude vor sich. Es war wirklich sehr hoch, und nach einer Luftreise stand ihm nicht der Sinn. Plötzlich bekam er es mit der Angst zu tun, und er wusste auch weshalb: Früher hätte ihm der Gedanke, am Seil durch die Luft zu schweben, wenig oder nichts ausgemacht. Es hing mit dem Sturm zusammen, der sein Empfinden dafür geschärft hatte, wie zerbrechlich der Mensch war. So ein Ereignis führte dazu, dass man anfing nachzudenken, was in der gegenwärtigen Situation nur hinderlich war. Das Gefühl des Ausgeliefertseins war unerträglich. Er spürte, wie er in die Luft gehoben wurde, wie das Seil hin und her schwankte … Sein Herz begann zu rasen, sein Atem rasselte; dazu noch dieses Getreide um ihn herum, das ihm die Brust zusammenschnürte und förmlich die Luft raubte. Er war eingesperrt, aber schlimmer als in einem Käfig. So musste man sich in der Hölle fühlen!

Zum ersten Mal kam ihm der Gedanke, dass er möglicherweise nicht im Himmel landen würde, sondern in der Hölle. Sollte das möglich sein? Er in der Hölle?! Was raubte ihm die Zuversicht? Dieses verdammte Schwanken, schlimmer als auf dem Schiff! Das Schiff, der Sturm …

Das Schwanken ließ nach, aber er fühlte in der Magengrube, wie sich das Seil ruckweise höher bewegte. Wie viele Leute zogen daran? War nur ein Mann auf dem Speicher, oder waren es mehrere? Er stand kurz davor, sich zu übergeben. Würde man den Sack gleich ausleeren? Er hatte vorhin so zuversichtlich behauptet, man werde ihn in eine Ecke stellen, aber das war reine Rhetorik gewesen. In Wirklichkeit hatte er keine Ahnung, was geschehen würde.

Die Aufwärtsbewegung stoppte, dafür schwankte der Sack wieder entsetzlich hin und her. »Hab' ihn!«, rief jemand. Dann ging es plötzlich abwärts. Wulf wollte laut aufschreien, aber er biss die Zähne zusammen und unterdrückte den Impuls. Er sah sich schon den ganzen Wohnturm hinunter in die Tiefe sausen, aber es gab sofort einen abrupten Halt, eine zwar unsanfte, aber nicht weiter kritische Landung. Also befand er sich jetzt auf dem Speicherboden. Die nächsten Momente würden darüber entscheiden, ob sein Vorhaben, das ihm immer wahnsinniger vorkam, gelang oder nicht.

Der Sack wurde über den Boden geschleift und geriet in Schieflage, aber man richtete ihn wieder auf und er stand nun gerade. Wulf umklammerte fest den Griff des Messers. Würde man die Schnur lösen, das Getreide ausschütten? Nichts geschah! Er schwitzte, manchmal hörte er dumpfe Schritte. Ein Stoß! Offenbar war ein weiterer Sack neben ihm gelandet, diese Prozedur wiederholte sich, bis alle fünf Säcke oben waren. Dann keine Schritte mehr – auch keine Stimmen.

Wulf wartete lange, bis er die Messerspitze durch die Getreidekörner bohrte und den groben Stoff erreichte. Er durchbohrte ihn, Körner rieselten zu Boden; Wulf vergrößerte die Öffnung und stieß weitere Körner hindurch, schließlich gelang es ihm, den Sack ganz aufzuschlitzen und aus seinem Gefängnis herauszukriechen. Er schüttelte sich und kratzte sich, der Sack lag schlaff am Boden. Wulf schaute sich um, er war allein auf dem Speicher.

Als Erstes kramte er die Armbrust aus dem Reisesack hervor und stellte beruhigt fest, dass sie unversehrt war. Mit der Hand fuhr er über die Mittelsäule: Dort würde bald der Bolzen ruhen. Kein Zweifel: Es war der Wille der Jungfrau, dass heute der Ketzer starb!

Kapitel 38

Rückblick: am Vorabend der Verhandlung

Es dunkelte bereits. Vor dem Johanniterhof herrschte immer noch Andrang, aber Josts Männer ließen niemanden durch. Er selbst wurde dort im Moment nicht gebraucht; also ging er in die Küche und setzte sich auf einen Hocker, weil er sich aus verschiedenen Gründen schwach fühlte. Vier Mägde bereiteten das Abendessen für eine Gesellschaft von mehr als fünfzig Gästen, wobei die meisten zur Gefolgschaft des sächsischen Kurfürsten gehörten.

Die Mägde kannten Jost. Er kam öfter zu ihnen, denn in der Küche fühlte er sich am wohlsten und nahm auch seine Mahlzeiten dort ein. Die Frauen wussten, dass er zu Luthers engstem Kreis gehörte und behandelten ihn gut. Aber sie waren enttäuscht vom Reformator. Warum hatte er um Aufschub gebeten? Warum hatte er sich nicht aufrecht zu seinen Worten und Schriften bekannt? Auch Jost wusste darauf keine Antwort. Und um ehrlich zu sein: Er teilte ihre Bedenken, dass Luther im entscheidenden Moment der Mut verlassen habe.

Eine der Mägde sagte: »Es würde mich nicht wundern, wenn er morgen völlig einknickt. Ich war so begeistert von ihm! Als er hier ankam, habe ich alles stehen und liegen lassen und bin zum Stadttor gerannt, nur um seine Ankunft mitzuerleben. Und jetzt lässt er uns fallen. Da sieht er das kaiserliche Zepter und die prachtvollen Roben der Kurfürsten, der ganze deutsche Adel starrt auf seine Lippen – und da werden ihm die Knie weich und er verrät nicht nur seine eigene Sache, sondern auch uns, die wir an ihn geglaubt haben.«

Jost, der selbst weiche Knie hatte, wenn auch aus anderen Ursachen, bat um eine Suppe. Man setzte ihm eine Holzschale vor, aus der er zunächst einige Wurstbrocken herausfischte. Auf einem Tisch in der Mitte des Raums standen Teller, auf die eine Magd Räucherschinken legte, den sie klein schnitt. Der Schinken roch verlockend, und Jost schielte nach den dunkelroten, feucht glänzenden Scheiben.

Ob Luther schon etwas gegessen habe, fragte er.

»Nein, ich war eben auf seinem Zimmer«, sagte die Magd, die ihm die Suppe gegeben hatte; sie zerteilte nun eine Knoblauchknolle. »Er will nichts – außer dass man ihn in Ruhe lässt.«

»Aber er muss doch etwas essen«, sagte Jost.

»Du redest, als wärst du seine Mutter.« Jost schaute auf, in der Tür zur Küche stand Hanna. »Dachte ich mir doch, dass ich dich hier finde«, sagte sie.

»Du kennst mich eben zu gut.« Er deutete auf einen Hocker,

und sie setzte sich zu ihm. Ein Krug fiel auf den Küchenboden und zerbarst, Jost fuhr erschrocken zusammen; er presste den Handrücken gegen die Stirn, während zwei Mägde sich gegenseitig beschimpften. »Ich weiß nicht, was mit mir los ist«, sagte er. »Meine Nerven sind nicht mehr die besten.«

»Nur wegen Luther?«, fragte Hanna.

Jost schaute zur Seite, weil er ihrem forschenden Blick entkommen wollte. Auf dem Boden lagen die Scherben des Kruges und die Federn einer Gans, die gerade – nackt und aufgespießt – über dem Feuer röstete.

»Ich mache mir Sorgen um ihn«, sagte Jost. »Er will niemanden sehen und nicht einmal etwas essen.«

»Anna war bei dir, nicht wahr?«

»Wie kommst du darauf?«

»Ich sehe es dir an.«

Er löffelte seine Suppe und beugte den Kopf nach vorn, weil er nicht den Mut hatte, sie anzuschauen.

»Liebst du Anna?«, fragte Hanna.

Er legte den Löffel zur Seite und hob den Kopf, denn so hatte er Hanna noch nie erlebt. Er kannte sie lange genug, um ihr Lächeln zu deuten: Sie verbarg dahinter ihre wirklichen Gefühle.

»Warum antwortest du mir nicht?«

»Weil es nichts mit uns zu tun hat, Hanna.«

»Natürlich nicht.«

Er fasste sie bei der Hand. »Was ist denn plötzlich mit dir los?«

»Ach, das sind nur die verdammten Zwiebeln, die die Magd gerade schält«, erwiderte Hanna.

Jost schaute sich um, die Mägde waren beschäftigt und unterhielten sich, sie hörten ihnen nicht zu. »Ich will dir nicht wehtun«, sagte er.

»Du tust mir aber weh. Und du hast dich völlig verändert, seit du hinter Anna herrennst – übrigens könnte sie ja fast deine Tochter sein, was das Alter betrifft!«

»Da übertreibst du aber maßlos …«

»Was bedeute ich dir, Jost?«, fragte Hanna.

»Sehr viel.«

»Bin ich für dich nur eine gute Freundin?«

»Nein, du bist viel mehr als das.«

»Willst du Anna heiraten?«

Er hob die Schultern. »Im Moment weiß ich nicht einmal, wo mir der Kopf steht … Also … Ich weiß überhaupt nichts.«

»Ich habe mich verändert, Jost«, sagte Hanna. »Ich empfinde heute anders für dich als früher, und ich habe zuletzt immer gehofft, dass wir beide zueinanderfinden würden.«

»Davon hast du nie etwas gesagt.«

»Ich hatte gehofft, dass du es von selbst merkst; dass du dir Ähnliches wünschst.« Hanna stand auf. »Jetzt habe ich es dir gesagt. Denk darüber nach!«

»Hanna!«

Sie drehte sich um.

»Mit dir … Das ist anders als mit Anna. Du bist für mich mehr wie eine … Seelenverwandte.«

Hanna sagte nichts, drehte sich hastig um, stieß gegen eine der Mägde, entschuldigte sich und war so schnell aus der Küche verschwunden, dass er sie nicht aufhalten konnte.

Jost fühlte sich plötzlich ganz schlecht. Er stand auf, ging zum Tisch und nahm einen der Teller, auf dem mittlerweile außer dem Schinken weitere Wurstscheiben lagen. Er griff nach zwei Brotscheiben und legte sie darauf. »Ich gehe zu Luther«, sagte er. »Mehr als rausschmeißen kann er mich nicht.«

Jost ging mit dem Teller die Treppe hinauf und klopfte gegen die Tür zur Kammer: Luther schimpfte, man solle ihn in Ruhe lassen.

»Ich bin es, Jost.«

Also gut, er solle hereinkommen.

Jost öffnete die Tür und betrat die Kammer. Auf dem Tisch brannte eine Kerze, Luther saß auf dem Bett, die Ellbogen auf die Oberschenkel gestützt und das Gesicht in den Händen vergraben. Er hob den Kopf und runzelte die Stirn, als er den Teller sah. »Fängst du auch noch damit an? Ich kann nichts essen.«

Jost stellte den Teller auf den Tisch. »Dies ist der falsche Zeitpunkt zum Fasten«, sagte er. »Du hast einen harten Tag hinter dir und wirst morgen all deine Kräfte benötigen.«

»Kräfte? Wovon redest du?«

Jost war entsetzt über die Müdigkeit in Luthers trüben Augen und darüber, wie monoton seine sonst lebhafte Stimme klang. Er zog einen Stuhl herbei und setzte sich ihm gegenüber.

»Ich bin dankbar, dass du mir die vielen Leute vom Hals hältst«, murmelte Luther. Obwohl er nahe bei ihm saß, hatte Jost Mühe, ihn zu verstehen.

»Was ist geschehen?«, fragte Jost. »Warum der Aufschub? Ist das eine juristische Sache? War das mit Hieronymus Schürf so abgesprochen?«

Luther schüttelte den Kopf. »Gar nichts war abgesprochen, nein, das hat mit Schürf nichts zu tun, ich kann es dir selbst nicht recht erklären. Die Situation war völlig anders als erwartet. Ich hatte mit der Möglichkeit gerechnet, Argumente auszutauschen und ausführlich Stellung zu nehmen, ähnlich wie bei einer Disputation. Aber darum ging es überhaupt nicht. Man hat mich den weiten Weg nach Worms machen lassen, nur um ein einziges Wort zu sagen. Willst du deine Schriften widerrufen: ja oder nein? Ich fühlte mich wie vor den Kopf gestoßen. Darauf war ich nicht vorbereitet.«

»Was wirst du morgen tun?«

»So einfach sollen sie es nicht haben. Ich werde eine kleine Rede vorbereiten, und dafür brauche ich die Bedenkzeit.«

Jost nahm den Teller vom Tisch und hielt ihn Luther hin. »Dann iss endlich etwas, damit dir gute Gedanken kommen.«

Zu Josts Überraschung nahm Luther den Teller entgegen und stellte ihn auf seine Oberschenkel. Er griff nach einem Stück Schinken. Vielleicht war er einfach zu müde, um noch länger zu widersprechen. Zunächst aß er zögerlich, aber dann putzte er mit einem wahren Heißhunger den ganzen Teller leer.

Jost habe ihm einen Gefallen getan, sagte er schließlich, er fühle sich schlagartig besser. »Meine Mutlosigkeit ist wie weggeblasen. Was so ein wenig Brot und Wurst bewirken können. Man sollte diesen einfachen Dingen einen Altar errichten!«

Jost lachte. »Weißt du, dass das schon immer mein großer Traum war: einen Altar stiften.«

»Meinst du das im Scherz?«

»Nein, das ist mein völliger Ernst. Natürlich besitze ich das Geld nicht, aber falls ein Wunder geschehen sollte und ich es eines Tages zu Reichtum bringe, dann würde ich einen Altar stiften. Er würde sicher mehr als tausend Gulden kosten, denn ich weiß von einem Altar in Nürnberg, der mir gefiel, dass er eintausendvierhundert Gulden kostete. Ich hätte auch schon einen Namen.«

»Wie soll er heißen?«, fragte Luther.

»Der Kains-Altar. Das Gemälde würde aus drei Teilen bestehen: auf dem linken Flügel die Geschichte von Kain und Abel, wie sie Gott ihre Opfer darbringen; im Mittelteil der Brudermord; rechts Kains Flucht, das Zeichen auf seiner Stirn, die Nachkommen. Das zentrale Stück aber ist der Brudermord. Ich habe nicht nur *einmal* getötet, sondern *vielmals.* Um die Wahrheit zu sagen, so weiß ich nicht genau, wie viele Menschen ich getötet habe. Sicher, es ist mein Beruf, man kämpft immer im Auftrag eines anderen, Söldner lassen sich nicht mit Mördern gleichsetzen … Und doch glaube ich, dass ich es mir zu einfach mache, wenn ich die Toten einfach von mir schiebe. Sie belasten mein Gewissen, sie erscheinen in meinen Träumen, ich erinnere mich sogar an ihre Gesichter.«

Luther legte ihm die Hand auf die Schulter. »Vergiss den Altar, Jost! Wenn du Vergebung suchst, so forsche im eigenen Herzen. Du bist jetzt so lange in meiner Nähe, das solltest du doch mittlerweile gelernt haben: Ein Altar ist etwas Äußerliches, auch er fällt in den Bereich der guten Werke, siehst du das nicht? Nur bei Christus kannst du Erlösung finden.«

»Manchmal denke ich, meine Schuld ist bereits zu groß.«

»Deus caritas est. Gott ist Liebe. Was ist denn das Leben des Menschen? Es fliegt davon wie ein Vogel. Wir müssen ihm Sinn geben, dafür sorgen, dass es nicht umsonst war. Das kann nur in der Liebe geschehen. Kennst du den ersten Johannesbrief, Jost?«

»Nein.«

»Dort heißt es: *Gott ist die Liebe, und wer in der Liebe bleibt, bleibt in Gott, und Gott bleibt in ihm.* Das ist der Kern des christlichen Glaubens. Ich weise bei jeder Gelegenheit auf die Macht des Glaubens hin, aber der Glaube und die Liebe sind eins, Jost, du kannst sie nicht trennen. In dem Johannesbrief heißt es: *Wir haben die Liebe erkannt, die Gott zu uns hat, und ihr geglaubt.* Die Liebe ist das Zentrum unseres Glaubens. Und im Evangelium des Johannes heißt es: *So sehr hat Gott die Welt geliebt, dass er seinen einzigen Sohn hingab, damit jeder, der an ihn glaubt, das ewige Leben hat.«*

»Meine Güte, Martin, kennst du die ganze Bibel auswendig?«

»Die Stellen, die vom Glauben und von der Liebe handeln, kenne ich gut, weil sie das Herzstück bilden von meinem Verständnis des Christseins. Gott hat uns zuerst geliebt, die Liebe ist sein Geschenk an uns. Gottes Liebe ist so groß, dass Christus für uns am Kreuz starb. Und deshalb, Jost, darfst du, wenn du daran glaubst, auf Vergebung hoffen, auch wenn deine Schuld noch so groß ist und du nicht das Geld hast, einen Altar zu stiften. Das ist meine ganze Theologie! Hör auf, dich zu verdammen, denn wir sind aufgefordert, uns selbst zu lieben wie unseren Nächsten.«

»Eigentlich war ich gekommen, Martin, um *dich* ein wenig zu trösten.« Jost stand auf. »Ich verbringe die Nacht in der Kammer neben dir.«

Kapitel 39

Die Verhandlung war auf vier Uhr nachmittags angesetzt, aber die Zeit wollte einfach nicht vergehen. Wulf war in ständiger Sorge, dass noch weitere Lieferungen ausstanden oder jemand ins oberste Stockwerk kommen könnte, um etwas zu holen. Der Speicher diente zwar in erster Linie zur Aufbewahrung von Getreide, aber man lagerte hier auch andere Dinge. So standen in der Nähe des Fensters zwei Holzfässer, deren Inhalt Wulf nicht erraten konnte.

Er reagierte hochempfindlich auf jedes Geräusch im Haus, besonders wenn er Schritte auf der Treppe hörte, beschleunigte sich sein Puls – aber bisher war es immer falscher Alarm gewesen. Für alle Fälle hielt er sich hinter einigen Getreidesäcken versteckt. Dann aber konnte Wulf der Versuchung nicht länger widerstehen, den Holzladen einen winzigen Spalt breit zu öffnen und nach draußen zu schauen. Das Licht blendete ihn; es war ein strahlend heller und sonniger Frühlingstag. Auf dem Domplatz und in den Gassen herrschte das für den Reichstag übliche geschäftige Treiben, das er bereits kannte. Er sah die spitzen Dächer und Rauch, der aus einigen Schornsteinen aufstieg. Über die Stadtmauer hinweg konnte er den Weg sehen, den er im Wagen der Schausteller zurückgelegt hatte; und weil er gerade an sie dachte, war es ein seltsamer Zufall, dass er sie am Rand des Domplatzes bemerkte, wo die Kinder Kunststückchen vorführten und Purzelbäume schlugen.

All das spielte aber keine große Rolle, denn Wulfs Augenmerk galt vor allem dem gegenüberliegenden Dom und dem angrenzenden Bischofssitz, wo der Reichstag bereits zusammengekommen war. Die Fenster der Aula Major standen immer noch weit offen.

Luthers Vorladung war der wichtigste Sitzungspunkt, trotzdem standen offenbar noch andere Themen zur Verhandlung; der Kaiser war momentan nicht persönlich anwesend, und in den Reihen der Kurfürsten standen drei Stühle leer, wie überhaupt, nach Wulfs Schätzung, höchstens die Hälfte aller Plätze besetzt war. Er zweifelte jedoch nicht daran, dass am Nachmittag kein Stuhl leer blieb – ja man würde noch weitere herbeischaffen, um dem Ansturm gewachsen zu sein. Beim Gedanken daran spürte Wulf eine starke Erregung. So musste vielleicht einem Schauspieler beim Betrachten der Zuschauerränge zumute sein, oder einem antiken Gladiator beim Gedanken an eine voll besetzte Arena.

In diesem Moment begannen die Stimmen in seinem Kopf wieder durcheinanderzureden, so wie damals beim Mord am alten Brangenberg. Und wie immer in solchen Momenten war er nicht mehr eine Person, sondern viele. Wulf klappte den Laden schnell wieder zu und drehte den Kopf zur Seite. Er hatte etwas gehört, Schritte auf der Treppe. Das geschah nicht zum ersten Mal, aber es schreckte ihn jedes Mal auf. Diesmal war es kein blinder Alarm, denn die Schritte entfernten sich nicht, sondern sie kamen näher. Wulf schnappte seine Armbrust und versteckte sich hinter den Getreidesäcken.

Schritte nun auf den Holzbohlen.

Wulf wagte nicht, hinter seinem Versteck hervorzuschauen. Vollkommene Stille! Der Besucher schaute sich offenbar um. Hatte er etwas Verdächtiges bemerkt? Wulf überlegte, ob er etwas übersehen hatte. Den aufgeschlitzten Sack? Er hatte ihn zur Seite geräumt; aber da fiel ihm ein, dass er vergessen hatte, den Laden wieder zu schließen, allerdings war das nur ein winziger Spalt. Nun setzten die Schritte wieder ein und bewegten sich offenbar schnurgerade auf ein Ziel zu. Wulf hörte ein Quietschen. Es musste wohl, so überlegte er, vom Laden kommen, genau wie er befürchtet hatte.

Er konnte der Versuchung nicht länger widerstehen und schaute aus seinem Versteck hervor. Dort stand nicht einer der Hausknechte, wie er vermutet hatte, sondern Wladislaw, der Großvater, der ihn mittlerweile wie ein böser Geist verfolgte: Letztens hatte er sogar von ihm geträumt. Was hatte der Alte hier zu suchen? Weshalb schnüffelte er auf dem Speicher herum? Ahnte er Wulfs Nähe? Wie sollte das möglich sein? Wulf war nach dem Mord in der Kathedrale ein Gejagter, niemand konnte mit seiner Rückkehr auf den Kornspeicher rechnen, es sei denn ... Irgendwie ging das nicht mit rechten Dingen zu.

Er ahnt meine Nähe, er ist ein Teufel, ich muss ihn töten, was macht er dort am Fenster, süße Jungfrau, beschütze mich, leite meine Schritte! Luther ist ein Teufel, und dieser Mann dort ist ein Teufel! Großmutter erzählte mir immer vom Teufel ... Wulf, bedenke, dass der Teufel listenreich ist, er verkleidet sich, er trägt Masken, dort, der Mann, er trägt eine Maske, er trägt die Maske eines alten Mannes, Wulf, du hörst so viele Stimmen in deinem Kopf und sie reden alle durcheinander ... Woher kommen sie, wie kann ein Mensch so viele Stimmen in sich tragen?

Der alte Mann schaute aus dem Fenster und hielt Wulf den Rücken zugekehrt; mehrmals öffnete und schloss Wladislaw den Laden. Wulf war nicht klar, welchem Zweck die Prozedur diente, aber der Großvater hatte Verdacht geschöpft, das war gewiss. Da drehte er sich ruckartig um und starrte genau in Wulfs Richtung, der ganz schnell seinen Kopf wieder hinter dem Sack versteckte.

Zuerst geschah nichts, aber auf die Stille folgte ein leises Kichern, ein selbstzufriedenes, bösartiges Kichern, das lauter wurde und sich zu einem Lachanfall steigerte. Was war zu tun? Wulf entschied, in seinem Versteck zu bleiben. Das Lachen erstarb. Schritte ... Nun hob Wulf doch den Kopf und der Alte stand nur wenige Schritte von ihm entfernt. Wulf richtete sich auf, denn das Spiel war beendet. Wladislaw war wirklich wesentlich größer als er, auch hielt er seinen Stock in der Hand, den er beim Gehen kaum benutzte. Sie starrten sich an. Wladislaw lächelte, Wulf lächelte zurück.

»Nun, mein Kleiner«, sagte Wladislaw, »das dachte ich mir doch, dass wir beide uns einmal wiedersehen.«

»Tatsächlich, Ihr habt es vorausgesehen? Wie kommt's?«, fragte Wulf.

»Ach, weißt du, mein Kleiner, das ist so ein Gefühl, lässt sich gar nicht wirklich erklären. Eine schöne Armbrust liegt da neben dir.«

»Ja, ein gutes Stück, sehr treffsicher, ich habe sie bereits erprobt.«

»Das ist recht. Wie heißt es so schön im Sprichwort: ›Der kluge Mann baut vor‹.«

»Ihr seid zwar ein Teufel«, sagte Wulf, »aber unsympathisch seid Ihr mir nicht. Um die Wahrheit zu sagen, ich finde es schade, dass ich Euch töten muss.«

»Dein Bedauern kommt etwas zu früh, mein Kleiner. ›Man soll das Fell des Bären nicht verkaufen, bevor man ihn erlegt hat‹.«

»Auch das ein schönes Sprichwort, doch hinkt der Vergleich ein wenig, da ich weit und breit keinen Bären sehe.«

»Ehe wir diesen Punkt abklären, möchte ich gern noch eines wissen: Was ist deine Absicht? Du hast eine Armbrust, und vom Fenster schaut man auf den Reichstag. Wen willst du töten?«

»Ich werde erst dich töten und dann Luther, ihr seid beide Teufel.«

»Und du, wer bist du? Der Erzengel etwa?«

»Ich stehe unter dem Schutz der Schwarzen Jungfrau.«

»Die Schwarze Jungfrau – sie wird in meiner Heimat sehr verehrt.«

Wulf fiel aus allen Wolken. »Ihr wollt behaupten, dass Ihr die Schwarze Jungfrau kennt?«

»Ich habe oftmals zu ihr gebetet.«

Mit einem Satz war der alte Mann bei Wulf, hob seinen Stock und schlug mit aller Kraft zu. Das gerade Gehörte hatte Wulf so sehr verwirrt, dass ihm keine Zeit zum Ausweichen blieb, nur den Kopf konnte er gerade noch zur Seite legen. Der Stock krachte auf seine linke Schulter. Schmerz und Ärger über seine Dummheit machten Wulf rasend vor Wut, doch ehe er sich wehren konnte, sauste schon der nächste Stockschlag auf ihn nieder. Diesmal konnte er seine Arme rechtzeitig in die Höhe reißen und die schlimmste Wucht des Hiebes abfangen. Der Schmerz, der durch beide Unterarme schoss, war trotzdem höllisch. Ganz gewiss hatte Wulf sich in Wladislaw getäuscht. Er war wirklich ein Teufel, denn nur der Teufel konnte einem alten Körper so erstaunliche Kräfte verleihen. Wulf lief davon, denn nach einem dritten Streich verspürte er wenig Lust. Der Alte verfolgte ihn, wieselflink, den Stock in der Luft schwingend. Es war, als ob Kinder Fangen spielen, denn sie rannten im Kreis um einige Säcke herum. Wulf empfand Scham, er lief vor einem alten Mann weg! Aber dieser Stock war in seinen Händen eine furchtbare Waffe, und zur Flucht gab es keine Alternative. Wulf schaute sich verzweifelt nach etwas um, womit er sich wehren konnte. Wieder sauste der Stock mit dem faustgroßen Knauf durch die Luft und verfehlte ihn um Haaresbreite.

Wulf rannte nun in eine andere Richtung, weil er an der Wand eine kleine Getreideschaufel entdeckt hatte. Er gewann einen kleinen Vorsprung, fasste die Schaufel, drehte sich um und hielt sie in die Luft. Wladislaw blieb zwei Schritte entfernt von ihm stehen, hielt seinen Stock ebenfalls nach oben. Sie standen sich gegenüber wie zwei Schwertkämpfer. Wulf wollte endlich die Initiative ergreifen. Er holte aus und zielte nach dem Kopf des Alten. Der jedoch parierte seinen Schlag scheinbar mühelos auf halbem Weg.

»Man sieht, dass du nur mit der Armbrust geübt bist, mein Kleiner«, sagte Wladislaw.

Die dauernde Anrede »mein Kleiner« brachte Wulf noch stärker in Rage. »Du Teufel!«, schrie er und führte einen zweiten Streich, den der Großvater ebenso lässig abblockte.

»Überanstrenge dich nicht!«, riet Wladislaw. »Du hast schon einen ganz roten Kopf.« Und während er das sagte, ging er nun seinerseits zum Angriff über und schlug mit dem Stock auf Wulf ein. Wulf dachte an das Messer in seinem Stiefel. Aber erstens hatte er keine Zeit, es hervorzuziehen, und zweitens hätte es ihm momentan überhaupt nichts genutzt.

Der Alte hatte leider recht, Wulf fehlte jegliche Erfahrung im Schwert- oder Stockkampf, während Wladislaw den Eindruck machte, als bewege er sich auf vertrautem Terrain. Schon begannen Wulfs Arme zu ermüden. Er kam überhaupt nicht dazu, einen Gegenangriff zu starten.

»Na, mein Kleiner, habe ich dir zu viel versprochen?«, höhnte Wladislaw. »Wie war das noch gleich mit dem Bären und seinem Fell?«

Wulf blieb die Antwort schuldig. Für ihn ging es ums Überleben; falls ihm die Getreideschaufel aus der Hand fiel – und das konnte nicht mehr lange dauern –, würde ihm der Alte mit dem steinharten Knauf den Schädel zertrümmern.

»Gehen dir schon die Kräfte aus? Was für kleine und dünne Ärmchen du hast – richtig niedlich!« Den letzten Satz begleitete Wladislaw mit einem besonders heftigen Schlag, und da geschah es: Wulf konnte den Stiel der Schaufel nicht länger in Händen halten, er flog durch die Luft, drehte sich ein paar Mal und schlug polternd gegen einen Stützbalken in der Mitte des Raumes. Entsetzt schaute Wulf hinterher, er rannte los und ergriff die Flucht, aber Wladislaw blieb dicht hinter ihm. Wulf spürte, dass er nicht schnell genug war, im Geist sah er schon den Stock auf seinem Kopf landen. Mit einem Hechtsprung warf sich Wulf nach rechts auf einen Getreidehaufen, der dort offen lagerte, das verschaffte ihm eine Atempause. Für einen kurzen Moment hatte er Wladislaw überrascht und verwirrt. Der alte Mann musste abbremsen und sich umdrehen, er war nun doch etwas langsamer geworden. Wulf griff an seinen Stiefel und zog das Messer hervor.

Wladislaw sah das Messer, eine kurze Unsicherheit flackerte in seinem Blick auf, aber er riss sich sofort wieder zusammen. »Tu dir nicht weh damit, mein Kleiner!«, setzte er seine Spottreden fort. »So ein Messer ist scharf.«

Wulf erwiderte nichts: Er hatte zwei Möglichkeiten und musste sich entscheiden. Er war nicht schlecht im Messerwerfen, allerdings war die Distanz sehr kurz; als Alternative blieb noch, einen Angriff des Alten abzuwarten, denn der würde sicher nicht lange auf sich warten lassen. Die Vermutung erwies sich schon im nächsten Augenblick als richtig.

Wladislaw, durch die Länge seiner Arme und des Stockes weiter im Vorteil, führte einen Hieb, dessen Zielrichtung Wulfs Arm mit dem Messer war. Wulf rollte auf die Seite, der Knauf streifte seinen Ärmel und landete im Korn. Wladislaw holte erneut aus, hob den Stock mit beiden Armen. Diesmal war der Schlag auf Wulfs Kopf gerichtet. Wulf, in Todesangst, wusste, dass er nur noch eine Chance hatte – und die musste er nutzen. Er legte alle Kraft in den entscheidenden Sprung – diesmal war er schneller als der Alte. Er stieß ihm das Messer mit aller Kraft in die Rippen. Sofort zog er es wieder hervor, um einen zweiten Stoß zu führen, aber so weit kam er nicht, denn Wladislaw umklammerte sein Handgelenk mit dem Messer.

Wulf sah, dass sich das Wams seines Gegners rot färbte, aber der Stich schien seine Kräfte in keiner Weise gemindert zu haben. Es kam ihm so vor, als seien Wladislaws Finger aus Eisen; sie gruben sich so fest in sein Handgelenk, dass er das Messer kaum noch halten konnte. Mit seiner freien Hand bekam der Alte Wulfs Kehle zu fassen und drückte mit der gleichen Kraft zu wie mit der anderen Hand. Wulf bekam keine Luft mehr, sah rote und schwarze Punkte vor Augen; seine Finger öffneten sich und das Messer fiel zu Boden.

Das lenkte Wladislaw ab, denn er schaute nach dem Messer; überlegte wohl, ob er sich danach bücken solle. Sein Griff am Armgelenk und am Hals lockerte sich. Oder ließ nun endlich seine Kraft nach? Mit einem Ruck konnte sich Wulf lösen und landete auf dem Boden. Neben ihm lag der Stock des Alten. Er griff danach, und als er sich wieder aufrichtete, sah er, dass Wladislaw nach dem Messer fasste. Doch noch ehe er es erreichte, schlug Wulf zu. Er zielte auf den Kopf, traf aber die Schulter. Wladislaw bäumte sich auf. Der zweite Schlag traf ihn am Kopf. Trotzdem fiel er nicht, sondern ging auf Wulf los und umklammerte ihn mit beiden Armen. Die Todesangst kehrte zurück, Wulf schloss mit seinem Leben ab. Dann plötzlich löste sich der Griff.

»Mein Kleiner!«, sagte Wladislaw und sank auf einen Kornhaufen, ganz ruhig und sachte, ähnlich vielleicht wie ein Bauer, der einen langen Tag auf dem Feld verbracht hat, sich zur Erholung ins kühle Gras legt.

In diesem Moment begannen die Glocken des Doms zu läuten. Der Glockenschall drang durch die dicken Wände des Speichers und füllte den Raum wie ein Totengeläut. Wulf betrachtete die leblose Gestalt neben dem Kornhaufen mit Respekt, Scheu und Abscheu. Noch immer rechnete er damit, dass Wladislaw wieder aufspringen und ihn angreifen könnte.

»Hättest du nicht Katz und Maus gespielt«, sagte Wulf laut, »würde ich hier liegen. Aber das ist euer Fehler, dass ihr mich alle unterschätzt!«

Er packte den Leichnam und zog ihn hinter einen Kornhaufen. Dann ging er zum Laden, öffnete diesen einen Spalt breit und schaute hinüber zum Dom. Genau in diesem Moment hielt der Kaiser Einzug, in Begleitung der Kurfürsten und seiner Ratgeber. Durch die offenen Fenster konnte Wulf beobachten, wie er durch die Aula Major schritt und auf seinem Thron Platz nahm. Der Saal konnte die Menge der Zuschauer kaum fassen, bald würde die Hauptverhandlung beginnen.

Noch hatte der Ketzer den Saal nicht betreten, aber Wulf konnte die Stelle, wo er stehen würde, bestens einsehen. Er ging zu seiner Armbrust, holte die Kurbel hervor, stemmte seinen

Fuß in den Bügel und spannte den Bogen. Auf der Mittelsäule ruhte der Bolzen mit Widerhaken. *Ich werde nur einen Versuch haben.* Wulf berührte mit Daumen und Zeigefinger die Spitze des Bolzens. *Mehr verlange ich nicht. Dein Wille, Jungfrau, geschehe.* Und er trat mit der schussfertigen Waffe ans Fenster.

Kapitel 40

Bald würde die Verhandlung gegen Luther beginnen. Anna war überzeugt, dass sich Wulf irgendwo in der Stadt herumtrieb. Wie sie von Jost erfahren hatte, hielt sich Wulf, bevor er den Mord in der Kathedrale beging, in einem Kornspeicher gegenüber vom Dom auf. Jost sagte, Wulf hätte geplant, Luther von dort aus mit der Armbrust zu töten – durch eines der Fenster, die immer offen standen, weil die Luft im Saal sonst unerträglich war.

Also hatte Wulf seine Taktik gewechselt. In Wittenberg hatte er Luther unauffällig töten wollen – und dazu sie und Martha als seine Werkzeuge missbraucht. Wie ließ sich der Sinneswandel erklären? Sie kam zu dem Ergebnis, dass jeder Versuch, einen Menschen wie Wulf nach logischen Maßstäben erfassen zu wollen, zum Scheitern verurteilt war. Dieser Mann stellte einen Widerspruch in sich selbst dar. Einerseits war er intelligent und plante seine Aktionen sorgfältig, dann aber handelte er spontan und impulsiv und warf alles über Bord, was vorher noch galt. Die einzige Konstante war sein Plan, Luther zu töten.

Er wird es wieder versuchen, dachte Anna, heute, während der Verhandlung. Allerdings standen seine Chancen schlecht, denn Jost hatte dafür gesorgt, dass der gesamte Platz vor dem Dom scharf überwacht wurde. Seine Leute patrouillierten dort, unterstützt von der Stadtwache und von anderen Söldnern. Man achtete vor allem auf die dem Dom gegenüberliegenden Häuser; und außerdem wollte Jost sich darum bemühen, dass diesmal die Fenster während der Verhandlung geschlossen blieben.

Anna stand mitten auf dem Platz, den Dom im Rücken und die Häuserzeile vor sich. Der Markt war wie immer gut besucht. Überall zwischen den Ständen patrouillierten Josts Söldner. Hier war für Wulf kein Durchkommen. Nein, dachte sie, er wird etwas anderes versuchen – vielleicht will er in den Saal kommen. Aber das schien noch unwahrscheinlicher zu sein. War Wulf vielleicht doch aus der Stadt geflüchtet, um nicht zurückzukehren? Nur ein Wahnsinniger würde wiederkommen, dachte sie ... und im gleichen Atemzug: Aber schließlich ist er wahnsinnig!

Plötzlich stand der Söldner vor ihr, dem sie bei der Wasserprobe das Leben gerettet hatte. Er fasste sie am Arm. »Da seid Ihr ja! Endlich habe ich die Gelegenheit, Euch zu danken.«

Sie versuchte, sich aus seinem Griff zu befreien. »Ihr braucht Euch nicht bei mir zu bedanken. Was habe ich schon getan? Um die Wahrheit zu sagen: Ich folgte einfach einem inneren Antrieb und war vom Ausgang selbst überrascht – nichts Besonderes.«

»Für mich ist mein Leben schon etwas Besonderes«, erwiderte der Söldner. »Wenn ich nur wüsste, wie ich das jemals wieder gutmachen kann.«

»Ihr habt nicht irgendwo einen kleinen Mann bemerkt – fast ein Zwerg?«

»Ihr meint den Dommörder?«

»Nennt man ihn so? Er hielt sich vor seiner Flucht versteckt – im Kornspeicher.« Sie zeigte auf den Wohnturm.

»Das ist eigenartig.« Der Söldner senkte den Kopf und wirkte nachdenklich.

»Was findet Ihr eigenartig?«

»Nun, ich habe zufällig ein Gespräch zwischen einem Getreidehändler und seiner Frau aufgeschnappt. Na ja, Gezänk ist das bessere Wort, ein typischer Ehezwist. Die Frau machte ihrem

Mann Vorwürfe im Zusammenhang mit Geld, das sie in seiner Tasche entdeckt hatte und dessen Herkunft er nicht erklären konnte. Ich stand zufällig vor dem Fenster, als das Geplärre losging. Es handelte sich um eine Art Wette oder einen Streich. Die Frau fragte immer wieder, wofür er so viel Geld bekommen habe. Schließlich sagte er, ein Kind habe es ihm gegeben … und dieses Kind habe er in einem der Säcke versteckt. Seine Frau meinte, ein Kind könne ja wohl nicht so viel Geld bei sich tragen …«

»Bringt mich zu dem Händler!«

Er ging voran und bald standen sie vor dem Haus des Getreidehändlers. Anna klopfte laut gegen die Tür, aber nichts geschah. In dem Moment sahen sie einen Ochsenkarren die Gasse entlangkommen, ein Mann lief neben dem Tier her. Der Wagen blieb stehen. Ob sie zu ihm wollten, fragte der Mann.

»Er ist es«, sagte der Söldner, »ich erkenne die Stimme.«

Der Getreidehändler runzelte die Stirn, aber Anna ließ ihn gar nicht erst zu Wort kommen. »Wir müssen mit Euch reden«, sagte sie. »Es handelt sich um einen bösen Streich, an dem Ihr beteiligt seid.« Anna sah, dass er sofort verstand, um was es ging. »Wen habt Ihr in einem Eurer Säcke versteckt? Ich warne Euch, wir reden über ein Verbrechen, und die Sache kann Euch teuer zu stehen kommen, falls Ihr lügt.«

Anna sah, dass dem Mann die Farbe aus dem Gesicht wich. »Ich bin ein rechtschaffener, gottesfürchtiger Mann«, stotterte er.

»Wen habt Ihr versteckt?«

»Es war ein Kind.«

»Das Märchen habt Ihr bereits Eurer Frau erzählt.« Anna betrachtete aufmerksam sein Gesicht. Sein Mund stand immer ein wenig offen, und wenn er sprach, zog er die Augenbrauen nach oben.

»Das Kind, wie Ihr es nennt, hat Euch nämlich viel Geld gegeben. Also redet jetzt!«

»Ich habe Euch nichts zu sagen.«

Nun mischte sich der Söldner ein, er packte den Händler am Kragen und drängte ihn gegen seinen Karren. »Wen hast du im Sack versteckt und wohin hast du ihn gebracht?«

»Habt Ihr nicht von dem Kathedralmord gehört?«, fragte Anna.

»Natürlich«, erwiderte er, »die ganze Stadt spricht davon.«

»Ist Euch nicht zu Ohren gekommen, dass der Mörder ein Zwerg war?«

»Doch, doch, meine Frau erzählte es mir.« Nun weiteten sich die Augen des Händlers noch stärker, man konnte förmlich zuschauen, wie ihm ein Licht aufging. »Aber Ihr wollt doch nicht etwa sagen, dass …«

»Geld hat schon anderen das Gehirn vernebelt«, sagte der Söldner. »Rede endlich! Was ist mit dem Sack passiert, nachdem du ihn darin versteckt hast?«

»Er war Teil einer Lieferung – gegenüber vom Dom gibt es dieses große Haus mit vielen Stockwerken und einem Getreidespeicher …«

Anna ließ die beiden ohne ein weiteres Wort stehen und rannte los. Wulfs Dreistigkeit war unglaublich, sie nötigte ihr fast Respekt ab, denn er hatte es tatsächlich geschafft, auf den Kornspeicher zurückzukehren. Sie lief so schnell, dass sie außer Atem kam und das Herz ihr bis zum Hals schlug. Auf dem Domplatz stieß sie mit einem Buchführer zusammen, sodass der Kasten mit Flugschriften, den er um den Hals trug, zur Seite kippte. Die Flugschriften und Broschüren fielen zu Boden. Der Mann rief Anna Flüche hinterher, aber sie rannte einfach weiter. Ohne Umwege steuerte sie den Geschlechterturm an. Vor der Tür stand ein Söldner, einer von Josts Männern, der sie kannte und mehrmals bei Jost gesehen hatte. Sie blieb vor ihm stehen und rang nach Luft.

»Rasch! Lauft zu Jost!«, keuchte sie.

»Das geht nicht«, wehrte der Söldner ab. »Jost ist drüben im Saal. Die Verhandlung hat schon begonnen.«

»Sagt ihm, dass Wulf sich oben im Kornspeicher versteckt hält! Beeilt Euch, Luthers Leben ist in Gefahr!«

Der Söldner öffnete den Mund, um etwas zu erwidern, aber sie schob ihn mit beiden Händen weg, bis er tatsächlich über den Platz lief, Richtung Dom und Sitzungssaal. Anna zögerte einen Moment. Die Tür zum Haus stand offen, niemand war zu sehen. Wenn die Verhandlung bereits begonnen hatte, konnte die Warnung Jost zu spät erreichen. Sie hatte ihm zwar versprochen, nicht eigenmächtig zu handeln, vor allem sich nicht in Gefahr zu begeben … aber im Dom hatten Jost und seine Leute Wulf entkommen lassen! Sie konnte nicht länger warten, dafür war ihre Ungeduld viel zu groß.

Sie lief ins Haus, zur Treppe und nahm gleich zwei Stufen auf einmal. Hinter der Tür zum ersten Stock hörte sie Stimmen, aber sie lief weiter. Der zweite Stock, der dritte, Annas Schritte wurden langsamer. Im vierten Stock blieb sie stehen. Sie musste leise sein. Ihr Herz schlug wild, und Schweiß lief ihr über das Gesicht. Jost würde verärgert sein, aber sie musste die Sache zu Ende bringen, also ging sie weiter, denn die Erinnerung an das, was Wulf ihr und Martha angetan hatte, wollte nicht verblassen. Für einen kurzen Moment fragte sie sich, ob der Wunsch nach Rache sie blind machte. Der fünfte Stock. Anna ging nun auf Zehenspitzen und lauschte nach jedem zweiten Schritt. Aber es war still! Sie sah die obersten Stufen und einen winzigen Teil des Kornspeichers, zu dem es keine Tür gab. Anna blieb stehen und lauschte; so kam sie wieder zu Atem. Falls Wulf wirklich dort oben war, gab er keinen Laut von sich.

Von nun an nahm sie die Stufen einzeln und pausierte nach jeder. Ihr Mund fühlte sich so trocken an, als hätte sie seit Tagen nichts mehr getrunken, und ihre Kehle war wie zugeschnürt, sodass sie nicht schlucken konnte. Trotz aller Vorsicht knarrten die Stufen leise. Von der obersten aus konnte sie einen großen Teil des Speichers einsehen: Kornhaufen, Säcke an den Wänden, eine zerbrochene Schaufel, einen geschlossenen Fensterladen, davor zwei Fässer. Anna nahm allen Mut zusammen und ging vorsichtig ein paar Schritte weiter. Nun konnte sie fast den gesamten Raum einsehen, und ihr Blick fiel wieder auf die Schaufel. Neben dem zerbrochenen Holz bemerkte sie seltsame Flecken auf den Dielen. Ohne weiter nachzudenken, ging sie darauf zu, um besser sehen zu können: Blut!

Im selben Moment spürte sie einen furchtbaren Schmerz im Hinterkopf. Alles um sie herum wurde schwarz.

Kapitel 41

Rückblick: zwei Stunden vor der Verhandlung

Der sächsische Kurfürst deutete auf einen Stuhl, und Jost nahm ihm gegenüber Platz. Außer ihnen befand sich noch Spalatin im Raum.

»Ich möchte dir sagen, wie zufrieden ich mit dir bin und dass du mein Vertrauen rechtfertigst, lieber Jost«, sagte Friedrich. »Übrigens war die zurückliegende Nacht sehr ereignisreich, auch in der Stadt sind Dinge geschehen, die den Fortgang der Luther-Verhandlung beeinflussen werden, aber behalte das, was ich dir nun sage, für dich, denn es ist streng vertraulich. Unbekannte haben versucht, den Mainzer Bischof einzuschüchtern, sie haben gedroht, ihn zu töten. Es ist nicht sicher, wer dahintersteckt; möglicherweise der Bundschuh. Wie ich aus Erfahrung weiß, ist Albrecht eher ein ängstlicher Mensch. So unerfreulich die ganze Geschichte ist, mag sie für unsere Sache von Vorteil sein. Aleander setzt Albrecht zwar unter Druck, aber ich gehe davon aus, dass er sich jetzt zurückhaltend geben wird und wir von ihm nicht befürchten müssen, dass er auf ein hartes Urteil drängt.«

»Ich verstehe nichts von hoher Politik«, sagte Jost, »aber

beim ersten Verhör habe ich den Eindruck gewonnen, dass der Kaiser trotz seiner Jugend eine klare Linie verfolgt. Offenbar verabscheut er Luther und seine Theologie.«

Friedrich stimmte ihm zu, meinte aber, dass der Kaiser Rücksicht nehmen müsse. Entscheidungen könnten nur im Konsens getroffen werden mit den Mächtigen im Reich … und ein kleines Wörtchen habe auch er mitzureden. »Allerdings mache ich mir keine Illusionen«, fuhr er fort, »wir können bestenfalls erreichen, dass man Luther nicht hinrichtet. Dass seine Lehren gebilligt werden – das ist undenkbar!«

Da sei noch etwas, sagte Jost, der Kurfürst sei ein viel beschäftigter Mann, und er habe bisher keine Gelegenheit gehabt, mit ihm darüber zu sprechen. Aber es gebe einen Mann, der bereits in Wittenberg und jetzt wieder in Worms versucht habe, Luther zu töten. Er befürchte, dass dieser Mann die heutige Verhandlung benutzen werde, sein Ziel zu erreichen. Es sei deshalb wichtig, möglichst wenig Zuschauer zur Sitzung zuzulassen – ideal wären gar keine. Außerdem würde er sich wünschen, dass man die Fenster geschlossen halte.

Spalatin schüttelte den Kopf. »Der Wormser Stadtrat hat vom Kaiser die ausdrückliche Genehmigung, Zuschauer zu den Verhandlungen zuzulassen.«

»Gut«, sagte Jost, »aber die Abmachung ist wahrscheinlich zu einem Zeitpunkt getroffen worden, als niemand ahnte, was für einen Ansturm Luthers Kommen auslösen würde. Gestern sind die Zuschauer nicht einmal kontrolliert worden, bevor sie den Saal betraten.«

»Spalatin hat recht«, stimmte der Kurfürst zu. »Darauf habe ich leider überhaupt keinen Einfluss. Wer ist denn dieser Mann, der Luther töten will?«

Jost erzählte dem Kurfürsten in Kürze alles, was er über Wulf wusste. Er könne keinen greifbaren Beweis liefern, aber er sei davon überzeugt, dass eine hochgestellte Persönlichkeit Wulf mit dem Mord beauftragt habe.

»Von wem redet Ihr?«

»Von Bischof Brangenberg.«

»Brangenberg? Der ist mir schon immer suspekt gewesen. Begründet Euren Verdacht näher.«

Nun musste Jost etwas weiter ausholen und im Detail über das Geschehene berichten.

»Bisher bin ich etwas unentschieden gewesen«, sagte Friedrich daraufhin, »aber nun werde ich alles tun, um Luther zu schützen.«

»Haltet Ihr es in diesem Fall nicht für sinnvoll«, fragte Jost, »dass man Luther verschwinden lässt – vorausgesetzt, er landet nicht auf dem Scheiterhaufen.«

»Verschwinden lässt?«

»Nun, ich meine damit, ihn irgendwo zu verstecken«, sagte Jost, »wo er in Sicherheit ist, damit ihn niemand finden kann.«

»Darüber habe ich, ehrlich gesagt, auch schon nachgedacht«, erwiderte Friedrich. »Denn Luther ist ein Stein des Anstoßes und gibt fortwährend eine Zielscheibe ab für Angriffe. Aber wohin mit ihm?«

Jost zuckte mit den Achseln: »Vielleicht eignet sich eine einsam gelegene Burg?«

Friedrich vergrub das bärtige Kinn in seiner linken Hand. »Die Wartburg vielleicht«, meinte er nach einer Weile.

»Am besten wäre es«, fügte Jost hinzu, »wenn man ihn verkleidet ... zum Beispiel als Junker ... um die Tarnung perfekt zu machen.«

»Ich werde darüber nachdenken«, entschied der Fürst. »Aber erst einmal muss ich abwarten, was der heutige Tag bringt.«

Und damit war Jost entlassen.

*

Als der Kaiser mit seinem Gefolge den Saal betrat, erhoben sich alle von ihren Sitzen. Karl nahm Platz und bedeutete dem Rest der Versammlung, seinem Beispiel zu folgen. Jost musste sich – wie bei der ersten Verhandlung – mit einem Stehplatz begnügen, aber das war ihm ohnehin lieber. Er hatte den Eindruck, als seien noch mehr Zuschauer anwesend als am Tag zuvor. Die Luft war stickig und schwer wie immer, wenn zu viele Menschen in einem Raum versammelt waren. Noch war der Saal erfüllt von Stimmen, die durcheinander redeten, doch allmählich wurde es ruhiger.

Durch die offen stehenden Fenster fiel die Frühlingssonne auf die rechten, aufsteigenden Bankreihen, während die gegenüberliegende Seite vollständig im Schatten blieb. Das Licht blendete so stark, dass sich manche die Hand vor die Augen hielten. Jost stand im Schatten. Sein Blick ging über die Reihen der Fürsten und Adligen hoch zu den offenen Fenstern, die ihm ein Dorn im Auge waren.

Zunächst wurden Reichsangelegenheiten verhandelt, die nichts mit Luther zu tun hatten. Schließlich sandte man den kaiserlichen Herold aus, um Luther vorzuladen. Er hatte Mühe, sich einen Weg durch die Menge zu bahnen, als er schließlich den Saal betrat. Jost sah, dass sein alter Freund Georg Frundsberg Luther am Arm fasste und einige Worte zu ihm sagte, aber er stand zu weit entfernt, um etwas zu verstehen. Schließlich blieb Luther mit einigem Abstand vor dem Tisch stehen, auf dem seine Schriften lagen. Wie am vorherigen Tag stand hinter dem Tisch der Offizial, der an Stelle des Kaisers die Verhandlung leitete. Er sagte zunächst auf Deutsch, dann auf Lateinisch die folgenden Worte:

»Martin Luther, die kaiserliche Majestät hat dir diese Stunde bestimmt. Gestern hast du die Bücher, die wir aufzählten, als dein Eigentum anerkannt. Auf die Frage hingegen, ob du etwas davon für irrig erklären oder alles aufrechterhalten willst, hast du um Bedenkzeit gebeten. Diese ist nun zu Ende.«

Jost war mulmig zumute, als stünde er selbst unter Anklage. Luther stand weit entfernt, aber er glaubte, auch ihm Befangenheit anzumerken. Es erinnerte Jost an die gestrige Verhandlung und Luthers enttäuschenden Auftritt. Wenn er seine Schriften widerruft, dachte Jost, dann ist das ein Verrat an allen Menschen, die an ihn glauben. Dann triumphiert der Papst, und die Wahrheit bleibt am Boden liegen.

»Von Rechts wegen hättest du gar keinen Aufschub erhalten sollen«, fuhr der Offizial fort, »da du lange genug wusstest, wozu man dich berief. Denn man sollte annehmen, dass in Sachen des Glaubens ein jeder so sicher ist, dass er zu jeder beliebigen Zeit Rede und Antwort stehen kann. Das sollte besonders für einen so bedeutenden und erfahrenen Lehrer der Theologie gelten wie du einer bist. Nun wohlan, antworte auf des Kaisers Forderung, dessen Güte du an der dir erteilten Bedenkzeit erkennen konntest: Willst du die von dir anerkannten Bücher alle verteidigen oder widerrufen?«

Während der Offizial seine Worte auf Lateinisch wiederholte, verschärfte er nochmals den Tonfall. Er wirkte nun sehr kämpferisch. Im Saal war es so still, dass man das Fallen einer Nadel hätte hören können.

Luther holte tief Luft. »Erhabenster Herr und Kaiser, durchlauchtigste Fürsten, gnädigste Herren«, sagte er. Seine Stimme klang wie gestern recht leise, er räusperte sich aber und sprach danach etwas lauter. »Gehorsam erscheine ich zu der mir gestern festgesetzten Frist, und um der Barmherzigkeit Gottes willen bitte ich Eure erhabenste Majestät und Eure durchlauchtigsten Herrlichkeiten um gnädiges Gehör für meine Sache – die Sache der Gerechtigkeit und Wahrheit, wie ich hoffe. Und sollte ich in meiner Unerfahrenheit jemandem nicht die gebührenden Titel geben oder irgendwie gegen den höfischen Brauch sündigen, so bitte ich, es mir gütig zu verzeihen. Ich habe mein Leben nicht an Höfen zugebracht, sondern in Mönchswinkeln. Was ich bisher gelehrt und geschrieben habe, diente dem alleinigen Zweck, Gott zu preisen und die Christgläubigen wahrhaft zu unterweisen.«

Jost spürte wie wahrscheinlich jeder im Saal, dass Luther langsam in Schwung kam. Seine Stimme gewann an Ausdruckskraft, seine Haltung wirkte fester und aufrechter, er begann sogar, seine Worte mit Gesten der rechten Hand zu untermalen.

»Erhabenster Kaiser, durchlauchtigste Fürsten. Man hat mir gestern zwei Fragen vorgelegt: Erstens, ob ich die genannten, unter meinem Namen verbreiteten Schriften als mein Eigentum erkenne; zweitens ob ich ihren Inhalt aufrechterhalten oder widerrufen will. Zu Punkt eins habe ich eine deutliche Antwort gegeben, zu der ich weiterhin stehe und ewig stehen werden: Dass die Bücher mein Werk und unter meinem Namen von mir veröffentlicht sind. Was den zweiten Punkt betrifft, so bitte ich Eure geheiligte Majestät und Eure Herrlichkeiten zu beachten, dass meine Bücher nicht alle von ein und derselben Art sind. Ich habe – etwas vereinfacht gesprochen – im Laufe der Jahre drei Arten von Schriften veröffentlicht …«

Wulf hatte Annas leblosen Körper zur Seite gezogen und einfach über Wladislaws Leichnam geworfen. Er blieb eine Weile neben den beiden stehen und wartete, bis sich sein Atem beruhigte. Zu dem, was er vorhatte, brauchte er eine ruhige Hand. Zum Glück konnte er darauf bauen, dass ihn seine Kaltblütigkeit in entscheidenden Momenten noch nie im Stich gelassen hatte. War er auch vorher manchmal unruhig und nervös: Wenn es darauf ankam, hatte er sich selbst und das Geschehen im Griff!

Er ging zu dem Fensterladen, öffnete ihn einen Spalt breit, stützte seine Hände auf einem der beiden Fässer ab, beugte sich nach vorn und schaute hinüber zum Dom und zur Aula Major. Der Kaiser und alle Kurfürsten waren bereits anwesend, aber offenbar verhandelte man noch über andere Dinge und hatte Luther noch nicht rufen lassen.

Das Wetter war typisch für die Jahreszeit, erst strahlender Sonnenschein und ein kalter blauer Himmel, von nichts getrübt; nun aber zogen Wolken heran, noch hingen sie über dem offenen Land jenseits der Stadtmauer, über den Feldern, in denen noch keine Frucht stand, über den eingezäunten Dörfern mit Teichen und Mühlen, über den Weinbergen und vereinzelten Waldstücken, in denen das Laub erst jetzt zu knospen begann, denn der Winter war lang und frostig gewesen. Hinter den leichten grauweißen Wolken trieb der Wind schwere, dunkle, sich auftürmende Regenwolken vor sich her. Auf dem Boden wechselten Licht und Schatten, leuchteten die Wiesen erst in hellem Grün auf, um gleich darauf eine dunkelgrüne, fast schwärzliche Färbung anzunehmen.

Vor dem Sitzungssaal hing eine Menschentraube. Nun sah Wulf, wie sich der kaiserliche Herold mit seinem bunten Wappenrock einen Weg durch die Menge bahnte und ohne Umwege den Johanniterhof ansteuerte. Es dauerte nicht lange, dann trat er den Rückweg an, diesmal in Begleitung von Luther. Sie betraten den Saal jedoch nicht sofort, sondern blieben erst vor einem Seiteneingang stehen, wo sich ebenfalls die Zuschauer drängten. Luther musste eine Weile warten, weil im Saal noch über einen Punkt verhandelt wurde, der nichts mit ihm zu tun hatte.

Wulfs Position hätte besser nicht sein können, weil er sowohl den Ketzer sah, als auch durch die offenen Fenster in den Saal schaute. Doch in der Zeit, während Luther wartete, verdichteten sich die Wolken, zogen über die Stadt hinweg und verdunkelten den gesamten Himmel, so weit das Auge reichte.

Die ersten Regentropfen fielen, und dazu blies ein heftiger, böiger Wind. Über dem Umland fielen heftige Schauer, wie schwarze Schleier sahen sie aus, die schräg vom Himmel kommend über die Ebene wehten; sie näherten sich in breiter Front der Stadt. Bald darauf ergoss sich ein Wolkenbruch über den Marktplatz.

Die Neugierigen, die ungeschützt im Freien vor dem Verhandlungssaal ausharrten, stoben auseinander. Einige liefen in den Dom, andere suchten unter vorspringenden Dächern Schutz vor den plötzlich niederrauschenden Wassermassen.

Trotz des Unwetters behielt Wulf den Saal im Blick, aber der Wind war ihm nicht wohlgesonnen – so legte er das jedenfalls aus, denn er war es gewohnt, Naturereignisse persönlich und schicksalhaft zu betrachten. War es nicht höhere Gewalt, dass der Wind wieder einmal drehte und nun so heftig in den Platzregen hineinfuhr, dass er schräg in die offen stehenden Fenster der Aula Major wehte? Was war die Folge? Die Leute oben auf der Empore wurden nass, daher schloss man die schweren Fensterflügel. Wulf konnte nicht mehr sehen, was im Saal vor sich ging. Er schlug sich die Hände vors Gesicht und fluchte.

So schnell wirbelte das Rad der Fortuna, denn noch vor wenigen Augenblicken hatte er alles unter Kontrolle gehabt! Genau das waren die Dinge, die sich nicht im Voraus planen ließen. Ein Plan konnte noch so perfekt durchdacht und ausgearbeitet sein – er blieb nur Theorie bis zu dem Moment, wenn er der Wirklichkeit standhalten musste. Jeden Tag, bei jeder Verhandlung, hatten die Fenster offen gestanden, aber ausgerechnet jetzt kam dieser verdammte Regenschauer!

Ja, dachte Wulf, das ist eine Fügung von oben, eine Prüfung! Jetzt muss ich Stärke zeigen und Willenskraft, denn es gibt sie, diese entscheidenden Augenblicke im Leben eines Menschen, in denen er durch seinen Glauben alle Widerstände überwinden muss. Der Glaube kann Berge versetzen – hieß es nicht so in der Bibel?

»Die erste Art von Büchern handelt vom christlichen Glauben und von den Sitten. Diese Schriften sind so einfältig und evangelisch, dass selbst meine Gegner zugeben, dass sie nützlich und unschädlich sind; wert, dass ein Christ sie lese. Selbst die Bulle des Papstes, die voller wütender Grausamkeiten steckt, erklärt einige meiner Bücher für unschädlich. Diese zu widerrufen, wäre also völlig unsinnig und würde eine Wahrheit verdammen, zu der sich Freund und Feind gleichermaßen bekennen. Anders verhält es sich mit der zweiten und dritten Art von Büchern, die ich geschrieben habe.«

Während Luther sprach, beugte sich ein bärtiger Mann zum Kaiser hinüber und flüsterte ihm fortwährend etwas ins Ohr. Das musste wohl der Dolmetscher sein, denn Karl war im Ausland aufgewachsen, wusste Jost. War es tatsächlich möglich, dass der Kaiser die Landessprache nicht beherrschte?

»Die zweite Gattung richtet sich gegen das Papsttum und die Papisten und damit gegen Leute, die mit elender Lehre und Beispiel die Christenwelt geistig und körperlich verwüsten. Die Papstgesetze haben das Gewissen der Gläubigen gepeinigt und gemartert. In unglaublicher Tyrannei und in der unwürdigsten Weise verschlingen sie das Hab und Gut der Menschen. Wollte ich also diese Schriften widerrufen, so würde ich der Tyrannei neue Kraft zuführen. Und mit meinem Widerruf würde ihre Bosheit noch zügelloser und unverschämter und dem Volk gänzlich unerträglich. Lieber Gott, was wäre ich doch da für ein Werkzeug der Bosheit und der Tyrannei!«

Jost freute sich, dass Luther nun ganz er selbst war, endlich hatte er seine anfängliche Scheu und Ängstlichkeit vollständig abgelegt. Er sprach frei und geradeheraus. So kannte und liebte Jost ihn; ein Starrkopf, aber einer, der das Herz am rechten Fleck trug. Wie würde der Kaiser reagieren? Seinem Gesicht war anzumerken, dass er Luthers Ausführungen missbilligte. Würde dessen Mut mit dem Scheiterhaufen belohnt werden? Josts Blick wanderte hoch zur Empore. Die Fenster waren nun verschlossen, der Regen hatte genau im rechten Moment eingesetzt. Der Saal lag im Halbdunkel.

»Zur dritten Art gehören die Bücher, die ich gegen einzelne und – wie man sagt – hervorragende Leute geschrieben habe; Leute, die die römische Tyrannei schützten und deren Ziel es war, das Christentum, wie ich es lehre, zu erschüttern. Gegen sie bekenne ich, heftiger gewesen zu sein, als mit der heiligen Sache und meinem Stande verträglich ist. Ich will ja keinen Heiligen aus mir machen. Ich verfechte nicht mein Leben, sondern Christi Lehre. Aber widerrufen kann ich auch diese Schriften nicht. Denn es würde zur Folge haben, dass Tyrannei und Gottlosigkeit unter meinem Schutz herrschten und schlimmer denn je gegen das Volk wüteten.«

Es gab nun einmal Situationen im Leben eines Menschen, die sich der eigenen Herrschaft entzogen. Wulf wusste das seit langem. Mit den Jahren war er bescheidener, um nicht zu sagen demütiger geworden, was die Einschätzung der eigenen Möglichkeiten anbelangte. Wenn der Mensch mit übergeordneten Mächten konfrontiert war, half nur das Gebet; davon war Wulf tief überzeugt. Wie köstlich war es in solchen entscheidenden Augenblicken, auf die Hilfe eines Vermittlers – einer *Vermittlerin* – vertrauen zu dürfen.

Geliebte, teure Jungfrau, die Stimmen in mir, so vielfältig und verworren sie sein mögen, sammeln sich alle und verschmelzen in eins, wenn ich zu dir bete, das war noch immer so, das ist so süß und tröstlich, du glaubst nicht, wie peinigend es oft ist, von diesen Stimmen, diesen drängenden, fordernden Stimmen, in verschiedene Richtungen gezerrt zu werden. Nur bei dir finde ich den Frieden, den ich mehr als alles andere begehre, und nun ist wieder einmal der Moment gekommen, teure Jungfrau, dass ich dich um deine Hilfe anflehen muss.

»Und so bitte ich Eure geheiligte Majestät, Eure durchlauchtigsten Herrlichkeiten und jedermann, der es vermag, vom höchsten und niedersten Stand, um der Barmherzigkeit Gottes willen: Bringt Zeugnis, überführt mich des Irrtums mit den prophetischen und evangelischen Schriften, denn wenn man mich eines Besseren belehrt, so bin ich freudig bereit, jeden Irrtum zu widerrufen und will der Erste sein, der meine Schriften ins Feuer wirft.«

Jost konnte ein Lächeln nicht unterdrücken, denn Luthers Dreistigkeit bereitete ihm zunehmend Freude. Gerade forderte er genau das ein, was ihm seine Gegner verwehrten: eine theologische Disputation. Und auf diesem Gebiet – das war sicher – würde niemand in der Lage sein, Luther zu widerlegen. Das hatten schon andere erfolglos versucht.

»Und damit befehle ich mich Eurer geheiligten Majestät und Euren Herrlichkeiten und bitte demütig, mich nicht wegen der Bemühungen meiner Widersacher grundlos in Ungnade fallen zu lassen. Ich bin zu Ende.«

Wie schon zuvor der kaiserliche Offizial, so wiederholte nun auch Luther seine Rede auf Lateinisch.

Du weißt, wie wichtig es ist, diesen Ketzer, der nicht nur deinen Namen, sondern den aller Heiligen in den Schmutz zieht, öffentlich abzustrafen, sein Schlangenhaupt zu zertreten vor den Augen der weltlichen Macht, und wenn dies dein Wille ist, so vertreibe endlich die verdammten Wolken und lass die Sonne hell und leuchtend vom Himmel scheinen, ehe es zu spät ist, und sorge dafür, dass sie die Fenster wieder öffnen, denn im Moment kann ich nichts, aber auch gar nichts von dem erkennen, was dort drüben vor sich geht …

Der letzte Satz war ein wenig unsinnig, denn Wulf betete wie üblich mit geschlossenen Augen. Aber das war ihm egal, denn in einem Gebet ging es nicht um Logik, sondern um Innigkeit. Noch eine ganze Weile verharrte er in Andacht. Schließlich öffnete er die Augen und schaute hinaus: Der Platzregen war vorüber, ihm folgte ein feiner, milder Frühlingsregen, wie Wulf ihn zu anderen Zeiten liebte. Jenseits der Stadtmauer, wo sich vor kurzem die schwarzen Wolken zusammengeballt hatten, lichtete sich der Himmel. Auch die Sonne brach wieder hervor, er sah sie zwar selbst nicht, aber ihre Strahlen beleuchteten die

Turmspitzen des Doms, und auf einigen Dächern warfen die Schornsteine lange Schatten. In der Ferne zeigte sich ein Regenbogen, ein gutes Zeichen, wie Wulf fand. Stand der Regenbogen nicht für das Bündnis zwischen Gott und Mensch?

Es fiel Jost schwer, der Rede des kaiserlichen Offizials zu folgen, auch wenn er sich drastisch ausdrückte und immer wieder seine Wut durchschimmerte, die er kaum unter Kontrolle hielt. Er warf Luther Leidenschaftlichkeit und Unbescheidenheit vor, die Dreiteilung der Bücher sei ungenügend. »Du hältst es wie alle Ketzer, Martinus, die behaupten, sie seien bereit, sich aus der Heiligen Schrift widerlegen zu lassen. Das wäre ja schön und gut! Aber wie alle Ketzer willst du die Heilige Schrift nach deiner Auffassung und deinem Kopf verstanden wissen. Du bist nicht besser als die Waldenser, die Armen von Lyon, Wyclif oder Hus. Was werden die Juden sagen, wenn sie das hören? Und die Türken, die Sarazenen und andere Feinde unseres Glaubens? Wie würden sie lachen, wie würden sie spotten: Jetzt fangen die Christen an zu disputieren, ob ihr Glaube bisher recht war!«

Luther stand noch immer in der Mitte des Saals und zeigte keine Reaktion. Ob er vielleicht an das Schicksal der gerade erwähnten Ketzer dachte? Zum hundertsten Mal hob Jost den Kopf und schaute zur Empore. Die Fenster waren geschlossen, aber der Regen prasselte nicht mehr, und es wurde wieder heller im Saal.

»Ich bitte dich, Martinus, maße dir doch nicht an, dass einzig du das Verständnis der Heiligen Schrift besitzt, nur du ihren wahren Sinn erfasst, dem die heiligen Doktoren der Schriftauslegung Tag und Nacht mit Schweiß und vieler Arbeit nachgetrachtet haben. Setze dich nicht in deinem Urteil über so viele berühmte Männer hinweg. Glaube nicht, mehr zu wissen als alle anderen!«

Erneut schloss Wulf die Augen und betete still für sich. Als er sie wieder öffnete, fühlte er sich einmal mehr in seinem Glauben an die Schwarze Jungfrau bestätigt. Denn zumindest über der Stadt waren die Wolken wie weggefegt. So etwas war nur durch ein Wunder zu erklären, selbst wenn man die Launenhaftigkeit eines Apriltages in Rechnung zog. Die Sonne schien mit aller Kraft, leuchtete auf den feuchten Schieferdächern, glitzerte in Tropfen, die an den Ziegeln hingen, und spiegelte sich in den Fenstern der Aula Major.

Glaube versetzt Berge, wiederholte Wulf in Gedanken und betete zur Jungfrau, dass sie dort drüben endlich die Fenster öffneten. Es kam ihm vor, als könne er dies erzwingen durch seine Willenskraft. Mit dem Willen des Menschen hatte es eine wundersame Bewandtnis, er hatte einige Male erlebt, dass Dinge fürchterlich schiefliefen – und dann war es ihm durch eine immense Anstrengung seines Willens gelungen, die Sache hinzubiegen und in die richtige Richtung zu lenken. So musste es auch dieses Mal sein!

Er schloss die Augen und konzentrierte sich auf die verdammten Fenster. Ich will, dass sie sie öffnen. *Ich will, dass sie sie öffnen. Einer wird aufstehen und sie öffnen. Mein Wille, mein fester, mein unbeugsamer Wille bringt ihn dazu.*

Wulf öffnete die Augen; gerade noch rechtzeitig, um zu sehen, wie eines der großen Fenster aufschwang. Er fühlte einen Stich in der Brust, wie sonst manchmal, wenn ihm eine traumhaft schöne Frau über den Weg lief: Es war nicht zu fassen, einfach unglaublich. Allerdings durfte er sich nicht zu früh freuen, denn bisher sah er nur den rechten Teil des Saals, die aufsteigenden Sitzreihen mit den Vertretern der Stände und Zuschauer vor den Wänden. Das nutzte ihm wenig. Es war wichtig, dass sich das mittlere Fenster öffnete. Stattdessen aber öffnete sich das linke – es kam ihm wie ein Katz-und-Maus-Spiel vor. *Mein Gott, wenn sie das mittlere geschlossen lassen, werde ich wahnsinnig.* Nun öffneten sich die beiden Flügel des mittleren Fensters – und da sah er sie alle: den Kaiser, einen bärtigen Mann neben dem Kaiser, die Kurfürsten, einen Mann hinter einem Tisch stehend und vor dem Tisch – Martin Luther. Er stand dort völlig schutzlos. Wulf legte die Hand an die Stirn und schüttelte den Kopf. Er war glücklich, einfach nur glücklich.

Der Mann hinter dem Tisch redete und redete, während Luther zuhörte. Der Kaiser hielt den schräg geneigten Kopf auf die rechte Hand gestützt und schien der ganzen Verhandlung – so wirkte es zumindest aus der Ferne – keine große Begeisterung abzugewinnen.

Aber alle Personen verblassten, und Wulf sah nur noch Luther. Die Entfernung war immens, aber er hatte breite Schultern und gab ein gutes Ziel ab. Er griff nach der Armbrust, die seitlich am Fass lehnte; diesmal würde es keine Vogelscheuche sein, auf die er zielte.

Während der Trierer Offizial immer noch sprach und Luther scharf angriff, bemerkte Jost Unruhe am Eingang zum Saal. Die städtischen Wachen hielten einen Mann zurück, der mit Gewalt Einlass begehrte. Jost war sofort alarmiert. Er drängte sich durch die Reihen der an der Wand stehenden Zuschauer; diese protestierten und beschimpften ihn. Jost entging nicht, dass Luther zu ihm herüberschaute und sogar der Kaiser den Kopf hob und in seine Richtung blickte, aber da war er schon am Eingang. Zu seiner Überraschung entdeckte er, dass Herbert, einer seiner Männer, der Urheber des Tumults war. Er hatte ihn auf dem Marktplatz postiert, vor dem Geschlechterturm. Vier Wachen, zwei an jedem Arm, waren damit beschäftigt, ihn zu bändigen. Er solle diesen Verrückten befehlen, ihn loszulassen, rief er Jost zu. »Ich muss dringend mit dir reden.«

Die Wachen kannten Jost und ließen Herbert auf sein Zeichen hin frei. Jost zog ihn nach draußen, und als sie etwas abseits standen, fragte er ihn, was los sei. Er wisse nicht, sagte Herbert, wie lange ihn diese Kerle aufgehalten hätten, es komme ihm wie eine

Ewigkeit vor. Hoffentlich hätten sie nicht bereits zu viel Zeit verloren. Anna schicke ihn, sie behaupte, Wulf sei oben im Turm.

»Das ist nicht möglich! Wie konntest du deinen Posten verlassen?!«

»Sie war sich ihrer Sache ganz sicher!«

»Wo ist sie jetzt?«

»Das weiß ich nicht, beim Turm wahrscheinlich!«

Von dort, wo sie standen, konnte Jost den Eingang zum Geschlechterturm nicht erkennen, weil die Marktstände ihm die Sicht versperrten. Die oberen Stockwerke des Turms allerdings konnte er sehen, die Seilwinde ganz oben und das Seil mit dem Eisenhaken. Genau in diesem Moment bewegte sich der oberste Laden und klappte langsam auf, Jost sah zunächst nur einen Arm, der ihn öffnete, dann kurz einen Kopf, der sofort wieder verschwand. Es war zu schnell gegangen, als dass er Genaueres hätte erkennen können, aber Jost verstand auch so.

Er sah nahe beim Eingang zum Saal fünf von Frundsbergs Leuten stehen, die ihn kannten; sie trugen ihre Hakenbüchsen bei sich, sogenannte Arkebusen. Die Anschlagkolben standen auf dem Boden, und die Söldner stützten sich auf den langen Rohren ab; einer trug die Waffe an einem Gurt über der Schulter. Jost eilte zu dem Söldner, der ihm am nächsten stand. Ob seine Waffe geladen sei? Er schüttelte den Kopf. Auch der zweite verneinte.

»Meine ist geladen«, sagte derjenige, der die Arkebuse über der Schulter trug.

»Gib sie mir! Schnell!«

»Wozu?«

»Das erkläre ich später.«

Der Söldner zögerte. »Na gut«, sagte er schließlich, »weil du ein alter Freund von Georg bist.« Er reichte ihm die schwere Waffe. Jost rannte sofort los, kaum dass er sie in Händen hielt, gefolgt von Herbert. Die meisten Marktstände auf dem Domplatz waren mit Planen abgedeckt wegen des Regens; von vielen troff noch das Wasser. Jost nutzte die Planen als Sichtschutz und rannte eine enge Gasse zwischen den Ständen entlang. Zum Glück waren nach dem Platzregen nicht so viele Käufer unterwegs. Der Boden war rutschig und aufgeweicht.

Jost sah schon von weitem, dass Anna nicht beim Eingang stand, und eilte auf das Haus zu. Ob man ihn von oben sehen konnte? Egal, Jost erreichte den Eingang und stürmte ins Treppenhaus.

Nun war der Zeitpunkt gekommen: Wulf öffnete langsam den Fensterladen und schaute kurz nach draußen – niemand beachtete ihn. Er trat wieder zurück und sammelte ein letztes Mal seine Kräfte. Alles kam auf diesen einen Schuss an. Wie das Leben selbst: Nur ein Versuch! Was danach geschah, lag in den Händen der Jungfrau. Mit etwas Glück und seiner Kinderverkleidung würde ihm im Tumult die Flucht glücken.

Wulf kniete auf den Boden, nahm die Armbrust und legte sie auf eines der beiden Fässer, deren Sinn und Zweck ihm noch immer nicht klar war, aber das Fass hatte genau die richtige Höhe. Er stützte seine Ellbogen darauf ab und legte die Mittelsäule der Armbrust auf das Fensterbrett. Nun hob er den Kopf und schaute hinüber zum Dom. Wulf wusste, dass er in den wenigen Augenblicken vor dem Schuss verwundbar war, weil er in dieser Zeit sein Versteck aufgab. Man konnte ihn nun sehen, wenn man zum Turm hochschaute. Aber wer sollte hochschauen? Das Risiko war kalkulierbar, die Leute interessierten sich für das, was im Verhandlungssaal ablief. Noch immer stand Luther vor dem Tisch mit seinen Schriften, noch immer redete der Ankläger des Kaisers.

»Was die Doktoren theologisch erörtert haben«, fuhr der Ankläger fort, »darüber hat die Kirche endgültig entschieden, und in gläubigem Vertrauen zu ihr sind unsere Väter und Vorfahren gestorben. Was sie uns wie ein Erbe hinterlassen haben, darüber dürfen wir nach päpstlichem wie nach kaiserlichem Recht nicht disputieren. Dieses doppelte Recht hält harte Strafen bereit für jene Leute, deren Halsstarrigkeit es ihnen verbietet, sich der Kirche zu unterwerfen. Du bist also im Irrtum, Martinus, wenn du eine Disputation erwartest, wo du vielmehr glauben solltest.«

Im Saal war nicht einmal ein Räuspern zu hören, jeder wusste, was unter harten Strafen zu verstehen war. Luther stand noch immer reglos, der Ankläger fuhr fort: »Ich fordere dich deshalb auf, Martinus, einfach und unumwunden zu antworten, ob du bereit bist, deine Schriften zu widerrufen?«

Alle Augen richteten sich auf Luther. »Weil Eure geheiligte Majestät und Eure Herrlichkeiten es verlangen«, sagte er, »so will ich eine schlichte und jedem verständliche Antwort geben!«

Wulf kniff das linke Auge zusammen und presste die rechte Wange gegen die Armbrust. Er visierte zunächst das offene Fenster an. Etwas stimmte noch nicht, das betraf sowohl die Auflage der Armbrust als auch seine eigene Position. Wulf ging geduckt zurück in den Raum und holte leere Kornsäcke; einen legte er auf das Fensterbrett, die anderen auf den Deckel des Fasses, auf dem er seine Ellbogen abstützte. Ja, nun war es besser. Über Kimme und Korn visierte er Luther an, der vor dem Ankläger stand, ohne sich zu rühren. Die Entfernung war immens. Wieder dachte Wulf daran, dass er nur einen Versuch hatte.

Ich darf gar nicht in Betracht ziehen, dass ich ihn nicht treffe, wenn man anfängt zu zweifeln und unsicher wird, hat man verloren. Ich muss felsenfest davon überzeugt sein, dass ich es schaffe, und dann gelingt es auch. Aber so leicht war der Zweifel nicht zu zerstreuen, Wulf fühlte sich unwohl. Lag es daran, dass man ihn sehen konnte, falls jemand zufällig in seine Richtung schaute? Es kam ihm vor, als seien seine Hände feucht. *So wird das nichts. Ich darf jetzt nicht die Nerven verlieren.* Er musste sich von dem Gefühl befreien, dass die Zeit drängte; also schloss er die Augen und betete ein letztes Mal zur Schwarzen Jungfrau, bat sie um ihren Beistand, dass sie ihm eine ruhige Hand schenken, dass er den Ketzer treffen und vernichten möge. Wulf spürte, wie durch das Gebet Ruhe und Zuversicht in ihn einkehrten. Er öffnete die Augen und nahm Luther erneut ins Visier. Seine Zweifel waren verflogen, er war sich nun seiner Sache ganz sicher, und auch seine Hände fühlten sich gut an.

Er würde ihn in den Rücken treffen, seine breiten Schultern gaben ein gutes Ziel ab. Noch ein wenig tiefer, dort lag das Herz. Im Geist sah Wulf den Pfeil schon dort stecken. Vor seinem inneren Auge lief sogar eine kleine Szene ab, wie Luther zu Boden fiel und die Umstehenden aufsprangen, auch der Kaiser. Er verdrängte die Bilder und konzentrierte sich nun auf seinen Schuss, er war jetzt ganz bei der Sache, sein rechter Zeigefinger spannte sich am Abzugshebel.

In diesem Moment schreckte er zurück, weil etwas direkt auf sein Gesicht zuschoss; ein Wechsel aus Sonnenlicht und Schatten, Lärm. Wulf duckte den Kopf, dann erst bemerkte er an dem Flattern und Flügelschlagen, dass es ein Vogel war, eine Taube. Sie war auf das offen stehende Fenster zugeflogen und hatte ihn nicht bemerkt – wahrscheinlich war sie genauso erschrocken wie er! Sie verharrte kurz flügelschlagend vor dem offenen Fenster, Wulf sah winzige Federn und Staubpartikel durch die Luft schweben und das Sonnenlicht auffangen, dann drehte sie seitlich ab und verschwand.

Wulf nahm die Armbrust vom Fensterbrett und legte sie auf das Fass. Er setzte sich auf den Boden, schüttelte den Kopf und atmete ein paar Mal tief durch. Die Taube hatte ihn völlig aus dem Konzept gebracht. Sie hätte in keinem ungünstigeren Augenblick erscheinen können, denn wäre sie einen Herzschlag später aufgetaucht, hätte er Luther getötet.

War das ein Wink des Schicksals? War der Ketzer mit dem Teufel im Bund? Das geschah erwiesenermaßen häufig, wie Wulf aus Heiligenlegenden wusste. Der Teufel persönlich oder seine Helfer griffen ein, um das Werk der Gottgesandten zu hintertreiben: Also war das eine letzte Prüfung für ihn! Wer Großes vollbringen wollte, musste auf so etwas gefasst sein und durfte sich nicht von seinem Weg abbringen lassen. Diese Gedanken richteten Wulf auf. Falls er die Prüfung bestand, würde sein Sieg noch glorreicher ausfallen.

Es gelang ihm, sich erneut zu sammeln. Vom Bewusstsein seiner Berufung durchdrungen, legte er die Armbrust auf das Fensterbrett. Er war nicht nervös und ebenso selbstsicher und vom Gelingen überzeugt wie vorhin. Er nahm das Fenster der Aula Major ins Visier, Luther stand am gleichen Fleck wie vorhin. Im Treppenhaus hörte Wulf Poltern, aber nun würde ihn nichts mehr ablenken.

»Weder dem Papst noch den Konzilien allein kann ich glauben«, sagte Luther, »da es feststeht, dass sie wiederholt irrten. Nur durch das Zeugnis der Heiligen Schrift oder vernünftige Gründe kann man mich überwinden, denn auf die Schrift stütze ich mich. Mein Gewissen ist gefangen in Gottes Wort und darum kann und will ich nichts widerrufen, weil gegen das Gewissen zu handeln gefährlich ist. Gott helfe mir! Amen.«

»Dass die Konzile geirrt haben, wie du behauptest, wirst du für keine Zeit beweisen können, wenigstens in Glaubensfragen«, erwiderte der Offizial verärgert.

Jost stürmte die Treppe hinauf, er nahm mehrere Stufen auf einmal und kam gehörig außer Atem. Ich werde alt, fluchte er innerlich, früher hätte mir das nichts ausgemacht. Auch die Arkebuse in der rechten Hand hatte ein höllisches Gewicht. Seine Sorge galt Anna und Luther gleichzeitig, hoffentlich kam er nicht zu spät. Im zweiten oder dritten Stock öffnete sich eine

Tür, Leute kamen ihm entgegen und riefen etwas. Er verstand kein Wort und beachtete sie nicht, lief einfach weiter.

Der Turm schien kein Ende zu nehmen. Seine Schritte polterten auf den Holzstufen, und er verschwendete keinen Gedanken daran, sich Wulf unauffällig zu nähern. Endlich erreichte er den obersten Treppenabsatz, und vor ihm lag der Kornspeicher. Es gab dort keine Tür, mit einem Satz war Jost über der Schwelle. Beim Fenster stand Wulf, er sah ihn sofort; aber Wulf rührte sich nicht, er kehrte Jost den Rücken zu. Hatte er schon geschossen?

»Wulf!«, schrie Jost. »Wulf Kramer!«

An dieser Stelle beendete der Kaiser das Verhör, ohne ein Urteil zu fällen. Jeder im Saal bemerkte, dass ihm die ganze Angelegenheit, der er nur mit Hilfe des Dolmetschers folgen konnte, gehörig auf die Nerven ging. Im Saal entstand große Unruhe und Verwirrung. Es waren auch Spanier anwesend, die Luther laut in ihrer Landessprache verfluchten, während die Anhänger des Reformators ihm zujubelten. Luther, nachdem er zunächst zögerte und nicht wusste, was nun zu tun sei, ging auf den Ausgang zu. Dort stand Georg von Frundsberg. Luther hob die rechte Hand und spreizte alle Finger.

Georg lachte. »Woher kennst du unser Siegeszeichen?«

Erst jetzt fuhr Wulf herum. Jost schaute als Erstes auf die Armbrust, der Bolzen war noch nicht abgeschossen; selbst auf die Entfernung sah er, dass es ein eigenartiger Bolzen war; er hatte noch nie einen vergleichbaren gesehen.

Sie standen still, es war, als habe jemand die Zeit angehalten. Wie Irrlichter sah Jost mehr als zehn Jahre alte Bilder vor sich: den alten Brangenberg, den Pfeil in seinem Hals, wie er stürzt – und nicht erreichbar der Schütze, der so schnell verschwindet, dass er mehr einem Schatten gleicht – Brangenbergs Schatten – Luthers Schatten. Jost hielt die schwere Arkebuse in der rechten Hand, Wulf die Armbrust in beiden Händen, sie war auf den Boden gerichtet, so wie auch die Schusswaffe. Die Arkebuse ließ sich wie die Armbrust nur einmal abfeuern, das Nachladen dauerte ewig.

Jost und Wulf schauten sich in die Augen. Jost empfand in diesem Moment keinen Hass auf ihn. Er hatte ihn gehasst für das, was er Martha und Anna angetan hatte, aber jetzt, als sie sich in die Augen schauten, empfand er etwas anderes, nur ganz kurz, wie ein Wimpernschlag: Es war das Gefühl, als stehe er seinem Bruder gegenüber. Wulf hatte oft getötet, er selbst hatte oft getötet, und ihm war, als schaue er in sein Ebenbild. Ob Wulf in diesem Augenblick Ähnliches empfand?

Wulf riss die Armbrust hoch und stützte sie an der Schulter ab, er war unglaublich schnell, presste die Wange gegen die Mittelsäule und zielte auf Jost. Jost handelte wie im Traum. Die Arkebuse schnellte nach oben, schon fasste seine linke Hand den Lauf, der rechte Zeigefinger lag am Abzug. Seit Jahren hatte er keine Arkebuse mehr bedient. Der Lauf befand sich auf Hüfthöhe, und er feuerte blind. Der Rückschlag warf ihn zu Boden.

Jost sah, wie der Bolzen der Armbrust über ihn hinwegflog. Stehend hätte ihn das Geschoss getroffen, so aber schlug es irgendwo hinter ihm ins Holz ein. Zeitgleich wurde ihm klar, dass auch er sein Ziel verfehlt hatte: Er hatte nicht Wulf getroffen, sondern eines der beiden Fässer, die dort am Fenster standen.

Plötzlich tat es einen Schlag, als stürzten Himmel und Erde zusammen. Mit einem ohrenbetäubenden Knall zerbarst das Fass. Gelbe, weiße und rote Flammen stoben daraus hervor. Kaum einen Herzschlag später explodierte das zweite Fass. Jost, der den Oberkörper kaum halb aufgerichtet hatte, wurde von der Druckwelle erneut, diesmal noch heftiger, zu Boden geworfen. Er rollte sich schutzsuchend zur Seite, und als er das nächste Mal dorthin schaute, wo noch vor kurzem Wulf gestanden hatte und wo das Fenster gewesen war, sah er die ganze Speicherwand auseinanderfliegen, als sei sie Teil eines Spielzeughauses. Balken und Bretter zersplitterten in tausend Teile. Ziegel sausten wie Geschosse in alle Richtungen. Wo gerade noch die Wand gewesen war und das Dach, klaffte nun ein riesiges Loch.

Von Wulf Kramer war nichts mehr zu sehen. Die Säcke, die auf den Fässern gelegen hatten, brannten wie Fackeln, flogen teilweise ins Freie, teilweise durch den Kornspeicher. Das Dach fing an verschiedenen Stellen Feuer. Um Himmels Willen, wo war Anna? Im noch verbliebenen Teil des Speichers irrte Jost zwischen den Kornhaufen umher, dann sah er die beiden leblosen Körper. Annas Haare waren blutverschmiert. Immer noch fielen Ziegel vom Dach, und das Feuer kam näher. Jost nahm Anna auf die Arme und eilte die Stufen hinunter.

Im Treppenhaus herrschte Aufruhr. Eine Frau schrie: »Wie blöd muss ein Mensch eigentlich sein, um Pulverfässer auf dem Speicher zu lagern? Habe ich es dir nicht tausend Mal gesagt?« Und eine Männerstimme gab kleinlaut und winselnd eine unverständliche Antwort. Jost nahm das alles nur wie in einem Fiebertraum wahr. Jemand fasste ihn beim Arm und rief etwas, aber er riss sich sofort los. Er stolperte die Stufen hinunter und wunderte sich, dass er nicht fiel. Anna schien ganz leicht zu sein, als habe sie kein Gewicht.

Jost lief zum Johanniterhof, während alle anderen in die entgegengesetzte Richtung rannten. Die ganze Stadt schien auf den Beinen zu sein. Er betrat den Gasthof und stieg die Treppe hinauf zu seiner Kammer. Vorsichtig legte er Anna auf sein Bett. Sie sah ganz friedlich und entspannt aus, wie eine Schlafende. Jost ging in einen Nebenraum und holte einen Krug mit Wasser, eine Schüssel und ein Tuch. Er zog einen Stuhl herbei und setzte sich neben das Bett. Er beugte den Kopf über ihr Gesicht, seine Tränen fielen auf ihre Wangen.

Ein blutiger Kratzer zog sich über ihre Stirn. Jost goss Wasser aus dem Krug in die Schüssel, tauchte das Tuch hinein und betupfte ihre Stirn, bis dort kein Blut mehr war. Jost wusch das Tuch aus und begann nun, auch aus ihren Haaren das Blut zu waschen. In diesem Moment kam es ihm vor, als habe sich ihr Augenlid bewegt. Aber das war vermutlich ein Wunschbild und nicht die Wirklichkeit. Er schaute genauer hin – tatsächlich zitterten beide Augenlider. Mit klopfendem Herzen nahm er ihren Kopf in beide Hände.

Anna schlug die Augen auf. Aus großen Kinderaugen schaute sie Jost an, als habe sie noch nie in ihrem Leben einen Menschen gesehen.

»Wo bin ich?«

Jost erwiderte lange nichts. Dann, als er seine Stimme wiederfand, flüsterte er: »Zu Hause!«

Epilog

Wittenberg, 1532

In den Garten des Schwarzen Klosters fiel die Oktobersonne und ließ die verspätete Blüte einer Rose aufleuchten; sie gehörte zu einem Busch, der an der hohen Steinmauer emporrankte. Fünf Kinder, drei Jungen und zwei Mädchen, tollten zwischen den Beeten herum. Anna hatte ein Auge darauf, dass sie auf den Wegen blieben, die mit buntem Laub bedeckt waren.

Außer dem Rosenbusch – der ihn, wie er sagte, immer an sein Wappen erinnerte – lag Luther ein Apfelbaum am Herzen, der mitten im Garten stand. In seinem Schatten saßen an diesem Nachmittag Anna, Jost und er selbst auf einer Bank. Maria, die vier Jahre alte Tochter von Anna und Jost, streckte ihre schmalen, zerbrechlichen Arme von sich und drehte sich so schnell im Kreis, dass die Schöße ihres roten Rockes durch die Luft wirbelten.

»Und das alles erzählst du mir erst heute?«, sagte Luther und legte Jost die Hand auf die Schulter. »Dann war die Gefahr in Worms noch größer, als ich ahnte.«

»War es denn nicht auch so schon schwer genug für dich?«, fragte Anna. »Wir wollten dich nicht unnötig belasten.« Und Jost ergänzte: »Du hättest damals auf dem Scheiterhaufen enden können!«

»Dann wird mir erst heute klar«, sagte Luther, »dass ich ohne euch nicht hier säße, dass ich Katharina nicht kennengelernt hätte und es unsere Kinder nicht gäbe. Ich bin heute so glücklich und zufrieden wie noch nie in meinem Leben. Brangenberg kannte ich kaum, war ihm nur einmal flüchtig begegnet. Ob er wohl noch lebt?«

Der Bischof war, wie alle wussten, spurlos verschwunden nach einem Volksaufstand, in dessen Folge er aus seinem Bistum flüchtete, das sich heute zu Luthers Lehre bekannte. Er hatte seinen gesamten Besitz verloren, und es gab Gerüchte, man habe ihn als Bettler durchs Land ziehen sehen. Auch von Wulf Kramer fehlte nach der Explosion jegliche Spur; an seinem Tod jedoch zweifelte niemand. Nicht einmal ein Wunder hätte ihn retten können, so nahe stand er bei den Pulverfässern.

»Erst rückblickend betrachtet«, sagte Luther, »machen die Ereignisse von damals für mich Sinn, und ich erkenne darin Gottes Weisheit und seine lenkende Hand. In Worms stand ich einige Male nahe davor, an ihm zu verzweifeln, auch wenn ich nach außen stark wirkte. Heute betrachte ich die Reichsacht, die Karl nach den Verhandlungen über mich verhängte, als einen Segen.«

»Bist du sicher?«, fragte Anna zurück. »Immerhin hat der Kaiser deine Schriften verboten!«

»Was hat denn das Wormser Edikt bewirkt?« Luther hob

die Hände. »Gut, in den katholischen Ländern übte man eine strenge Zensur aus und tut es noch heute, aber nicht einmal dort hat man damit durchschlagenden Erfolg. Wer will alle Wanderdrucker und Buchführer kontrollieren, die durchs Land ziehen? Und was die deutsche Bibel betrifft ... Hätte ich nicht auf Friedrichs Geheiß auf die Wartburg fliehen müssen, wäre die Übersetzung wahrscheinlich nie entstanden.«

»Ist dieser Ort wirklich so einsam, wie man sagt?«

»Ich langweilte mich zu Tode«, sagte Luther. »Einmal, an einem grauen und verregneten Tag, der Wind blies wahre Bäche gegen die kleinen Butzenglasfenster, saß ich bei Kerzenlicht am Tisch und blätterte in der Vulgata, las hier und da ein paar Zeilen. Ich war im Neuen Testament gelandet, bei der Bergpredigt. Für mich macht es keinen Unterschied, ob ich einen lateinischen Text lese oder einen deutschen, ich fühle mich in beiden Sprachen zu Hause. Was für ein Jammer, dachte ich, dass die meisten Menschen nie in den Genuss kommen, selbst die Heilige Schrift zu lesen, weil sie kein Latein können. Aus dem Stegreif, ohne irgendwelche Hilfsmittel, dolmetschte ich die gesamte Bergpredigt ins Deutsche.

Damals gab es auf der Wartburg einen Hauptmann, dem der Schutz der Burg oblag; wir verstanden uns gut. Er fragte mich beim Abendessen, womit ich meine Zeit verbracht hätte, und ich las ihm meine Übersetzung vor. Als ich fertig war, sah ich zu meiner Verblüffung Tränen in den Augen dieses hartgesottenen Soldaten. Er umarmte mich und küsste mich auf beide Wangen. Das, sagte er, sei mehr wert als ein Jahr lang dem Geschwätz der Pfaffen zu lauschen. Sein ganzes Leben lang habe man ihn aus einem abgestandenen Tümpel trinken lassen, hier aber sei die Quelle selbst. Nie habe er sich der Wahrheit so nahe gefühlt wie gerade eben.

In der Nacht lag ich wach, irgendwo jaulte ein Tier. Die Wartburg liegt sehr abgelegen in einer waldreichen, hügeligen Gegend, dort fühlt man sich wirklich wie von der Menschheit abgeschieden. In dieser Einsamkeit wird man auf sich selbst zurückverwiesen und auf das Gespräch mit Gott. Wenn dieser einfache Soldat, überlegte ich, dermaßen Gefallen findet an Gottes unverfälschtem Wort, dann muss es im Volk ein großes Bedürfnis geben nach einer deutschen Bibel.

Ich korrespondierte darüber mit meinem Freund und Weggefährten Philipp Melanchthon. Der bestärkte mich in meiner Ansicht. Von da an gab es für mich kein Halten mehr. Ich arbeitete Tag und Nacht wie im Rausch. Innerhalb weniger Wochen übersetzte ich – mit eigentlich unzureichenden Hilfsmitteln – das gesamte Neue Testament. Und mein Freund Lucas Cranach steuerte wertvolle Holzschnitte bei. Das geschah ziemlich genau vor zehn Jahren, und so fing alles an …«

Anna fasste Jost bei der Hand und schaute zum Himmel, dort sah man Zugvögel auf ihrem langen Weg in den Süden; manchmal schienen sie geometrische Figuren zu formen, wirkten flächig, wie eine Ellipse oder ein Kreis, verwandelten sich dann in ein räumliches Gebilde, eine Kugel, hunderte oder tausende flatternde Wesen, die sich zusammenballten, ins Diffuse auflösten, dann wieder sich aufbauschten wie ein Segel im Wind. Sie füllten den weiten Himmel, der ohne sie leer, ein Nichts gewesen wäre. Und in diesem Augenblick schien es ihr, als sei das ein Bild für ihr Leben, für ihre Wanderungen, für das Flüchtige, sich Wandelnde – für die ewige Metamorphose.

Zu diesem Buch

Am Ende eines historischen Romans möchten viele Leser gern wissen, welche Ereignisse historisch verbürgt und welche erfunden sind. Darauf gibt es nicht in jedem Fall eine eindeutige Antwort, denn selbst unter Historikern sind viele Fragen, die Martin Luther betreffen, umstritten oder befinden sich in einer Grauzone zwischen Mythos und historischer Wirklichkeit. Legenden sind entstanden, teils von Freunden, teils auch von Feinden in Umlauf gebracht.

In unserer Zeit gehören Attentate auf Politiker und religiöse Führer fast zum Alltag. Die Morde an John F. Kennedy und Martin Luther King, um nur zwei Beispiele aus den Sechzigerjahren des letzten Jahrhunderts zu nennen, erschütterten die Welt. Von einem Mordanschlag auf Martin Luther wissen die Geschichtsbücher nichts. Trotzdem scheint mir der Gedanke nicht abwegig. Er hatte so viele Gegner – ja wirkliche Todfeinde –, dass es Pläne, wie man ihn aus dem Weg schaffen könnte, gegeben haben muss!

Die Zeit, in der Martin Luther lebte und die er selbst mitprägte, war reich an dramatischen Umbrüchen. Die Erfindung der Druckkunst, die Entdeckung Amerikas und die Entwicklung des heliozentrischen Weltbildes durch Kopernikus lagen noch nicht lange zurück.

Ein junger Kaiser war gerade an die Macht gekommen, der Habsburger Karl V., in dessen riesigem Reich, so sagte man, die Sonne nie unterging. Bevor er Kaiser des Heiligen Römischen Reiches wurde, war er bereits König in Spanien. So kam es, dass er im Laufe seines Lebens mehrere Sprachen erlernte. Man sagt ihm folgenden Spruch nach: »Mit Gott spreche ich spanisch, mit Frauen italienisch, mit Männern französisch und mit meinem Pferd deutsch.«

Neben politischen, religiösen und wissenschaftlichen gab es auch tief greifende soziale Umbrüche. So verlor zum Beispiel der Ritterstand an Bedeutung (Söldnerheere ersetzten seine Funktion – die Turnierszene in Worms soll das andeuten) und der Bauernstand lehnte sich gegen seine Lebensbedingungen auf.

Vieles im Roman ist frei erfunden, das fängt bei den Personen an. Natürlich ist Wulf erfunden, aber auch sein Auftraggeber Bischof Brangenberg und dessen Bistum entstammen meiner Fantasie. Ich wollte keiner historischen Figur einen Mordanschlag in die Schuhe schieben. Auch die beiden Hauptfiguren Anna und Jost sind erfunden.

Andererseits habe ich versucht, Luthers Lebensumstände in Wittenberg möglichst originalgetreu zu rekonstruieren. Luthers Freundschaft mit Cranach ist verbürgt; allein die zahlreichen Porträts, die der Maler von ihm anfertigte, sind hierfür ein Zeugnis. Zu Cranachs Geschäftsfeldern gehörten außer der Malerwerkstatt tatsächlich eine Apotheke und eine Druckerei, die beide als Schauplatz im ersten Teil des Romans eine Rolle spielen.

Luthers Wittenberger Predigt und seine Gespräche mit Jost in diesem Buch versuchen, den Kern seines Glaubens in wenigen Worten einzufangen. Hier habe ich verschiedene Schriften des Reformators und seine Anmerkungen zur Bibelübersetzung zu Rate gezogen (obwohl die Quellen teilweise aus einer späteren Zeit stammen). Auch aus Luthers Tischreden, die nicht als sichere Quelle gelten dürfen, habe ich mich bedient.

Über den Wormser Reichstag als welthistorisches Ereignis gibt es zwar zahlreiche Akten, Urkunden und historische Studien, aber sie helfen einem Schriftsteller nur bedingt. Als Ergänzung hilfreich, weil besonders anschaulich, sind bildliche Quellen, also z. B. alte Stadtpläne, Stadtpanoramen und Illustrationen. So habe ich mich in die Gemälde Cranachs vertieft, nicht nur um mich Luther anzunähern, sondern auch um mich in die ihn umgebende Welt hineinzudenken. Außerdem habe ich zahllose Holzschnitte und Zeichnungen aus der Zeit studiert.

Was den Wormser Reichstag betrifft, kennen wir viele Daten, Schauplätze und Abläufe. Über die dramatischen Tage in Worms habe ich Bücher und Aufsätze gelesen und versucht, die Geschehnisse so detailgenau wie möglich zu rekonstruieren. So ist es historisch belegt, dass Luther einen Tag Aufschub bekam für die zweite Anhörung. Aber unser Wissen über die Fakten bleibt begrenzt. Was Luther seinen Anklägern wirklich antwortete, wissen wir nicht, auch wenn es eine Aufzeichnung seiner Verteidigungsrede gibt, die häufig als Quelle zitiert wird (ich habe einige Passagen daraus fast wörtlich übernommen).

Ein Roman schildert seiner Natur gemäß nicht, was wirklich geschah (das leisten nicht einmal die Geschichtsbücher), sondern geht von der Frage aus: Was wäre, wenn? Das Buch ist ein Werk der Fantasie, es will nicht strengen historischen Maßstäben gerecht werden, sondern es will den Leser unterhalten und eine fremde, untergegangene Welt für ihn zum Leben erwecken.

Christoph Born

Zwei stämmige Pferde zogen den Wagen, der hohe Räder hatte und den eine graue Plane hufeisenförmig überspannte. Henning ging neben den Pferden; er hielt in der rechten Hand die Zügel, in der linken eine Peitsche. Im Wagen saßen zehn Männer, als Gaukler und Schausteller verkleidet. Jetzt ging es bergab Richtung Stadtmitte, und das Gefährt schaukelte gewaltig. Henning schaute ins Wageninnere. Die bemalten Gesichter blickten leer und schienen dem Quietschen der Räder zu lauschen. Das Stadtzentrum tauchte vor ihnen auf, und er sah den rötlichen Schein des Feuers und den als mächtige Wolke aufsteigenden Rauch. Die Silhouette des Doms zeichnete sich ab; er schien von einer Aura umgeben. Henning brachte die Pferde zum Stehen. Sie schnaubten und stampften unruhig mit den Hufen.

»Ihr wartet hier«, sagte er zu seinen Männern. »Wenn das Feuer heruntergebrannt ist, fahrt ihr weiter. Haltet euch in der Nähe der Stadtmauer und bleibt vom Markt weg. Dann nähert euch seinem Hof. Ich werde dort sein und euch das große Tor von innen öffnen. Wir müssen ein Zeichen vereinbaren, damit ich weiß, wann ihr kommt. Am besten ihr singt ein Lied.«

»Was für ein Lied?«

»Maria, du meine Rose! Das kennt hoffentlich jeder.«

»Am Fasching?«

»Daran werde ich euch erkennen«, sagte Henning.

Er ließ seine Männer zurück und machte sich zu Fuß auf den Weg. Selbst wenn das Feuer heruntergebrannt war, würden die meisten Leute sich weiter am Markt und im Stadtzentrum aufhalten. Falls jemand den Wagen mit den Männern bemerkte, konnten sie sich als Spaßmacher ausgeben, als fahrendes Volk.

Henning hatte seine Aktionen mehrmals in Gedanken durchgespielt. Trotzdem war die Sache heikel. Er hatte ein flaues Gefühl in der Magengegend.

Henning kannte die Anlage des Hofes. Bevor Gutenberg ihn mietete, wohnte hier ein Patrizier, den Henning einige Male besucht hatte. Über Gutenbergs Umbauten wusste er Bescheid. Henning näherte sich dem rückwärtigen Teil des Anwesens, so wie er es mit Bologna besprochen hatte. Er betrachtete das lang gestreckte hintere Hofgebäude. Wind pfiff durch die Gasse und trieb Schneeflocken vor sich her. Die Straße war leer, die Bewohner der gegenüberliegenden Häuser sicherlich unterwegs. Der Lärm vom Marktplatz klang gedämpft. Er blieb bei einem Fensterladen stehen. Die klobigen Holzläden waren von innen verriegelt. Er zog ein Stemmeisen hervor und brach die Verriegelung auf; es war ein Kinderspiel, fast schon zu leicht. Schwerer fiel ihm das Hineinklettern. Er keuchte, nachdem er es geschafft hatte, und fuhr sich mit der Hand über die Stirn. Im Raum konnte er nichts erkennen; es war zu dunkel. Aber Licht durfte er auf keinen Fall machen. Er schloss die Läden von innen. Nur bei genauem Hinschauen würde jemand bemerken, dass sie aufgebrochen waren.

Henning musste zum Innenhof gelangen. Dort würde das spärliche Mondlicht ihm weiterhelfen. Die Tür zum Hof musste auf der anderen Seite des Raums liegen. Er streckte die Hände vor sich und ging geradeaus. Er bekam etwas zu fassen: Wäsche! Henning schob ein Tuch zur Seite und schon kam ihm ein anderes in die Quere. Irgendwann verlor er die Geduld, und er riss eines der Tücher von der Leine. Er erreichte die Tür und öffnete sie. Vor ihm lag der Innenhof.

Henning versuchte sich zu orientieren. Er musste den gesamten Innenhof durchqueren, denn das große Eingangstor lag auf der anderen Seite zur Straße hin. Am Lichtschein über den Dächern erkannte Henning, dass das Feuer noch immer mächtig brannte. Er konnte die Werkstatt von dort, wo er stand, schemenhaft im Mondschein erahnen. In dem flachen Gebäude in der Mitte des Hofes hatte früher ein Schmied gearbeitet. Es würde noch dauern, bis der Wagen mit den Männern kam. Wo steckte Gutenberg?

Im aufgeweichten Boden setzte Henning vorsichtig einen Fuß vor den andern, um nicht auszurutschen. Er überlegte, ob das Hoftor von innen mit einem Schloss verriegelt war. Er hielt das für unwahrscheinlich, und außerdem trug er die Brechstange bei sich.

Die Gebäude, die den Hof umgaben, unterschieden sich kaum voneinander. Vor ihm tauchte ein schwarzes Gebilde auf: die Werkstatt. Er blieb stehen und horchte. Das Lärmen und Feiern ein paar Straßen weiter übertönte alle anderen Geräusche. Schneeflocken stoben ihm ins Gesicht und schmolzen auf der Haut. Er ging langsam voran und erreichte die Werkstatt. Dort, wo er stand, an der hinteren Schmalseite, gab es kein Fenster. Er tastete sich an den Brettern zur Längsseite. Und jetzt hörte er etwas. Er erkannte Gutenbergs tiefe Stimme. Durch die Ritzen drang Lichtschein. Er erreichte ein Fenster, und dann konnte Henning in die Werkstatt hineinschauen.

Er sah Gutenberg und Thomas bei einem Gerät stehen. Das musste die Druckerpresse sein. Sein Herz schlug schneller. Er hatte so viel über ihr Aussehen spekuliert. Nun sah er sie zum ersten Mal in natura. Aber was machte der Richter dort? Die beiden waren in ein Gespräch vertieft, und Henning wagte es, seinen Kopf weiter vor das mit Eisblumen bedeckte Fenster zu schieben.

»Meine Setzer haben Anweisung, auf ein harmonisches Schriftbild zu achten«, sagte Gutenberg. »Jede Seite ist in zwei Spalten zu je 42 Zeilen bedruckt. – Aber genauso wichtig für die äußere Schönheit des Buches ist ein anderer Aspekt. Hier, nehmt das bedruckte Papier und haltet es vor die Lampe! Was fällt Euch auf?«

Henning konnte jedes Wort verstehen. Die beiden waren völlig ahnungslos. Er sah, wie Thomas ein Blatt rechts und links mit Daumen und Zeigefinger fasste und es vor die Lampe hielt. Das Blatt leuchtete hell auf, während das Gesicht des Richters im Schatten lag. »Ich sehe ein Wasserzeichen! Sieht aus wie ein Ochsenkopf.«

»Daran kann man die Papiermühle erkennen. Dieses Papier kommt aus Süddeutschland. Beste Qualität, so genanntes Hadernpapier. Aber darum geht es mir nicht. Was seht Ihr noch?«

»Etwas, das aussieht wie ein Raster«, sagte Thomas unsicher.

»Das ist selbstverständlich. Papier wird geschöpft. Wenn man mit dem Sieb den flüssigen Papierbrei schöpft, bleibt das Raster der Drähte zurück. Es geht mir um die Schrift.«

»Was ist damit?«

»Danke!« Gutenberg nahm ihm verärgert das Blatt aus der Hand und legte es zur Seite. Henning verstand nicht, worüber sich Gutenberg aufregte.

»Die Zeilen auf der Vorder- und Rückseite verlaufen vollkommen deckungsgleich«, brummte der Erfinder. »Das geschieht mit Hilfe kleiner Metallstifte, auf die das Blatt gespannt wird. Sucht Euch mal ein Manuskript mit *so einem Schriftbild!*«

Henning drückte seine Hand gegen den Magen. Die Anwesenheit des Richters verunsicherte ihn. Der Lichtschein über den Hausdächern ließ nach, das Feuer brannte nicht mehr so stark, und der Moment der Entscheidung rückte näher.

Die Szene, die Henning beobachtet hatte, erinnerte ihn an früher, an die Zeit in Straßburg, als er Gutenbergs Nähe suchte und ihn bewunderte, fast vergötterte. Damals steckte er selbst voller Pläne, und es kam ihm vor, als herrsche im ganzen Land Aufbruchstimmung. Auch Henning hatte von einer Laufbahn als Erfinder geträumt und von Reichtum. Er war von einer Idee besessen, an die er noch immer glaubte. Er hatte sich mit Uhren beschäftigt und deren Mechanismus studiert. Wenn es gelänge, so überlegte er, sie in kleinerem Format herzustellen, dann ließe sich daraus ein Geschäft machen. Aber es war ihm nicht gelungen, seine Pläne zu verwirklichen. Was hatte Gutenberg ihm voraus?

Johannes war in seinen Gedankengängen kühner gewesen als er, sogar von Flugmaschinen hatte er geschwärmt. War Gutenberg auch zäher und beharrlicher? Henning fing schnell Feuer, aber fast ebenso schnell ließ die Begeisterung wieder nach. Er wusste um diese Schwäche. Trotzdem war es das nicht allein. Henning beherrschte mehrere Handwerke, er kannte sich mit Metallen aus, war neugierig und konnte, ähnlich wie Gutenberg, Zusammenhänge schnell erfassen. Aber Gutenberg *dachte* anders! Nicht nur anders als er, Henning, sondern anders als alle Menschen, die Henning kannte. Das ließ sich nicht lernen. Auch Hennings Frau hatte Gutenberg bewundert!

Die Erinnerung daran war schmerzlich. Hatte sie ein Verhältnis mit ihm gehabt? Er hatte es nie herausgefunden. Seine Eifersucht hatte ihm schwer zu schaffen gemacht. Verrückt auch, dass die alte Wunde nicht heilen wollte. Nach so vielen Jahren.

Wenn seine Frau ihn mit Gutenberg verglich: Musste er dann nicht als Versager dastehen? Natürlich stellte sie solche Vergleiche an! Er wusste es, auch wenn sie es nicht zugab. Seine Frau, die er über alles geliebt hatte! Und der er selbst heute noch imponieren wollte. Ließ er sich nicht zuletzt ihretwegen auf das Geschäft mit Bologna ein? Um ihr zu beweisen, dass er nicht der Versager war, für den sie ihn hielt? Aus ihrer ursprünglichen Liebe war im Lauf der Jahre etwas geworden, für das er kein passendes Wort wusste. Es gab einen geheimen Wettkampf zwischen ihnen, und dieser Kampf war noch nicht entschieden. Das war sein eigentlicher Antrieb.

In der Werkstatt sprach Gutenberg immer noch vom Schriftbild, von Harmonie und von Schönheit; aber Henning hatte jetzt lange genug zugehört, und es war Zeit, dass er sich wieder seiner Aufgabe erinnerte. Er musste zum Hofeingang.

Er setzte seinen Weg fort. Mehrmals rutschte er aus. Das dunkle Viereck der Gebäude um ihn herum, das sich verengte, hatte etwas Beängstigendes. Er kam sich für einen Moment wie gefangen vor. Aber diesem Gefühl durfte er keinen Raum geben.

Die Dunkelheit wurde dichter, weil er das Wohngebäude erreichte, an dem er sich entlangtastete. Sein Orientierungssinn hatte ihn nicht getäuscht: Die Einbuchtung, die nun kam, führte zum großen Holztor. Er fuhr mit beiden Händen über die dicken Bretter. Er spürte einen Schmerz im Zeigefinger. Ein Splitter! Aber solche Kleinigkeiten spielten jetzt keine Rolle. Etwa in Brusthöhe fanden seine Hände den mächtigen Querriegel. Der Balken ließ sich mühelos aus seiner Verankerung lösen. Kein Schloss, nichts. Henning schüttelte ungläubig den Kopf.

Gutenberg schob seine Pelzmütze in die Stirn und stand bei der Tür, aber weil sie über sein Lieblingsthema sprachen, zögerte er den Rundgang hinaus.

»Die Bibel ist ein besonderes Buch«, sagte er. »Ich bin kein Kleriker, und ich führe alles andere als ein frommes Leben – was die Pfaffen zum Glück nicht wissen. Trotzdem bin ich auf meine Art ein gläubiger Mensch. Das Alte Testament enthüllt in meinen Augen die vielen dunklen Seiten der menschlichen Seele. Das Neue Testament aber weist uns den Weg der Liebe, die vom Gesetz und seinen Zwängen befreit. Wer kennt schon die Botschaft im Original? Viele Pfaffen sind dermaßen ungebildet, dass mir die Haare zu Berge stehen. Aber es gibt zum Glück auch gebildete Kleriker, die gern die vollständige Schrift lesen möchten, und sie sollen meine Bibeln kaufen, in der lateinischen Übersetzung des Hieronymus. – Aber später einmal, sofern es der Himmel will, werde ich die Bibel ins Volk tragen. Jeder soll sie lesen können und dort die Wahrheit finden. Jeder soll sich ein Bild machen von den Worten, die unser Leben prägen. Ich will die Menschen aus ihrer Unmündigkeit befreien. Ich habe eine Vision, deren Kühnheit mich ängstigt: Ich will die deutsche Bibel!«

»Das wird die Kirche niemals zulassen!«, sagte Thomas. Was Gutenberg sich wünschte, war zu schön, um jemals wahr zu werden. »Sie wird jeden verfolgen – wahrscheinlich als Ketzer töten –, der ihr Glaubensmonopol angreift.«

»Wer sagt das? Man muss es nur geschickt anfangen. Mit Diplomatie!«

»Diplomatie!? Wenn ich an Hus denke!«

»Die Kirche kann sich nicht ewig gegen Reformen sperren«, sagte Gutenberg. »Außerdem gibt es bereits deutsche Bibeln. Seit Jahrhunderten. Aber weil der lateinische Text als heilig gilt, haben die Übersetzer nicht den Mut zu einer freien Übertragung. Sie übersetzen Wort für Wort. So kommt es zu schwer verständlichen Sätzen. Es bräuchte einen Übersetzer, der sich aus der Umklammerung des Lateinischen löst. Er müsste eine Sprache finden, die das Volk versteht, indem er ihm aufs Maul schaut! Und er darf keine Angst kennen …«

Thomas machte eine Kopfbewegung Richtung Tür. »Ihr müsst los!«

Wie aus einem Traum gerissen hob Gutenberg den Kopf. »Richtig«, sagte er, griff nach der brennenden Fackel und ging ins Freie.

*

Mel Starr

Verräterische Gebeine

288 Seiten, Paperback
ISBN 978-3-7655-2051-8

Oxford, im Herbst 1363. Hugh de Singleton hat sich in soeben als Chirurg niedergelassen. Während er aus dem Fenster starrt und auf erste Patienten wartet, wird er Zeuge eines Reitunfalls direkt vor seinem Haus – ein Glücksfall für ihn, wie sich herausstellen soll. Hugh behandelt den verletzten Lord Gilbert mit Erfolg, und die Zufallsbegegnung öffnet ihm die Türen zu einer guten Position. Dass er damit auch unerwartet in die Aufklärung eines undurchsichtigen Mordfalls hineinverstrickt werden wird, kann Hugh noch nicht ahnen ...

Weitere Bände in dieser Reihe

Unheilige Umtriebe

352 Seiten
ISBN 978-3-7655-2052-5

Tintenspur

288 Seiten
ISBN 978-3-7655-2053-2

Kein Toter auf dem Kirchhof

240 Seiten
ISBN 978-3-7655-2054-9